Rob Lampe

KURS NORDWEST

Rob Lampe

Fehmarn

KURS NORDWEST

Wie der Arzt Peter Döbler 45 km in die Freiheit schwamm

Kühlungsborn

Roman

hansanord

Impressum

1. Auflage 2021

Auch nach so vielen Jahren erinnern sich nicht alle Beteiligten gern an das zurück, was damals, im Sommer 1971, an der Ostseeküste der DDR geschehen ist und in diesem Buch zur Sprache kommt. Die Namen einiger Personen wurden deshalb geändert; andere blieben vollständig anonym.

ISBN Print 978-3-947145-54-6
ISBN E-Book 978-3-947145-55-3

Lektorat: Ines Eifler
Umschlaggestaltung: Marc-Torben Fischer
Layout und Satz: Carsten Klein, Torgau

Für Fragen und Anregungen:
info@hansanord-verlag.de
Fordern Sie unser Verlagsprogramm an:
vp@hansanord-verlag.de

hansanord

hansanord Verlag
Johann-Biersack-Str. 9
D 82340 Feldafing
Tel. +49 (0) 8157 9266 280
FAX +49 (0) 8157 9266 282
info@hansanord-verlag.de
www.hansanord-verlag.de

ÜBER DEN AUTOR

Der in Hamburg geborene Autor schrieb bereits in seiner Schulzeit erste Kurzgeschichten. Während seines Studiums arbeitete er als Konzeptioner und Texter. Im Anschluss folgten weitere aufregende Jahre in der Medien- und Werbewelt in Hamburg, Berlin und München, unter anderem als stellvertretender Anzeigenleiter bei BILD im Axel Springer Verlag, als Marketing-Direktor im Hubert Burda Verlag und als Unit-Leiter für Content-Management und Redaktion im Bereich eCommerce. Rob Lampe ist Mitglied im SYNDIKAT, der Autorengruppe deutschsprachiger Kriminalliteratur.

Nach vier Krimis legt Rob Lampe mit *Kurs NordWest* seinen ersten Roman vor.

Bisher erschienen:
Unschuldig Schuldig
Hamburger Blut
Die Senatorin
Elbmörder

Gewidmet allen, die unter dem SED-Regime gelitten haben.

INHALT

VORWORT

Als ich ein kleiner Junge war, gab es die Legende von dem Mann, der übers Meer geschwommen war. Der Legende nach schwamm er Tage und Nächte, ohne Verpflegung, ohne Wasser. Er besiegte alle Kreaturen der Tiefsee und wurde von keinem Ozeandampfer und keinem russischen U-Boot erfasst. Dieser Mann hatte einen Traum. Um sich diesen zu erfüllen, musste er in ein anderes Land schwimmen, denn in seinem wurden Träume nur selten wahr.

So oder ähnlich habe ich die Geschichte in Erinnerung. Mittlerweile kenne ich den Mann, der sie erlebt hat, und seine ganze Geschichte. Darauf bin ich stolz, denn für mich gibt es keine bessere. Sie ermutigt uns, für unsere Träume alles zu riskieren, auch wenn es das Leben kosten kann.

Marten Laciny | MARTERIA

PROLOG

SAL, KAPVERDISCHE INSELN – OKTOBER 1994

Acht Stunden blieben ihm noch. Dann würde sein Flieger Richtung Hamburg abheben. Acht Stunden, in denen er überlegen konnte, ob er erneut einen Neuanfang starten wollte. Der Zeitpunkt schien ideal und lange herbeigesehnt. »Mit spätestens fünfundfünfzig machst du nur noch das, was dir Spaß macht«, hatte er immer gesagt. Und nächstes Jahr, im Sommer, würde er fünfundfünfzig. Im fernen Hamburg müsste er nur noch seine Sachen zusammenpacken, sich verabschieden. Von seinen Bekannten, seinen Freunden, seiner Freundin. Sie wäre für dieses Abenteuer nicht zu begeistern gewesen, das wusste er. Das hatte er schon immer gewusst.

Die Sonne brannte erbarmungslos auf den feinkörnigen hellen Sandstrand, als Peter das Inseltaxi verließ und gedankenversunken die nächste Strandbar ansteuerte. Dass er dabei rhythmisch zur Musik der Einheimischen tänzelte, bemerkte er schon gar nicht mehr. So hatte er sich an seine neue Heimat gewöhnt. Hier auf Sal tanzte jeder. Seine 262 Escudos Wechselgeld fest in der Hand, dachte er: *Das genügt für acht Stunden*, und freute sich auf entspannte Bierchen mit gebratenem Fisch.

Die Strandbar war noch leer. Alle Tische waren frei, sodass er sich einen in der hinteren Ecke suchte. Es war der einzige, der noch im Schatten stand. Zufrieden gab Peter bei einer Inselschönheit seine Bestellung auf und genoss die Aussicht. Dann füllten sich von einer Sekunde zur anderen die Tische. Entweder musste ein Reisebus Bleichgesichter angekommen sein oder in einer benachbarten Hotelanlage war ein Sportkurs zu Ende gegangen. Er schaute sich um und aß die letzten Stücke seines Thunfischsteaks, als er am Nachbartisch deutsche Gesprächsfetzen vernahm. Den Dialekt erkannte er sofort. Zur Begrüßung erhob er sein Bierglas.

Es war bereits sein zweites Glas. Die drei Urlauber, die offenbar gerade erst angereist waren, hatten den Sportkurs noch vor sich. Sie hoben ebenfalls ihre Biergläser und signalisierten mit einer Handbewegung, er möge ihnen doch Gesellschaft leisten. Er schlang den letzten Bissen hinunter, nahm sein Bier und gesellte sich zu den Deutschen.

»Ich bin Peter und nein, ich mache keinen Urlaub hier«, klärte er die drei auf, die sich als Andreas, Wolfgang und Hans vorstellten. »Im Gegenteil. Ich werde in wenigen Wochen hierher auswandern. Muss nur noch zuhause alles abschließen.«

Ungläubiges Schweigen auf der anderen Seite des Tisches.

»Gestern Abend erst«, fuhr Peter fort, »habe ich das Angebot erhalten, auf einer Nachbarinsel eine Lodge zu übernehmen und Angeltouren für Touristen zu organisieren.« Er strich sich eine Haarsträhne aus dem Gesicht. »Angeln Sie?«

Die drei verneinten.

»Da entgeht Ihnen aber was. Ich liebe das Hochseefischen, vor allem die Marline. Die sind seit jeher meine Leidenschaft. Meine Arztpraxis in Hamburg ist bereits verkauft.«

Die Touristen, die tatsächlich gerade für zwei Wochen Pauschalurlaub auf der Insel angekommen waren, hörten Peter fasziniert zu, beeindruckt vor so viel Energie und Mut. Vom Arzt zum Angler. Chapeau! Das würde ihm keiner so schnell nachmachen.

»Mein Vater hat immer gesagt«, schmückte Peter weiter aus, »es komme im Leben auf drei Dinge an: Freude an der Arbeit, Kompromissbereitschaft und ausreichend Freizeit.«

Die drei Urlauber stimmten ihm zu.

»Ich sehne mich immer noch nach grenzenloser Freiheit. Ich kann gar nicht genug davon bekommen.«

»Das kennen wir gut«, bestätigte das graumelierte Bleichgesicht, das sich als Andreas vorgestellt hatte.

»Sie kommen auch aus Norddeutschland?«, fragte Peter in die Runde und trank von seinem Bier.

»Ja, aus Rostock in Mecklenburg-Vorpommern. Deshalb können wir Ihren Wunsch nach Freiheit mehr als nachvollziehen«, warf Wolfgang, das leicht untersetzte Bleichgesicht zur Linken, dessen Mundwinkel beim Zuhören die ganze Zeit rege auf und ab zuckten, ein. »Noch vor fünf Jahren hing der Eiserne Vorhang zwischen uns und unseren Träumen. Und genau diese versuchen wir jetzt nachzuholen. Deswegen sind wir hier.« Wolfgang hob sein Bierglas. »Hätte uns jemand im Sommer neunundachtzig gesagt, dass wir fünf Jahre später auf den Kapverdischen Inseln zusammen mit einem Auswanderer ein wässriges Bier trinken würden, wir hätten ihn für verrückt erklärt. Am Balaton – klar. Aber hier?«

Peter verschluckte sich und grätschte dazwischen.

»Aus Rostock? Das ist verrückt! Ich komme auch daher. Bin in Rostock geboren und habe lange dort gelebt«, sagte er und wischte sich mit der Serviette den Mund ab. »Bis ich schließlich einundsiebzig die DDR verlassen habe.«

»Verlassen habe?«, fragte Andreas leise, während er sich nervös rechts und links umschaute. Auch nach fünf Jahren Mauerfall sank er bei gewissen Themen abrupt seine Lautstärke und hielt nach Stasi-Spitzeln Ausschau.

»Ja«, antworte Peter ebenso leise.

»Wie denn?«

»Geschwommen. Bin geschwommen. Von Kühlungsborn nach Fehmarn.«

Nun wurde der Graumelierte ernst und nachdenklich. Mit seiner rechten Hand fasste er sich über seine runzelnde Stirn.

»Einundsiebzig, sagten Sie?«

»Ja, richtig. Im Juli.«

»Ich glaub's nicht«, flüsterte Andreas und schlug Wolfgang und Hans auf die Schultern. »Das ist er! Das ist der Kerl!«

Wolfgang und Hans schauten einander ratlos an, als Andreas um den Tisch zu Peter ging und triumphierend sagte:

»Dann müssen Sie der Arzt Peter Döbler sein!«

Peter verschluckte sich erneut an seinem Bier. Nun half auch keine Serviette mehr – sein Hemd war hin. Wie ferngesteuert stand er auf und ließ sich von Andreas drücken, einmal, zweimal. Die anderen verstanden allmählich, was ihr Freund Andreas gerade angedeutet hatte.

»Ja, ich bin Peter Döbler. Aber woher kennen Sie meinen Namen? Haben Sie über mich in den Zeitungen gelesen? Dachte nicht, dass die DDR das damals an die große Glocke gehängt hätte.«

Andreas löste die Umarmung, ging einen Schritt zurück und musterte Peter von oben bis unten, als wolle er sich vergewissern, dass er wahrhaftig vor ihm stehe. Er schüttelte ungläubig den Kopf.

»Ich bin der Mann, der an diesem Abend einundsiebzig den Befehl erhielt, Sie zu suchen«, sagte er. »Sie waren republikflüchtig. Wir suchten Sie mit einem Großaufgebot an Kampfschwimmern und Grenzbooten. Ich war der Einsatzleiter. Hätten wir Sie gefunden, wären Sie drei oder vier Jahre in den Bau gegangen.«

Stille.

Peter lief ein kalter Schauer über den Rücken. 6.000 Kilometer von der Heimat entfernt auf einer kleinen Insel in einer noch kleineren Strandbar im Atlantischen Ozean. Ausgerechnet hier traf er auf den Mann, den er in dieser Nacht 25 Stunden lang im Nacken gespürt, dessen Schatten ihn in Angst versetzt und selbst Jahre später noch in seinen Alpträumen verfolgt hatte.

Er musste sich setzen, nachdenken und versuchen, das Gehörte zu verarbeiten, während seine Finger nervös mit der Tischkante herumspielten. Er fühlte sich in ein Vakuum hineingezogen. Alles verstummte. Doch dieser Zustand währte nicht lange, denn plötzlich suchte ihn die bohrende

Frage heim, die ihn immer und immer wieder gequält hatte. In Sekundenschnelle lief die Flucht vor seinem geistigen Auge ab. Suchscheinwerfer zu Land, Suchscheinwerfer zu Wasser, Schnellboote, Schießbefehl. Peters Mund wurde trocken, kalter Schweiß stand ihm auf der Stirn, sein Gesicht verhärtete sich. Er trank einen Schluck von seinem Bier. Dann beugte er sich zu Andreas über den Tisch, der sich wieder hingesetzt hatte, und fragte mit zittriger Stimme:

»Hätten Sie … auf mich … geschossen?«

ERSTER TEIL

Es gibt Momente, in denen der Tod
verführerischer erscheint als das Leben.

1

Noch wusste der 19-jährige Peter nicht, dass er nur zwölf Jahre später in einer der spektakulärsten DDR-Fluchten seine Heimat, sein geliebtes Rostock, würde verlassen müssen. Noch wohnte er mit seinem Bruder, seiner Mutter und Großmutter zusammen, hatte vor wenigen Wochen sein Abitur gemacht und wartete auf die Zusage fürs Studium. Doch der Reihe nach …

ROSTOCK, DDR – AUGUST 1959

Es waren bewegte Zeiten in der Hanse- und Universitätsstadt Rostock, die dank der geografischen Lage seit der DDR-Gründung durch die Pläne der SED eine systematische Aufwertung erfahren hatte. Die Stadt an der Unterwarnow war 1952 Bezirksstadt geworden und seitdem Straße um Straße, Block um Block gewachsen. 1960 würde der neue Überseehafen in Warnemünde seinen Betrieb aufnehmen, dann würde Rostock als Tor zur Welt gelten. Zumindest für den Außenhandel der DDR. Seeleute und Transitreisende würden zum Stadtbild gehören. Peters Familie wohnte in einer schönen Drei-Zimmer-Altbauwohnung in der Kröpeliner-Tor-Vorstadt. Also von innen schön. Von außen war dieses Mehrfamilienhaus in der Fritz-Reuter-Straße immer noch deutlich vom Zweiten Weltkrieg gezeichnet: baufällige Balkone und Einschlaglöcher verirrter Kugeln und Granatsplitter der Alliierten.

»Der Brief ist da. Lag heute im Briefkasten«, begrüßte Laura ihren Enkel Peter, als er abends nach Hause kam. »Und sag' Christian Bescheid, dass das Abendbrot fertig ist.«

Ganze zwei Monate hatte er auf die Zusage der Uni warten müssen. Eigentlich ein Selbstläufer, bei einem Abi-Schnitt von 1,6. Doch er hatte sich in den vergangenen Tagen immer wieder dabei ertappt, dass er ins Grübeln geriet. Nun hatten diese trüben Gedanken ein Ende und er war seinem Wunsch, Arzt zu werden, einen Schritt näher.

»Christian«, rief Peter in Richtung seines Bruders, als er sich im Bad Hände und Gesicht wusch. Das Fußballspiel mit Gerd auf dem nahegelegenen Ackerplatz hatte seine Spuren hinterlassen – und großen Hunger. »Abendbrot ist fertig.«

Etwas später kam er in die Küche und erblickte auf dem Küchentisch eine offene Flasche Sekt und vier Gläser. Davor der ersehnte Brief mit dem Stempel der Universität Rostock.

»Na mach schon auf, Peter«, forderte seine Mutti ihren Ältesten auf. Maria, im ostpreußischen Kolberg geboren, war eine typische DDR-Frau und Mutter. Linientreu und genügsam. Sie arbeitete in einem kleinen Geschäft der staatlichen Handelsorganisation HO, das alle, naja fast alle Artikel des täglichen Bedarfs führte. Der Verdienst war spärlich, aber er reichte für die täglichen Mahlzeiten. Die Familie würde sich auch in Zukunft über Wasser halten können. Und dass sie sich gestern noch von Sabine, einer früheren Schulfreundin, eine neue Dauerwelle hatte machen lassen, war Schicksal, aber dem heutigen Anlass angemessen. *Mütter spüren so was eben!*, dachte sie und hoffte, dass der Sekt noch gut sei, während sie aufgeregt an ihrem Haar herumspielte. »Mach schon auf, Peter«, wiederholte sie.

Peter genoss den Moment, setzte sich an den Küchentisch und öffnete mit seinem Buttermesser fein säuberlich den Brief. Er las. Leise. Erblasste. Legte ihn beiseite und schenkte sich etwas Sekt ein. Trank einen Schluck und nahm den Brief erneut zur Hand. Las noch einmal. Seine Miene blieb eingefroren. Die Familie wartete auf das erlösende »Jaaaa!« – doch es erklang nicht. Peter faltete das Schreiben wieder zusammen und schob es in den Umschlag zurück. »Sie haben mich abgelehnt«, fasste er ruhig zusammen, stand auf und ging ins Kinderzimmer. Dort verlor er seine Contenance.

»Die Schweine haben mich abgelehnt!«, schrie er und warf die Tür ins Schloss.

Maria bat Christian, ihr das Schreiben zu geben. Dann las auch sie. Leise. Erblasste ebenfalls. Doch ihr war der Appetit auf ein Glas Sekt vergangen. Sonst so um Haltung bemüht, rang sie jetzt sichtlich mit den Nerven.

»Er wurde abgelehnt. Soll sich erst mal ein Jahr in der Poliklinik bewähren und dann noch mal um einen Platz bewerben.«

»Wofür denn bewähren?«, fragte Laura ratlos.

»Anscheinend erfüllt er nicht alle sozialistischen Anforderungen an einen Studenten und muss sich deshalb in der täglichen Arbeit bewähren«, sagte Maria, den Tränen nahe.

Dann machte der Brief die Runde. Erst Großmutter, später Christian. Doch der Inhalt blieb gleich.

Maria reagierte als Erste und wollte zu Peter, ihn trösten, doch Laura hielt sie zurück.

»Lass ihn. Gib ihm Zeit und Ruhe, alles zu verdauen. Das schafft Peter am besten allein.« Sie schenkte ihrer Tochter ein aufmunterndes Lächeln. »Mach uns lieber einen Tee.«

* * *

Es war noch völlig still in der Wohnung, als Peter am nächsten Morgen in die Küche schlich und zwei Scheiben Brot mit Käse herunterschlang. Er hatte nun genug Ruhe hinter und einen Plan vor sich gehabt. Peter wischte seinen Mund mit dem Handrücken sauber, griff sich die Absage, zog Schuhe und Jacke an und ging zur anderthalb Kilometer entfernten Betriebspoliklinik der Neptun-Werft. Er wollte dieses »Zwangsjahr« so schnell wie möglich beginnen – und beenden. An seinem Ziel, Medizin zu studieren, hatten die Zeilen der Uni und die schlaflose Nacht nichts geändert.

Sein Weg führte ihn vorbei an der Bäckerei Droste, der Tischlerei Barkhaus, der Gaststätte »Zum Alten Krug«, dessen einarmiger Wirt Fiete als alter Nazi verschrien war, sowie an zahlreichen maroden Gebäuden und verwitterten Ruinen. Schließlich stand er vor der Neptun-Werft, einem riesigem Areal, das nicht nur die Fabrikgebäude, sondern auch soziale Einrichtungen wie ein Klubhaus mit Festsaal, eine Betriebskinderkrippe und auch die Poliklinik beherbergte. Hatte die Werft im Ersten Weltkrieg noch Schiffe für die stolze Kaiserliche Marine und im Zweiten für die Nazis gebaut, musste sie in den ersten Jahren nach dem verlorenen Krieg vor allem Reparationen wie Schiffsreparaturen und –neubauten für die Sowjets leisten.

Peter griff in die Innentasche seiner Jacke und zog das Schreiben heraus. Er atmete tief durch, betrat die Poliklinik und ging auf eine junge Dame mit Mandelaugen und Hochsteckfrisur zu, die am Empfang saß.

»Guten Morgen, mein Name ist Peter Döbler und ich muss mit Professor Mannstein sprechen.«

»Guten Morgen, junger Mann«, antwortete die Dame. Sie schwenkte demonstrativ den Kopf zur großen Wanduhr. »Es ist gerade mal halb sechs. Die Sprechstunde unseres Direktors beginnt um acht. Sie können gerne warten. Zimmer 118.«

Müde, aber zufrieden suchte Peter das Zimmer auf. Es bestand aus neun leeren Stühlen, einem Tisch mit drei ordentlich aufgereihten Exemplaren der Tageszeitung »Neues Deutschland«, Sprachrohr der SED, und stickiger Luft. Er drückte den Lichtschalter, doch nichts geschah. Er suchte nach einem zweiten. Vergebens. So setzte er sich unverrichteter Dinge auf den nächstbesten Stuhl und wartete. Wenn er gleich um acht drankäme, würde er es bis dreiviertel neun zum Zuckersäcke-Schleppen in die Marmeladenfabrik schaffen. Eigentlich hätte er um acht dort sein sollen. Aber die Poliklinik hatte heute Vorrang.

Während er sich die Worte zurechtzulegen versuchte, mit denen er Professor Mannstein sein Vorhaben vortragen wollte, fielen ihm die Augen zu. Anfangs wehrte er sich dagegen, indem er laut vor sich hin sprach. »Solange ich spreche, kann ich nicht einschlafen.« Doch die Müdigkeit lastete immer gewaltiger auf ihm. *Gut, fünf Minuten*, dachte er und schloss die Augen. Die schlaflose Nacht forderte ihren Tribut.

»Sie wollten mich sprechen?«, vernahm Peter und spürte ein kräftiges Ruckeln an seiner Schulter.

»Wie spät ist es?«, krächzte er müde.

»Kurz vor eins. Mir wurde gesagt, Sie wollen mich sprechen. Ich bin Professor Mannstein.«

»Marmelade?!«

»Nicht Marmelade. Mannstein!«

»Entschuldigen Sie, Professor Mannstein.« Peter sprang auf, rieb sich die Augen und schaute auf die Armbanduhr des Direktors. Tatsächlich – es war kurz vor eins. Dann streckte er zur Begrüßung seine Hand aus. »Das weiß ich doch. Ich meinte, ich hätte schon längst in der Marmeladenfabrik sein müssen.«

»Dann sollten Sie sich entscheiden, junger Mann«, sagte der Arzt und deutete mit einem Schritt zur Tür seine Ungeduld an. »Wenn Sie mitkommen wollen – ich hätte jetzt Zeit. Jetzt.«

Nachdem sich Peter vorgestellt hatte, folgte er dem Direktor ins Besprechungszimmer und übergab ihm das Schreiben der Universität.

»Ich möchte Medizin studieren, bin aber abgelehnt worden und soll mich nun ein Jahr in der Chirurgie bewähren. Deshalb bin ich hier.« Peter vergaß nicht, einen wichtigen Hinweis zu hinterlegen: »Und schöne Grüße von meiner Mutti, Maria Döbler, an ihre Frau. Die beiden sind ja seit Jahrzehnten eng befreundet.«

* * *

Etwa zur selben Zeit endete Marias Schicht. Und obwohl sie Fachverkäuferin für Porzellan gelernt und bis zum Krieg im Warenhaus Wertheim gearbeitet hatte, genoss sie ihre Tätigkeit als Milchverkäuferin. Denn auch hier hatte sie ständig mit Menschen zu tun. Das war ihr wichtig. Und der HO-Laden war nur 300 Meter von der Wohnung entfernt. Nicht wie früher, als sie fast 40 Minuten zum Kaufhaus benötigt hatte. Nun lief sie schnellen Schrittes von der Doberaner Straße zur Universitätsklinik im Hansaviertel. Dort lag ihr Mann Georg, Diagnose Speiseröhrenkrebs. Man konnte nicht behaupten, dass dieser Befund bei seinem jahrelangen Zigaretten- und Alkoholkonsum überraschend kam. Überraschend war nur der Zeitpunkt. Mit 51 Jahren.

Seit gestern lag er in der Klinik, teilte sich mit einem Patienten namens Walther ein Zimmer und sollte morgen operiert werden. Dass Georg so zeitig einen Platz, noch dazu in einem geräumigen Zweibettzimmer, bekommen hatte, verdankte er dem operierende Arzt Dr. Biege. Beide hatten von 1943 bis 1945 Seite an Seite in Russland gekämpft und waren zusammen in Gefangenschaft geraten. Maria prüfte den Sitz ihrer Dauerwelle und öffnete die Tür zum sonnendurchfluteten Krankenzimmer.

»Hallo Georg. Wie geht es dir heute?«

Seitdem ihr Mann sie vor fünf Jahren wegen einer jüngeren Frau verlassen hatte, waren sie bei der Begrüßung wieder zum Vornamen übergegangen. Die jahrzehntelang gehegten und liebgewonnenen Kosenamen gab es nicht mehr. Genauso wenig wie ihre Zweisamkeit. Doch sie blieben verheiratet, was Maria hoffen ließ, dass Georg irgendwann zu ihr zurückkehren würde. Auch Georg sah einen Vorteil in dem unveränderten Status. Bedeutete er doch, dass er weniger Unterhalt für die Jungen zahlen musste. Trotz allem hatte Maria Tränen in den Augen, als sie ihren immer so starken Mann und Vater ihrer Kinder hilflos von Schläuchen und Kabeln umgeben im hellgrünen Krankenhaus-Fetzen in seinem Krankenbett liegen sah. Marias Tränen entgingen Georg nicht und er entschied sich, nichts von seiner Angst zu sagen – denn ja, er hatte Angst. Auch erzählte er ihr nichts von dem neuartigen Verfahren, das sein alter Kriegsgefährte bei ihm anwenden wollte. Er mochte gar nicht reden. So versuchte er ein schelmisches Lächeln, hoffte auf einen kurzen Besuch und antwortete:

»Mir geht's gut. Die Schwestern und Ärzte sind freundlich und versorgen mich gut. Wie geht es den Jungs?«

Um Georg nicht zu beunruhigen, entschied sich Maria, Peters Uni-Absage mit keinem Wort zu erwähnen. Das konnte warten. Sie lächelte und setzte sich ans Fußende des Bettes.

»Sie kommen zurecht. Es sind gute Jungs, die wir da haben, Georg.«

Ihr Mann drehte den Kopf zum Fenster und schaute nachdenklich hinaus, bis sich Minuten später erneut die Zimmertür öffnete. Es war Peter. Es war nach dem Gespräch mit Mannstein nicht mehr zur Marmeladenfabrik gegangen. Stattdessen wollte er seinem Vater Glück für die Operation wünschen. Durch die gemeinsame Angelleidenschaft hatte er, im Gegensatz zu seinem jüngeren Bruder Christian, trotz Trennung immer noch ein sehr inniges Verhältnis zu ihm.

»Hallo Vati.«

Georg schaute Richtung Tür.

»Peter! Wie war es in der Fabrik?«

»Ich war nicht da, Vati. Ich habe … irgendwie … verschlafen«, antwortete Peter und hatte alle Mühe sein Lachen zu unterdrücken.

Nun mischte sich seine Mutter besorgt ein.

»Wieso verschlafen? Du warst doch schon um fünf aus dem Haus. Ich habe dich gehört.«

»Ja, Mutti. Aber ich war nicht in der Marmeladenfabrik.«

»Nicht?«

»Nein, ich war bei der Neptun-Werft. Bei Professor Mannstein.«

»In der Klinik?«

»Ja.«

Maria verstand sofort und hakte nach:

»Und?«

»Ich kann nächste Woche anfangen.«

Fragend schaute Georg zu Maria.

»Kannst du mich bitte aufklären? Ich dachte, Peter wollte Medizin studieren – und nicht gleich in der Klinik anfangen?«

»Nun ja«, begann Maria und fühlte, wie eine gewisse Wärme in ihrem Gesicht aufzog. Sie ärgerte sich, dass sie das Schreiben nicht gleich erwähnt hatte. »Gestern hat Peter eine Absage der Universität bekommen und die Aufforderung, sich … sozusagen zur besseren Vorbereitung auf das Studium … nun ja … ein Jahr in der Poliklinik zu bewähren.«

»Diese Schweine«, entfuhr es Georg. Nun errötete auch er und schaute reflexartig zu seinem Nachbarbett. Doch Walther hatte nichts mitbekommen und schnarchte unbekümmert weiter.

»Für was solltest du dich denn bewähren müssen? Du warst immer gut in der Schule und bist für den Staat eingestellt. Warst bei den Pionieren und bei der FDJ«, flüsterte Georg und schaute Peter eindringlich an.

»Ja, Vati.«

Doch natürlich wusste Georg, dass er der Grund für die Absage an Peter war. Ein selbstständiger Steuerberater galt in der DDR vielen als der personifizierte Antichrist. Als Handlanger der Kapitalisten und Unrat in einer Person. Keine guten Voraussetzungen in einem Arbeiter- und Bauernstaat. Zum Studium wurden hauptsächlich Kinder von Arbeitern und Bauern oder Parteifunktionären zugelassen – Kinder von Unrat sollten diese Chance nicht bekommen. Georg schüttelte angewidert den Kopf.

Jetzt sollte sich sein Sohn dem Regime gegenüber mit dem Bewährungsjahr beweisen. Beweisen, dass er neben dem Erwerb der Hochschulreife auch bereit war, eine aktive Rolle bei der Gestaltung der sozialistischen Gesellschaft zu übernehmen? Georg richtete sich schwerfällig in seinem Bett auf, was in Anbetracht der ganzen Schläuche und Kabel gar nicht so einfach war und sah Peter fest in die Augen.

»Ich bin sehr stolz auf dich, Peter. Stolz, dass du so schnell gehandelt und dich sofort um eine Anstellung bemüht hast«, sagte er. »Und glaub mir, diese zwölf Monate werden vorbeigehen. Die sitzt du auf einer Arschbacke ab und wirst eben ein Jahr später Arzt.«

Dass ein von der Partei auferlegtes Bewährungsjahr für Kapitalistenkinder auch verlängert werden konnte, daran dachte in diesem Moment keiner im Krankenzimmer.

* * *

»Ich verstehe nicht ganz«, sagte Gerd und sein Gesichtsausruck verriet, dass er die Wahrheit sagte.

»Dann hast du aber eine verdammt lange Leitung.«

Gerd schaute sich die fünf gleichgroßen Gardinenringe noch einmal an, die Ingrid fein säuberlich in Sand gelegt hatte, drei als obere, zwei als untere Reihe.

Ingrid musste lächeln. »Stell dir vor, die Ringe sind bunt.«

»Bunt?«

»Ja. Zum Beispiel blau.«

»Blau?«

»Oder … blau und schwarz und vielleicht noch etwas rot und gelb und grün«, versuchte sie zu helfen.

Gerd und Ingrid, beide 19 Jahre alt, kannten einander seit ihrer Kindheit und hatten schon immer viel Zeit miteinander verbracht. Das änderte sich auch nicht, als sich ihre Eltern wegen unterschiedlicher politischer Auffassungen über Walter Ulbricht und Nikita Chruschtschow vor einem halben Jahr entzweiten. Für Gerds Eltern galt ein klares Weltbild. Die Sowjetunion war das Maß der Dinge und man glaubte an die Idee eines demokratischen Sozialismus. »Von der Sowjetunion lernen heißt siegen lernen«, das Motto vertrat auch Gerds Vater. Und da ihm das nicht ausgereicht hatte, hing seit einigen Tagen ein entsprechendes Plakat in Rot mit goldener Schrift über dem Esstisch.

Ingrids Vater hingegen sah das differenzierter und gönnte sich eine eigene Meinung. Ein Wort kam an jenem Abend zum anderen, aber nicht zum Ziel. Ingrids Vater versuchte noch, mit Beispielen den Bruch der langjährigen Freundschaft zu verhindern, und erzählte von manchem Unfug der SED, nämlich dass Ulbricht auf der 33. Plenarsitzung des ZK, das muss so Ende siebenundfünfzig gewesen sein, die Landwirtschaft angewiesen habe, für die Rinderhaltung der LPGs zukünftig Offenställe bauen zu lassen, sodass die Tiere praktisch im Freien lebten. Durch diese sozialistische

Neuerung in der Landwirtschaft wollte die Partei offiziell eine Steigerung der Erträge und damit eine bessere Versorgung der Bevölkerung erreichen, aber auch die Baukosten für geschlossene Ställe sparen.

»Was für ein Irrsinn!«, sagte Ingrids Vater.

Denn es war nicht bedacht worden, dass die Idee der Offenställe aus den südlichen, warmen Regionen der Sowjetunion kam. In der DDR jedoch waren die Winter kalt. Durch die tiefen Außentemperaturen sank nicht nur die Milchproduktion, die Kälber erfroren teilweise, die Ställe ließen sich bei Frost nicht reinigen, sodass die Kühe über ihre Fladen stolperten oder auf der Gülle ausrutschten. Täglich starben Hunderte Tiere. Doch offen sagen durfte das niemand. Ausgesprochene Kritik an der Partei war gleichbedeutend mit Hetze gegen den Sozialismus und konnte im Gefängnis enden. Die Partei hatte immer Recht. Und an diesem Abend Gerds Vater.

»Blau, schwarz, rot, gelb und grün«, wiederholte Gerd, der allmählich verstand. Nun sah auch er die olympischen Ringe vor seinen Füßen liegen.

»Du hast es geschafft?! Bist du dabei?«

»Jaaaa«, schrie Ingrid und warf die Arme in die Luft. »Was für ein Glück! Erst vor drei Wochen konnte ich direkt von der Sportschule zum Medizinstudium gehen und gestern wurde ich in den olympischen Kader der Turner berufen.«

Gerd ging auf sie zu und schloss sie in die Arme. Freundschaftlich, aber doch ein paar Sekunden länger als sonst.

»Mein Ziel ist jetzt natürlich die Goldmedaille bei den Olympischen Spielen 1964 in Tokio« posaunte Ingrid raus. »Vielleicht sogar schon Bronze oder Silber nächstes Jahr in Rom.«

Gerd genoss den Moment, die sonst eher introvertierte Ingrid so ausgelassen zu erleben. Auch neu, anders. Er hatte bei der Umarmung ihren Körper gespürt – und erste Schmetterlinge.

»Komm, das müssen wir feiern. Lass uns zur Eisdiele fahren. Ich habe zwei Mark dabei.«

»Nein, das schaff ich nicht. Muss gleich zum Training. Die Goldmedaille kommt ja nicht von allein herbeigeflogen.«

Soviel zu ihrer Ausgelassenheit, dachte er betrübt und sagte:

»Na gut. Dann begleite ich dich zumindest dorthin.«

»Das wäre mir eine große Freude, Genosse Gerd.«

2

Eine Woche später war es so weit. Peter hatte seinen ersten Arbeitstag. Frühmorgens, wenn auch nicht so früh wie beim letzten Besuch, erschien er in der Poliklinik bei der Hochsteckfrisur mit Mandelaugen.

»Guten Morgen, Herr Döbler. Professor Mannstein erwartet Sie bereits im Untersuchungszimmer. Wenn Sie mir folgen wollen, bringe ich Sie dorthin.«

Peters Enttäuschung darüber, ein Jahr verloren zu haben, war mit dieser Aussage wie weggeblasen. *Professor Mannstein erwartet Sie bereits im Untersuchungszimmer*, das klang sehr vielversprechend für den ersten Arbeitstag und war mehr, als er erwartet hatte. Der Professor tastete gerade einen jungen Mann ab, der vielleicht 16 oder 17 Jahre alt war. »Da sind Sie ja, Döbler.« Der Professor forderte ihn mit einer Handbewegung auf, an seine Seite zu kommen. Peters Wangen glühten, er war bereit! »Der junge Mann hat eine Blinddarmentzündung«, erklärte Mannstein. »So eine Appendizitis kommt meist sehr plötzlich, trifft vor allem junge Menschen, ist sehr schmerzhaft und heilt nur selten von allein ab. Ursache sind fast immer Bakterien. Helfen Sie dem Jungen, sich wieder aufzusetzen? Wir lassen ihn sofort zur OP in die Universitätsklinik bringen.«

Nach ein paar Minuten war der erste Einsatz schon wieder vorbei. Der Patient wurde mit Antibiotika, einem Eisbeutel auf dem Bauch und seinem Befund vom Krankentransport abgeholt, während der Professor Peter mit einem kurzen Kopfnicken signalisierte, dass er mitkommen solle. Peter folgte ihm ins Büro des Direktors.

»Ich habe für die kommenden sechs Monate einen Plan gemacht«, begann der Professor seine Ausführungen. »Sie werden sich in erster Linie mit Verbandswechseln, Wundbehandlung und Gipsen vertraut machen. Danach setzen wir uns zusammen und planen die weiteren sechs Monate.«

Peter, der sich in seinem Übermut schon als Arzt im weißen Kittel gesehen hatte, landete auf dem harten Boden der Tatsachen und nickte verständnisvoll. *Natürlich musste er mit Verbandswechseln anfangen*, dachte er. Aber diese Minuten im Untersuchungszimmer hatten ihm gezeigt, dass es richtig war, sein Ziel nicht aus den Augen zu verlieren. Jetzt wollte er umso mehr Medizin studieren.

Am ersten freien Wochenende fuhr Peter mit seinem Freund Gerd, der nach der 10. Klasse Feinmechaniker gelernt hatte, mit dem Zug nach Westberlin. Sie wollten in den Zoo-Palast. Besonders die Filme aus Amerika wie »Der alte Mann und das Meer« mit Spencer Tracy oder »Manche mögen's heiß« mit der unschuldigen Marilyn Monroe hatten es Peter angetan. Spencer Tracy beflügelte seine Angelfantasie und Marilyn den Rest.

Am Vormittag erreichten sie die S-Bahn-Station Friedrichstraße. Als der Zug hielt, sprangen sie aus der Bahn, rannten die Bahnhofstreppen hinunter und vorbei an Blumengeschäft, Kiosk und dem verrauchten Zigarrenladen hinaus auf die Friedrichstraße. Eine Wechselstube, wo sie ihre DDR-Mark in harte Währung eintauschen konnten, würden sie erst im Westteil Berlins finden. Zusammen hatten sie genau 15 Mark dabei und beteten für einen guten Wechselkurs.

»Lass den Kurs bitte, bitte bei eins zu vier sein«, sagte Gerd. »Dann können wir uns nach dem Kino noch eine Coke teilen.« Bald standen sie vor der Wechselstube und scannten nervös die Anzeigentafel mit dem Tages-Kursen: Dollar, Franc, Pfund, Lira, Peseten, Drachmen, DDR-Mark. Heutiger Wechselkurs von West- zu Ostmark: eins zu sechs.

»Verdammt noch mal«, fluchte Gerd und biss sich auf die Unterlippe. »Die Cola können wir vergessen.«

»Vielleicht auch nicht«, antwortete Peter. »Lass uns den Trick versuchen. Dann wäre sogar noch ein Stück Nusskuchen drin.«

»Doch nicht diesen Uralttrick mit dem Rein- und Rausgehen?«

»Genau den«, griente Peter und zeigte auf die Tafel. »Schau mal, immer noch eins zu sechs.«

»Gut, in Ordnung. Aber nur, wenn du das Quatschen übernimmst.«

Der Trick bestand darin, dass sie lediglich eine Eintrittskarte für den Film kauften und, wie soeben beschlossen, Peter allein in den Kinosaal vorging. Nach einer Viertelstunde verließ er den Saal und sprach kurz mit dem Kartenabreißer, damit der sich sein Gesicht einprägen konnte. Auf der Toilette gab er Gerd seine Karte und würde dann zurückgehen. Sollte der Abreißer ihn nach seinem Ticket fragen, würde er hastig seine Taschen durchwühlen, voller Entsetzen nur noch seinen DDR-Ausweis finden und sagen: »Das muss ich im Saal verloren haben. Wenn Sie mir Ihre Taschenlampe geben, könnte ich es suchen gehen!« Spätestens jetzt würde der Abreißer ihn durchwinken. Und – Überraschung, Überraschung! – nur Minuten später würde Gerd folgen. Der Nachteil dieses Tricks war, dass einer die Kinoreklame und ein paar Minuten Film verpassen würde. Wobei für Gerd die verpasste Reklame schlimmer wog als irgendein Film. Er liebte diese 45- und 60-Sekünder. Vor allem das HB-Männchen und die Dr.-Oetker-Gigs mit den leckeren Kuchen, Puddings und schönen Frauen.

* * *

Dann der Schock. Als Peter mit der letzten Bahn kurz nach Mitternacht zu Hause ankam, saß seine Mutti mit geröteten Augen am Küchentisch. Christian neben ihr, blass wie die Wand.

»Was ist denn los?«, fragte Peter.

Keine Antwort.

»Mutti! Was ist denn passiert?«

»Vati ist heute Morgen gestorben.« Die Worte klangen ungehalten und überreizt. Peter setzte sich zu ihnen und versuchte zu verstehen.

»Gestorben? Aber die Operation war doch gut verlaufen. Wir waren doch gerade noch bei ihm!«, sagte er mit zerbrechlicher Stimme. »Wieso ist er denn jetzt gestorben?«

Maria hob den Kopf, griff nach Christians und Peters Händen und drückte sie fest.

»Vati hat euch geliebt und war auf euch beide sehr stolz, das hat er mir immer wieder gesagt. Das dürft ihr nie vergessen.« Maria stockte. »Aber es gab Komplikationen.«

»Was denn für Komplikationen?«, fragte Peter, worauf Christian versuchte, ihm zu berichten, was ihnen der Arzt detailliert erklärt hatte. Doch all das erreichte ihn nicht mehr. Christian redete, doch nichts davon drang zu Peter durch. Er sah nur noch lautlose Mund- und Handbewegungen.

Peter zog langsam seine Hand aus der seiner Mutter und ging zum Küchenfenster. Er dachte an den Tag, als sein Vati ihn als Siebenjährigen das erste Mal zum Fischen mitgenommen hatte. Der Krieg lag damals gerade zwei Jahre zurück. Sie waren in aller Herrgottsfrühe auf dem klapprigen und rostigen Fahrrad seines Vaters losgefahren, vorbei an Ruinen und abgestorbenen schwarzen Bäumen, er selbst saß auf dem Gepäckträger und schlang seine kurzen Ärmchen fest um seinen Vater. Peter war an diesem Tag so unglaublich stolz gewesen, weil er etwas mit ihm unternehmen konnte, ganz allein, ohne seine Mutti oder Christian. Als sie nach einer Ewigkeit einen großen Teich bei Kessin an der Kösterbek erreichten, hatte Peter gemurmelt: »Der kleine Mann und das Meer.«

»Hallo? Peter? Hörst du mich?«, fragte Christian, doch sein Bruder war noch am Teich. In Gedanken schipperte er mit seinem Vater in dem kleinen Boot hinaus auf den See, um Hechte zu angeln. Und er erinnerte sich, wie er beim Versuch, einen Fisch herauszuziehen, ins kalte Wasser fiel, was sie seiner Mutter nie erzählt hatten. »Das sollte unter uns bleiben«, hatte Vati damals gesagt. »Sonst regt sich Mutti nur unnötig auf. Ist ja schließlich nichts passiert.« Doch da irrte sich sein Vater gewaltig. An diesem Tag entdeckte Peter seine Leidenschaft fürs Angeln und fürs Wasser. Er musste nur noch schwimmen lernen. Denn so hilflos, wie er sich in diesen Sekunden als Nichtschwimmer vorkam, wollte er sich nie wieder fühlen.

* * *

Die Beisetzung fand am Samstag darauf auf dem Westfriedhof statt. In der Kapelle stand sein Sarg aufgebahrt, genau an der Stelle wie Tante Hertha vor anderthalb Jahren. Damals war es Peters erste Beerdigung gewesen und er hatte lange überlegt, ob er überhaupt hingehen sollte. Doch im Nachhinein war er froh gewesen, dass er da war. Damals noch mit seinem Vater. Eine dicke Träne kullerte über seine Wange, als er einen weißen Strauß Rosen auf dem Sarg liegen sah. Er fragte sich in einem Anflug von Unverständnis, warum Vati nicht auch rote Rosen bekommen hatte wie Tante Hertha. Von wem diese weißen wohl waren? Von Mutti? Oder von seiner neuen Freundin?

Doch die einsetzende Orgelmusik stoppte seine Überlegungen. Er strich sich die Haare aus dem Gesicht, nahm das Gesangsbuch aus der Kirchenbank und begann seine Lippen zu »Wir sind nur Gast auf Erden« zu bewegen.

Nach der Andacht folgten die Trauergäste Pastor Niemann und dem Sarg zur offenen Grabstätte, etwa fünf Meter Luftlinie zu Tante Hertha. Der Pastor sprach einfühlsame Worte, während der Sarg von den vier Sargträgern hinabgelassen wurde. Er bekreuzigte sich und spendete den Anwesenden Trost, indem er ihnen still die Hand reichte. Christian und Peter legte er fest beide Hände auf die Schulter und flüsterte:

»Die Besten holt sich der liebe Gott immer zuerst.«

Nett gesagt, dachte Peter, aber totaler Unsinn. Der liebe Gott hätte sich besser jemanden anders geholt. Denn so gut war Vati nun auch nicht gewesen. Hätte er sonst die Mutti verlassen? Peter erschrak über seine Gedanken und fuhr sich mit der Hand über den Mund, wie um sicherzustellen, dass er nur gedacht hatte. Darf man bei einer Beerdigung solche Gedanken haben? Er versuchte an etwas weniger Kompromittierendes zu denken, bedankte sich beim Pastor für den Zuspruch und folgte mit

Christian der Menge, die sich zum Leichenschmaus in die Fritz-Reuter-Straße 81 aufmachte.

Dazu gehörten neben den Nachbarn von direkt gegenüber und aus dem Erdgeschoss auch Sigrid mit einer Freundin und Marianne, die Frau von Professor Mannstein. Georgs Freundin hatte sich nach der Beerdigung verabschiedet, was Maria sichtlich erleichterte. So konnten sie in Ruhe im vertrauten Kreis Abschied nehmen.

Zu Hause angekommen, bemerkte Peter, dass ein Leichenschmaus auch Vorteile hatte. Man konnte zum Beispiel auf liebe Verwandte aus dem Westen treffen konnte.

»Na, Cousinchen?«, fragte Peter mit einem Glas Orangenlimonade in der Hand. »Sind wir heute zu spät aus dem Bett gekommen? Habe dich in der Kapelle nicht gesehen.«

»Es tut mir wahnsinnig leid, dass wir es nicht zum Friedhof geschafft haben, Peter, aber die Straßen waren so voll. Es schien, als wollte die ganze Welt an diesem Wochenende an die Ostsee.«

»Macht nichts, du hast nicht viel verpasst. Pastor Niemann hat wie vor anderthalb Jahren bei Tante Hertha zwei kurze Ansprachen gehalten und im Anschluss gesagt, dass die Besten immer zuerst geholt werden.«

»Tante Hertha ist schon anderthalb Jahre tot? Mein Gott, wie die Zeit vergeht. – Das ist übrigens«, Sigrid zeigte auf ihre Begleitung, »meine Freundin Monika. Als ich ihr sagte, dass ich nach Rostock zur Beerdigung meines Onkels fahre, fragte sie mich, ob sie mitkommen könne. Ich hoffe, das ist in Ordnung?«

»Aber natürlich.« Peter drehte sich zu Monika und genoss aus der Nähe. Hoch gewachsen, lange Haare, Sommersprossen, blaue Augen, Stupsnase, freche Zahnlücke und erstrebenswerte Gesichtszüge.

»Hallo, ich bin Peter. Der Cousin von Sigrid.«

»Ach nee«, antworte Monika keck und lachte. Sie war genau wie seine Cousine 22 Jahre alt und vor zwei Jahren wegen ihrer Schwimmleidenschaft nach Kiel gezogen. Sie liebte das Meer und wollte deshalb auch die Ostseestrände der DDR kennenlernen. »Sigrid hat mir schon viel von dir erzählt.«

»Hat sie das?« Peter errötete und schaute kurz zu Sigrid. »Was denn?«

»Das erzähle ich dir beim nächsten Mal.«

»Morgen?«

Sigrid staunte über die Forschheit ihres kleinen Cousins. Auch Peter selbst wirkte überrascht. Schließlich war er erst 19 und damit für eine 22-Jährige eher unsichtbar.

»Falls ihr dann noch hier seid, meinte ich«, ergänzte er und schaute hilfesuchend zu Sigrid.

»Morgen wollten wir nach Warnemünde«, antwortete Monika trocken.

Pause.

»Aber komm doch einfach mit«, sprang Sigrid Peter zur Seite. »Du kannst uns dort bestimmt noch die eine oder andere Ecke zeigen.«

* * *

»Döbler, mitkommen.«

Kaum hatte Peter am Montag den Flur der Poliklinik betreten, traf er den Direktor. Eigentlich wollte er noch seinen Gedanken an den gestrigen Warnemündeausflug nachhängen und bei einem Kaffee das Übergabeprotokoll des Nachtdienstes lesen, doch es half nichts. Er kehrte um und folgte ihm ins Arztzimmer.

»Setzen Sie sich bitte.« Mannstein zeigte auf den freien Stuhl vor seinem Schreibtisch und setzte sich in seinen Chefsessel. »Marianne, also meine Frau Marianne, hat mir von der Beisetzung Ihres Vaters erzählt.«

»Ja.«

»Mein Beileid.«

»Vielen Dank, Herr Direktor.«

»Sie wissen ja, Döbler, dass ich mit Ihrer Arbeit sehr zufrieden bin. Sie haben sich offenbar gut bei uns eingelebt. Jeder mag Sie.«

»Danke. Es sind auch tolle Kollegen.«

»Schön, schön.« Mannstein machte eine beschwichtigende Handbewegung. »Und deshalb würde ich nur ungern auf Sie verzichten.«

Peter war sich nicht sicher, worauf der Direktor Mannstein hinauswollte. Er war doch gerade erst ein paar Wochen hier.

»Aber?«, sagte er zaghaft.

»Ich bemerke, dass Sie mit den Wundbehandlungen und Verbandswechsels nicht ausgelastet sind. Also vom Kopf her.« Mannstein begleitete seine Aussage durch wirbelnde Handbewegungen auf Höhe der Schläfen. »Nicht, dass Sie mich missverstehen, Ihre Arbeit ist wichtig für uns, für unsere Patienten, für unseren Staat. Ich kann mich nur des Eindrucks nicht erwehren, dass mehr in Ihnen steckt.«

Peter fragte sich, was er ihm sagen wollte. Wurde er gerade entlassen? Oder mit neuen Aufgaben betraut? Sollte er nun doch an Mannsteins Seite assistieren? Peter war durcheinander. Der Tod seines Vaters, die Beerdigung, Warnemünde, Monika.

»Worauf wollen Sie hinaus, Herr Direktor?«

Mannstein stand auf, ging eine Runde durch sein spartanisch eingerichtetes Arbeitszimmer, blieb vorm Spiegel stehen, zog mit einem braunen Kamm sorgfältig seinen Scheitel nach und setzte sich wieder an seinen Schreibtisch. Dann mühte er sich, während Peters Blicke auf ihm ruhten, vergeblich an einem längst kalten Zigarrenstummel ab. Einmal, zweimal, dreimal. Nichts. Er legte ihn wieder zurück in den überfüllten Aschenbecher. Dann brach der Professor sein Schweigen.

»Als was, hatten Sie gesagt, war Ihr Vater tätig?«

»Steuerberater. Mein Vati war Steuerberater.«

»Ach ja. Selbstständiger Steuerberater. Richtig?«

»Richtig, Herr Direktor.«

»Das ist gut!«

»Gut?«

»Ja. Sie sollten sich erneut bei der Universität fürs Medizinstudium bewerben. Und zwar noch dieses Semester.«

»Aber mein Bewährungsjahr?«, sagte Peter. »Ich hatte mich doch schon beworben und wurde abgelehnt.«

»Das ist doch Schnee von vorgestern, Döbler.« Professor Mannstein machte eine wegwischende Handbewegung. »Der springende Punkt ist doch, dass Sie jetzt, nach dem Ableben ihres Vaters, kein Kapitalistenkind mehr sind.«

Peter hob die Augenbrauen und begann zu verstehen.

»Marianne, also meine Frau, sagte mir, dass ihre Mutter als Verkäuferin in der HO arbeitet, richtig?«

»Richtig, Herr Direktor.«

»Dann sind Sie nun ein Arbeiterkind, Döbler. Dann haben Sie mit Ihren Zensuren jetzt die besten Aussichten auf ein Medizinstudium. Sie sollten es erneut versuchen. Am besten noch heute. Sie können gehen.«

»Sie meinen jetzt?«

»Aber unbedingt!«

* * *

Nachdem Peter am Nachmittag seine Bewerbungsunterlagen persönlich in der Uni Rostock abgegeben hatte, wollte er, mittlerweile war es dreiviertel vier, noch Gerd treffen. Im Krug? Oder beim Fußball? Das waren die denkbaren Varianten. Er fand ihn auf dem Ackerplatz, setzte sich auf eine provisorische Bank und klatschte Beifall. Als Gerd ihn sah, kam er auf ihn zugerannt.

»Willste mitspielen, Peter?«

»Nee. Willste ein Bier?«

»Gibste einen aus?«

»Sicher.«

»Fiete?«

»Was sonst?«

Keine zehn Minuten später betraten Peter und der völlig verschwitzte Gerd den Alten Krug, eine 80 Jahre alte Kaschemme im Kellergeschoß eines trostlosen Betonbaus. Klein, dreckig, verraucht und urgemütlich. Fiete stand wie üblich hinterm Tresen und johlte:

»Zwei Bier für den Nachwuchs?«

Peter bejahte mit einem zweifachen Kopfnicken und ging auf einen leeren Tisch zu. Eigentlich wollte er Gerd das Bier am Tresen ausgeben, da das Bier am Tresen billiger war als am Tisch. Aber der war voll besetzt. So setzten sich und Peter begann zu erzählen, wie ihn der Klinik-Direktor heute Morgen zur Seite genommen und ihm Mut gemacht hatte. Auch die blonde sächsische Sachbearbeiterin an der Uni, Carola Gummer, die jeden Satz mit einem fragenden »Nu« beendete und ihn bat, noch den »Dodenschejn« nachzureichen, hatte ihn hoffen lassen, dass es noch dieses Semester klappen könnte. Mit glasigen Augen fragte er Gerd:

»Ist doch unglaublich, oder?«

Doch sein Freund reagierte nicht, zumindest nicht auf Peter. Stattdessen schrie er in Richtung Tresen:

»Fiete, wo bleibt das Bier?«

»Oder? Ist doch unglaublich, nu?«, wiederholte Peter überdreht.

»Ist ja gut«, antworte Gerd und starrte durstig auf Fiete, der nun endlich die beiden Gläser Bier herüberbalancierte.

»Wieso hat denn das so lange gedauert?«, fragte Gerd lachend. »Am besten, du bereitest schon mal die zweite Runde für uns vor.« Dann wandte er sich an Peter und hob sein Glas: »Na dann Prost, mein Arbeiterkind!«

Gerd und Peter waren seit der fünften Klasse in dieselbe Schule gegangen, hatten sich aber erst im Abschlussjahr über den Fußballsport angefreundet. Bis dahin hatte Gerd immer einen Bogen um Peter gemacht. Es kam ihm suspekt vor, dass ihm scheinbar alles auf Anhieb gelang. Bis die Uni-Absage kam. Das war untypisch. Das war neu. Und Gerd hätte lügen müssen, wenn er nicht auch ein wenig Schadenfreude diesbezüglich empfunden hatte. Doch das war nur für wenige Momente gewesen. Ein ganzes Jahr Bewährung fand auch er übertrieben. Aber das hatte sich nun erledigt.

Irgendwie logisch bei Peter. Und jetzt saßen sie hier am teuren Tisch und tranken auf Peters Rechnung. Prost!

* * *

Auf dem Nachhauseweg, es war kurz nach zwölf, kamen Peter Zweifel. Hatte sein Vater sterben müssen, damit er Arzt werden durfte? Konnte er damit leben? Wollte er damit leben? Tickte so das System?

An der nächsten Kreuzung überquerte er die Straße und schaute ins Nichts. Hier draußen war es ruhig, geordnet, friedlich. Doch in seinem Inneren tanzten seine Gedanken Polka, unfähig diese einzufangen, zu ordnen. Immer wieder erschienen neue Bilder, die sich um die eine Frage drehten: Musste sein Vater sterben, damit er Arzt werden durfte?

Zu den wilden Gedanken gesellte sich pure Verzweiflung. An der nächsten Ecke bog er ab und ging wie ferngesteuert zur Heiligen-Geist-Kirche von Pastor Niemann in die Ottostraße. Was er brauchte, war eine Absolution von oben.

Er stand vor der Kirche, einem neogotischen Gebäude, dessen glasierte Steine Peter schon als Kind fasziniert hatten. Ein warmes Gefühl der Geborgenheit überkam ihn, wich aber sofort wieder, als er bemerkte, dass die große schwere Pforte verschlossen war.

Wenn schon keine Absolution von ganz oben, dann eben eine Etage tiefer, überlegte Peter und ging zum Pfarrhaus an der Rückseite der Kirche. Er klingelte. Doch auch die Etage tiefer hatte kein Erbarmen. Peter schaute auf die Uhr. Gleich halb eins.

* * *

Am nächsten Morgen teilte Professor Mannstein Peter mit, dass sich eine Frau Gummer von der Uni bei ihm gemeldet hatte, um Auskünfte über sein Betragen während der Bewährungszeit einzuholen. Damit war klar, dass seine Tage in der Poliklinik der Neptun-Werft gezählt waren. Dennoch fragte er:

»Und was haben Sie ihr gesagt, Herr Direktor?«

»Ich habe gesagt, wie es ist«, antworte Mannstein und zündete sich eine Zigarette an. »Dass Sie sich bei uns eingelebt haben, gut mit den Kollegen zurechtkommen, ihre Aufgaben bestens erledigen und stets pünktlich sind. Und politisch zuverlässig. Rundum ein idealer Medizin-Student.«

»Und das war's?«

»Das war's.«

»Einfach so?«

»Je nachdem, wie man es sieht«, antworte Mannstein und bekreuzigte sich flüchtig.

Peter dachte an seinen Vati und bemerkte, wie ihm die Tränen in die Augen stiegen. Rasch wischte er sie weg in der Hoffnung, der Professor würde es nicht bemerken.

»Lassen Sie nur«, warf der Direktor ein, der Freudentränen zu sehen glaubte. »Sie haben nichts falsch gemacht und allen Grund, sich zu freuen, Döbler. Sie haben sich das durch Ihre guten Leistungen in der Schule und auch hier verdient. Verstehen Sie das?«

Peter nickte.

»Ich danke Ihnen, Herr Direktor, für alles.«

»Ach schweigen Sie endlich Stille, Döbler«, sagte Mannstein und reichte Peter zum Abschied die Hand. »Und nun entlasse ich Sie in die weite Welt der Medizin und würde mich freuen, hin und wieder von Ihnen zu hören.«

3

»Hast du Lust, nach Kiel zu fahren?«, fragte Peter einige Tage später abends im Krug.

»Nach Kiel? Was willst du denn da?«

»Ich will mich mal umschauen.«

»Umschauen? Nach was?«

Peter lächelte, griff nach seinem Bier und stieß mit Gerd an. Dann erzählte er kurz von seiner Cousine Sigrid und lang von ihrer Freundin Monika, die ja vielleicht bald seine Freundin werden könnte. Er schwärmte von ihren Sommersprossen, ihrer makellosen Haut und ihrer Wärme.

»Wärme?«, fragte Gerd und stellte sein Glas ab. »Was soll denn das schon wieder bedeuten?«

»Naja, ich habe das Gefühl, dass Monika mich versteht. Auf Anhieb, so wie ich bin. Wir schwimmen auf einer Welle, lieben beide die Ostsee und so. Deshalb ist sie auch nach Kiel gezogen.«

»Wieso denn nicht gleich nach Rostock?«

»Soll ich weitererzählen?«

»Bitte!«

»Sie hat meine Cousine hierher begleitet. Und wir waren zusammen in Warnemünde schwimmen. Verstehst du?«

»Nö!«

Peter schaute in ein verdutztes Gesicht. Gerd war mittlerweile an Peters abenteuerliche Geschichten gewöhnt. Hatte schon alles gehört. Doch meist ging es um Fische, auch um riesige, die er mit seinen selbstgebastelten Angeln aus dem Wasser gezogen hatte. Frauen dagegen hatte er noch nie an Land gezogen. Zumindest nicht mit ihm darüber gesprochen. Doch sein Timing gefiel ihm. Denn auch Gerd hatte eine Frauengeschichte zu erzählen und platzte vor Stolz, es Peter gleichzutun. Allerdings musste davor noch die Kiel-Reise geklärt werden.

»Kiel klingt interessant. War ich noch nie. Aber weißt du, wie lange wir da unterwegs sind?«, fragte Gerd.

»Drei bis vier Stunden.«

»Pro Strecke?«

»Pro Strecke, ja.«

»Und abends wieder zurück oder wie?«

»Würde ich behaupten.«

»Mmmh.« Gerd runzelte die Stirn. »Hat sie denn eine Schwester?«

»Ich denke nicht.«

»Wann willst du fahren? Wann hat sie Zeit?«

Nun musste auch Peter überlegen. Überlegen, wie er Gerd erklären sollte, dass Monika nichts von seinem Besuch ahnte. »Es wäre eher eine Überraschung«, antwortete er zögerlich.

»Eine Überraschung?«, wiederholte Gerd. »Für Monika oder für dich?«

Autsch! 1:0 für Gerd.

Peter vergrub das Gesicht hinter seinen Händen und musste lachen. Sechs bis acht Stunden Fahrt auf gut Glück, das war schon eine bescheuerte Idee – wenngleich eine romantische. Und Frauen liebten Romantik. Monika sicherlich auch. Peter nahm seine Hände wieder runter und resümierte:

»Weißt du was, Gerd? Vielleicht sollten wir die Kiel-Reise erst einmal verschieben.«

Nun lachten beide, tranken ihre Gläser aus und bestellten die nächste Runde, während die Musik lauter und der Laden voller wurde.

Jetzt war es an Gerd, Peter in sein Gefühlschaos einzuweihen, und erzählte ihm von Ingrid, ohne ihren Namen zu nennen. Sie sei die Tochter von Freunden seiner Eltern, wohne genau gegenüber und sei ebenfalls 19 Jahre alt. Sie sei immer wie eine Zwillingsschwester gewesen. Sie hätten im selben Sandkasten gespielt und seien zusammen durch die Pubertät. Auch als sich die Eltern wegen eines sowjetischen Rinderstalls gestritten hatten, sei der Kontakt zwischen ihnen nicht abgebrochen. Und doch habe sich nun, seit wenigen Wochen, etwas verändert. Sie habe sich verändert!

»Was denn für ein Rinderstall?«, wollte Peter wissen.

»Ach, vergiss es. Ging um Ulbricht.«

Peter nickte.

»Und wie hat sich deine Flamme verändert?«, fragte er, als Fiete die nächste Runde Bier rüberschob. Dieses Mal hatten sie einen Platz am billigen Tresen ergattern können.

»Nun ja, meine Gefühle zu ihr. Beziehungsweise fühle ich überhaupt zum ersten Mal, dass ich solche Gefühle habe. Also für ein Mädchen. Für sie«, stotterte sich Gerd zurecht.

»Bist schon wieder betrunken?«, grätschte Peter ein, der sich darüber amüsierte, wie sich Gerds Gedanken beim Sprechen verhedderten. Ganz klar, den Typen hatte es erwischt. Doch Gerd war dermaßen mit seiner Wortfindung beschäftigt, dass er ungeachtet der Frage fortfuhr.

»Ich weiß gar nicht, wie ich es dir beschreiben soll, Peter. Aber wenn ich mit ihr zusammen bin, ist das wie …«, Gerd stoppte, gönnte sich eine Pause, leerte das nächste Bier zur Hälfte und suchte weiter nach dem Wort, das sein Gefühl am besten beschreiben konnte.

Nach kurzem Schweigen hatte er es gefunden und wischte sich mit dem linken Unterarm den Mund ab.

»Dann ist es wie … *Wärme*!«

***

Am nächsten Morgen, einem Mittwoch, trank Gerd seinen Kaffee im Stehen und blickte ungeduldig aus dem Küchenfenster auf die gegenüberliegende Straßenseite. Er hatte noch viel über Peter und die Bedeutung des Wortes »Wärme« nachdenken müssen und fand es treffend für Ingrid und ihn gewählt. Er wollte sie unbedingt heute Morgen abfangen und sich für später mit ihr verabreden. Vielleicht könnte er sie nachher auch zum Turnen bringen? Oder beide würden am Wochenende nach Westberlin fahren. Eigentlich war es ihm egal, was man unternehmen würde – Hauptsache gemeinsam.

Schon komisch, dachte er. 19 Jahre war alles unkompliziert und selbstverständlich gewesen. Und nun stand er hier in der Küche hinter den Gardinen und wusste nicht recht, wie er sie am besten fragen sollte. Er spürte seine Angst davor, dass sie womöglich bald keine Zeit mehr für ihn haben könnte. Und als Gerd da so stand, seinen Kaffee trank und dabei gedankenverloren die Plastikblumen seiner Mutter in der kitschigen blauen Vase drangsalierte, trat im Haus gegenüber Ingrid mit ihrer orangefarbenen Sporttasche auf die Straße.

Er befreite die Blumen aus seinem Würgegriff, stellte den Becher in die Spüle, zog seine Jacke vom Stuhl und rannte das Treppenhaus hinunter. Auf der Straße lief er nach rechts, konnte sie noch sehen und nahm die Verfolgung auf. Er musste sie vor der zweiten Kreuzung einholen, da sich dort ihre Wege trennen würden. Kurz nach der ersten Kreuzung hatte er sie eingeholt.

»Hallo Ingrid!«, begrüßte er sie, bemüht locker zu wirken und ruhig zu atmen. »Das ist ja ein Zufall.«

»Guten Morgen Gerd. Gehst du zur Arbeit?«

»Ja. Und du, wieder Uni und Turnen?« Gerd zeigte auf ihre Tasche, die sie über der Schulter trug.

»Weißt du doch.« Ingrid begann zu lächeln. »Uni bis dreiviertel drei und dann Training bis halb sieben.«

»Kann ich dich nachher zum Training bringen? Ich habe um drei Schluss und dann nichts Besonderes vor. Ich könnte dich an der Uni abholen.«

»Natürlich. Wenn du willst? Sonst kannst du mich auch vom Training abholen und wir trinken noch einen Saft zusammen.«

»Oder wir gehen ins Kino?«, flachste Gerd übermütig.

Er hatte sein Ziel erreicht und bog an der nächsten Kreuzung rechts ab.

***

Vier Tage später lag erneut ein Brief von der Universität im Briefkasten der Döblers. Ohne Umschweife und Sekt riss Peter den Umschlag auf und überflog die Sätze, um schnell das erhoffte Wort zu erspähen. Dann fand er es. Seine Augen konnten nicht genug davon bekommen:

Z U L A S S U N G !

Und noch für dieses Semester. Genauso wie Professor Mannstein es ihm prophezeit hatte.

Freudestrahlend rannte er die Treppe hoch und schrie in der Wohnung kurz auf. Doch niemand hörte ihn. Sein Bruder war in der Schule, seine Mutter in der HO und Großmutter Laura auf dem Markt. Er legte den Brief auf den Küchentisch und steckte mit zweimonatiger Verspätung Schreibblock, zwei Stifte und ein Lineal in die schwarze Ledertasche, die er noch von seinem Vati für das Studium bekommen hatte. Bücher würden folgen. Wenn er nur wüsste, welche? Das würde er morgen, an seinem ersten Uni-Tag, in Erfahrung bringen. Den heutigen Tag wollte er noch beim Angeln an der Unterwarnow genießen. Alleine – nur mit seinem Vati.

Am nächsten Morgen klingelte um halb sieben der Wecker. Weiterschlafen war heute nicht drin, denn es war Peters erster Uni-Tag. Nervös, was ihn erwarten würde, sprang er ins Bad und zog sich an. Er zwang sich zu einer Scheibe Graubrot mit Käse, spülte sie mit einer Tasse Muckefuck hinunter und verließ mit Vatis Tasche die Wohnung.

Vom grau verhängten Himmel fielen vereinzelt Schneeflocken. Fröstelnd schlug Peter seinen Kragen hoch und fuhr mit seinem Fahrrad vorbei an Menschen in Eile zur Uni. In den Schaukästen der Medizinischen Fakultät versuchte er Orientierung über die Vorlesungen und Seminare für das erste Semester zu bekommen. Er holte sich Hilfe im Sekretariat und knüpfte erste Kontakte. Die nächsten Wochen würden hart werden:

tagsüber Vorlesungen und Seminare, abends Anatomie, Physiologie und Physiologische Chemie nachholen, um bei den ersten drei Prüfungen kurz vor Weihnachten mithalten zu können.

Alles andere wich aus Peters Blickfeld. Vier bis fünf Stunden Nachtschlaf mussten reichen. Das Uni-Leben beflügelte ihn ungemein, er fühlte sich auf der Überholspur des Lebens. Seinem Bruder Christian ging es ähnlich. Auch er begann bereits für seine Prüfungen zu lernen, denn er war als nächster in wenigen Monaten mit dem Abi dran. Und auch er wollte mit sehr guten Noten – und ohne Bewährungsjahr – gleich losstudieren.

Nur die Mutter der beiden stand komplett neben sich. Sie fühlte sich zunehmend einsamer, was nicht nur an der Adventszeit mit der weihnachtlichen Dekoration in den Geschäften und am ersten Schnee lag. Es lag an Georg. Daran, dass er nicht mehr da war. *Wie unfair das Leben doch ist,* dachte sie. Niemals würde sie einen anderen Mann lieben können. Es war schon schwer genug gewesen mit anzusehen, wie er damals die gemeinsame Wohnung, die Jungs und sie verlassen hatte, um zu einer anderen Frau zu ziehen. Doch sie war sich sicher gewesen, dass er zu irgendwann zurückkehren würde. Doch der Tod ihres geliebten Mannes hatte auch ihre Hoffnung schmerzvoll sterben lassen. Und dieser Schmerz wurde jetzt vor Weihnachten – dem Fest der Liebe und der Familie – unerträglich.

4

Es hatte sich gelohnt. All die Entbehrungen und Strapazen der vergangenen Wochen und Monate hatten sich gelohnt, dachte Peter, als er in der zweiten Februar-Woche seine ersten Seminarscheine in der Hand hielt. Zweimal gut, einmal sehr gut. Nun konnte er sich wieder dem ausgleichenden Müßiggang aus Angeln und Krug zuwenden. Er würde Gerd besuchen, obgleich er auch in der Uni erste Freunde gefunden hatte; allen voran den vorlauten, aber verlässlichen und bodenständigen Jürgen. Er war der Sohn von Pastor Niemann und hatte ihn mit seinen Aufzeichnungen aus den ersten Wochen versorgt, was Peter beim Nachholen des Stoffs unglaublich geholfen hatte. Aber Gerd war nun mal Gerd und Peter hatte ihn vermisst. Auch wollte er jetzt das *Kiel-Thema* nochmal auf den Tisch bringen und auch erfahren, wie es mit Gerds Herzensdame weitergegangen war. Fragen über Fragen, die es heute Abend runterzuspülen galt.

»Fiete, machst du uns vier Bier? Die ersten zwei sofort und die nächsten in zehn Minuten?«, begrüßte Gerd den Einarmigen, als sich die beiden Jungs einen Tisch im hinteren Eck suchen mussten, weil der Tresen mal wieder zu kurz war.

Peter trottete ihm hinterher und kam aus dem Grinsen gar nicht mehr heraus. Mein Gott, wie hatte er diese Leichtigkeit vermisst! Er ließ seinen Blick durch die verrauchte Kaschemme schweifen, während er ehrfürchtig mit seiner rechten Hand das erste Glas Bier umschloss. Er stieß mit Gerd an und konnte das kühle Bier in seiner Kehle kaum erwarten:

»Prost, alter Freund.«

Es sollte der Anstoß für einen langen Abend werden mit Verlängerung und noch längeren Rechnung. Elf Biere später, Gerd hatte bei der vorletzten Runde pausieren müssen, war Peter auf dem neuesten Stand. Kiel blieb weiter auf dem Stand-by-Modus und auch Gerd war nicht wirklich viel weiter gekommen, da seine Herzensdame kaum Zeit hatte. Aber er war verknallt und begleitete sie morgens an mindestens drei Tagen der Woche zwei Kreuzungen weit. Na immerhin! Am ersten Weihnachtstag und Silvester waren sie an der Ostsee spazieren gewesen. Letzte Woche, im Park, hatten sich ihre Hände flüchtig mehrfach berührt. Dieses Wochenende wollten sie zusammen ins Kino. Nach Westberlin. Mehr war nicht rauszubekommen gewesen oder hatte sich Peter schlicht nicht mehr erinnern können.

* * *

»Toll siehst du aus!«, sagte Gerd, als Ingrid ihm Samstag früh die Tür öffnete.

»Ach jetzt hör auf. Ich sehe furchtbar aus. War gestern fast bis elf noch beim Turnen. Morgen sind die Vorausscheidungen.«

»Und da willst du heute mit mir nach Westberlin?«

»Aber natürlich! Ich freue mich schon seit Wochen darauf. Mal was anderes sehen als Hörsaal und Turnhalle. Und mein neuer Trainer sagt, ich soll mich heute erholen. Das sei die beste Vorbereitung.« Ingrid nahm ihre Tasche und zog die Wohnungstür zu. »Und mit wem kann ich das besser als mit dir«, setzte Ingrid fort und hakte sich beschwingt bei Gerd ein.

Doch es sollte noch besser für ihn laufen. Kaum waren sie in Westberlin an der ersten Wechselstube, sahen sie den heutigen Wechselkurs: eins zu vier. Was für eine Ansage! Das bedeutete, dass nun auch ohne den Ticket-Trick mindestens zwei Cola drin waren. Oder ein nettes Andenken vom Ku'damm.

In Berlin herrschte ein anhaltend milder Tag. Am Zoo-Palast angekommen, folgte die Qual der Wahl. Beide studierten wie Kinder vor einem Bonbon-Laden die bunten Filmplakate hinter den großen Scheiben. Allein diese Farbexplosion war die Reise nach Westberlin wert gewesen. Während sich Ingrid recht schnell für »Das Appartement« mit Jack Lemmon und Shirley

MacLaine entschieden hatte, versuchte Gerd erst, den »Letzten Zug von Gun Hill« ins Spiel zu bringen, gefolgt von »Spartacus«.

»Schau mal Ingrid, der Film spielt im alten Rom, basiert auf einer wahren Geschichte und ist mit Kirk Douglas.«

»Ja, und?«

»Kennst du nicht Kirk Douglas?«

»Doch. Und?«

»Ich dachte, jede Frau steht quasi per Geburt auf Kirk Douglas.«

»Ist das so?«, säuselte Ingrid, wischte sich eine Haarsträhne aus der Stirn und schaute sich erneut das Spartacus-Filmplakat an, auf dem ein vor Kraft strotzender Kirk Douglas auf einem Pferd ritt und mit seiner rechten Hand ein Schwert in die Höhe hielt. Dann drehte sie ihren Kopf zurück zu Gerd und fasste trocken zusammen:

»Ich nicht, du Dummerchen.«

Sie hakte sie sich erneut bei Gerd ein und drängte ihn zur Kinokasse.

»Zwei Karten für das *Appartement*, bitte.«

»Aber …«, versuchte Gerd vergebens von seinem nicht vorhandenen Veto-Recht Gebrauch zu machen.

»Ich lade dich ein, Spartacus«, legte sie lachend fest und reichte einen Fünf-Mark-Schein durch das Fenster. »Du kannst uns ja etwas zu trinken besorgen. Für mich eine kalte Cola.«

Nach »Manche mögen's heiß«, den Gerd vor wenigen Monaten schon mit Peter schauen musste, bedeutete das den nächsten Billy-Wilder-Film. *Vielleicht sollte er Ingrid mal Peter vorstellen*, dachte er selbstironisch und besorgte beim Verkaufsstand zwei Flaschen Coke.

»Ich sollte mehr auf dich hören«, flötete Gerd beim Verlassen des Kinos, nachdem sie sich zweieinhalb Stunden lang bestens amüsiert hatten. »Jack Lemmon war klasse. Und seine Idee mit dem Liebesnest sollte ich auch mal in Rostock versuchen. Einfach mal ein paar Westmark nebenbei verdienen.«

Ingrid freute sich. Das war genau die Abwechslung, die sie brauchte. Für sich und ihren morgigen Wettkampf. Dann steuerten sie das KaDeWe an der Tauentzienstraße an.

* * *

Etwa zur selben Zeit bereiteten Peters Mutter und Großmutter in der Küche das Abendrot vor.

»Kann ich euch helfen?«, fragte Peter, der dazukam.

»Du kannst das Brot schneiden«, antworte Maria, die spürte, dass ihr Sohn etwas auf dem Herzen hatte. Peter war nicht bekannt dafür, freiwillig in der Küche zu helfen. Er nahm ein Messer aus der Schublade und begann viel zu dicke Scheiben Brot abzuschneiden, die er in den Korb legte.

»Wie viele brauchen wir?«

»Na, wenn du alle so dick schneidest, reicht eine halbe Scheibe pro Person«, antwortete seine Mutter lächelnd und erlöste ihn.

»Also, was ist los? Ist es die Uni?«

Peter legte das Brotmesser zur Seite und setzte sich an den Holztisch.

»Ja. Nein. Ich weiß es nicht. Einerseits freue ich mich, dass ich das Studium doch noch in diesem Semester beginnen konnte und gut reingekommen bin. Alle scheinen in Ordnung zu sein. Die Studenten und die Profs. Im Nachhinein war sogar die Zeit in der Neptun-Werft hilfreich.«

Maria drehte sich zu ihm um und lehnte sich an den Küchenschrank.

»Aber?«

»Mein schlechtes Gewissen Vati gegenüber.«

Peter stand auf und holte sich ein Glas abgekühlten Tee. Während er trank, starrte er zum Fenster hinaus und beobachtete, wie ein Junge, vielleicht fünf oder sechs, auf der Straße einen selbstgebastelten Fußball immer wieder gegen die Hauswand trat. Dann setzte er sich wieder an den Tisch.

»Vom Kopf her weiß ich, dass ich nichts für seinen Tod kann. Aber ich werde das schlechte Gewissen einfach nicht los.«

»Hast du Schuldgefühle?«

»Ja, Mutti.«

»Ach Peter. Die brauchst du doch nicht zu haben.«

»Aber ich bekomme es nicht aus meiner Birne. Immerzu muss ich daran denken, dass ich nur studieren darf, weil Vati gestorben ist.«

»Das ist doch Unsinn. Vati war kränker, als wir beide wussten. Und jetzt schaut er von oben zu und freut sich, dass du studieren kannst.«

»Schon richtig, trotzdem läuft da etwas schief. Ich bin doch noch derselbe Mensch wie vor sechs Monaten. Nichts hat sich an mir verändert. Nur dass mir das Studium vor sechs Monaten verwehrt wurde und jetzt nicht mehr. Das bekomme ich einfach nicht gebacken. Ich dachte, im Sozialismus seien alle gleich. Dass genau das den Sozialismus ausmache.«

Maria wischte ihre Hände an der Schürze ab und setzte sich zu Peter an den Tisch.

»Das ist ja auch nur schwer zu verstehen. Aber Vati hätte nicht gewollt, dass du dich quälst. Er wäre sehr stolz auf dich. Erinnere dich, was er dir im Krankenhaus am Tage vor seiner Operation gesagt hatte.«

»Ich weiß, Mutti. Aber es fühlt sich nicht richtig an.«

Für einen Augenblick war es still zwischen ihnen. Dann wand sich Maria ab. Es war stets dasselbe. Wurde über Georg gesprochen, überfiel sie eine tiefe Hilflosigkeit und sie begann zu weinen.

»Entschuldige, Mutti«, fing Peter an, als er sie schluchzen hörte. »Bitte weine doch nicht. Ich werde das schon schaffen und dir in Zukunft keinen Kummer mehr bereiten.«

»Gütiger Gott, nein! Das ist es doch gar nicht. Ich vermisse nur Vati so sehr.« Maria zog ein Taschentuch aus der Schürze und putzte sich die Nase. »Auch wenn er hier ausgezogen ist, war er doch immer noch bei uns. Doch jetzt … ich kann das alles nicht begreifen.« Maria stand auf, räusperte sich, rückte ihre Schürze zurecht und sagte:

»Und jetzt sag Christian Bescheid, dass wir in fünf Minuten essen können.«

* * *

Aus der Querstraße tönte ein lautes Hupen, gefolgt von quietschenden Reifen.

»Eh, pass doch auf. Wir sind hier nicht in Berlin«, echauffierte sich Gerd, als er Ingrid Montag früh über die Kreuzung begleiten wollte. »Du siehst doch, dass die Dame hier verletzt ist.«

Der Rowdy im dunkelblauen Opel Rekord mit West-Kennzeichen bremste ab, entschuldigte sich bei Ingrid mit einer Verbeugung und fuhr im Schneckentempo weiter, während Ingrid der Schock noch in allen Gliedern steckte. Gestern beim Turnier war sie im Finale gescheitert, dort aber grandios. Bei der vorletzten Pirouette auf dem Schwebebalken hatte sie ihr Knie so unglücklich verdreht, dass sie trotz sofortiger Kühlung ihr Programm abbrechen musste. Und als sei das nicht schon schlimm genug, wäre sie jetzt fast noch überfahren worden.

»Geht es dir gut, Ingrid?«

»Ich denke schon. Das war aber schon ganz schön knapp.«

»Das kann man wohl sagen. Was für ein Idiot.«

»Und danke fürs Bringen.«

»Soll ich dich nicht lieber noch zur Uni bringen?«

»Nein, das wird schon gehen.«

»Gut. Sehen wir uns nachher?«

»Du, das wird jetzt erst mal nichts mehr, die nächsten Prüfungen stehen an.«

Gerd fühlte, wie sich sein Hals zuschnürte und vage Entzugserscheinungen aufkamen. Er brauchte für seinen inneren Ausgleich die Gewissheit einer nächsten festen Verabredung. Irgendetwas, auf das er sich freuen konnte. Ganz gleich wie kurz. Spätestens seit ihrem Ausflug am Samstag war er in Ingrid verliebt.

»Dann also morgen früh wieder?«, fragte er fast flehend und wurde erhört.

Gerds Schicht verging schnell an diesem Tag. Seine Schmetterlinge hatten ihn derart zu Höchstleistungen beflügelt, dass er bereits um dreiviertel drei seine Schicht beenden konnte. *Das Leben kann so schön sein*, dachte er auf dem Nachhauseweg in Vorfreude auf Ingrid, als ein hellgrauer Trabant mit heruntergelassener Seitenscheibe neben ihm hielt.

»Herr Schmidt?«

Plötzlich befand er sich mit den Schmetterlingen im Gestank des bläulich-weißen Abgas-Gemisches des Zweitaktmotors.

»Gerd Schmidt?«

Gerd drehte sich zum Wagen. Ein Mann mit kräftiger Statur, Vollbart und schwarzem Anzug trat ihm gegenüber und wedelte mit seinem Ausweis.

»Staatssicherheit. Bitte steigen Sie ein. Wir bringen Sie heute nach Hause.«

Gerd wusste nicht, wie ihm geschah, tat aber, was ihm aufgetragen wurde, und kroch auf die Rückbank. Dann begann der Motor zu knattern und sie brausten im Affentempo los. Allerdings nicht zu Gerd, sondern zum Spielplatz beim Reifergraben. Dort stieg der Bärtige aus, klappte den Sitz vor und bedeutete Gerd, er solle ihm folgen.

»Sie wollten doch gerade nach Hause gehen, oder?«

»Ja.«

»Sind Sie einverstanden, wenn wir noch eine kleine Runde gehen?«

»Natürlich, Herr …?«

»Mein Name ist Victor Bruch, ich bin Führungsoffizier im Ministerium für Staatsicherheit und bin auf der Suche nach tüchtigen Personen, die unser Land lieben, gegen Feinde schützen und persönlich weiterkommen wollen.«

Gerd nickte ausdruckslos und schaute in seine hellen Augen, in denen nicht die Spur eines Gefühls herauszulesen war.

»Außerdem haben sich meine Wege und die Ihres Vaters des Öfteren gekreuzt. Damals, im Juni dreiundfünfzig.«

»Verstehe, Herr Bruch.«

»Wie geht es ihm?«

»Wem?«

Gerd stand völlig neben sich. Auch dass der Bärtige ständig die Themen wechselte, verwirrte ihn. Wahrscheinlich Taktik. Auf jeden Fall hatte er Erfolg damit. Gerd wollte das Gespräch einfach nur unbeschadet überstehen.

»Na Ihrem Vater?«

»Ach so, ja. Ihm geht es gut.

Bruch schwenkte auf eine treuherzige Miene um.

»Sozialismus? Wie finden Sie das, Herr Schmidt?«

Schon wieder Themenwechsel, dachte Gerd. Schweißperlen bildeten sich auf seiner Stirn, während er um eine möglichst klugen Antwort bemüht war und erinnerte sich an einen Satz aus der Schule.

»Der Sozialismus, besser noch der Kommunismus, ist für mich die einzige Lebensform. Was bringt uns eine Gesellschaft, die nur auf grenzenlosen Profit aus ist? Das kann doch langfristig gar nicht funktionieren.« Um das zu untermauern, wiederholte er die Parole, die nicht nur seit einigen Monaten überall in der DDR hing, sondern auch zu Hause überm Esszimmertisch:

»Von der Sowjetunion lernen, heißt siegen lernen.« Nun war Gerd auf Betriebstemperatur.

»Was unterscheidet den Sozialismus vom Kapitalismus, junger Mann?«

»Der Sozialismus ist noch lernfähig«, schoss es aus Gerds Kehle.

Bruch zögerte etwas, stimmte schließlich aber zu und ging zum Parkplatz zurück.

»Sie arbeiten als Feinmechaniker?«

»Richtig.«

»Reicht Ihnen das?«

»Ich denke schon. Ich mag es einfach, Sachen zu reparieren, wieder zum Laufen zu bringen. Umso kleiner die Schrauben, desto größer die Wirkung. Ja, es reicht mir.«

»Wie sieht es mit einer eigenen Wohnung aus? Ich könnte mir vorstellen, dass Sie jetzt, mit 19 Jahren, auf eigenen Beinen stehen wollen. Vielleicht gibt es ja auch schon ein junges Fräulein in ihrem Leben?«

Gerds Augen wurden größer, seine Ohren sowieso.

»Ja, schon ...«

»Wenn Sie ab sofort hin und wieder für uns arbeiten, könnten wir Ihnen bei der Wohnungssuche helfen.«

»Als Spitzel, meinen Sie?«

»Eher als Bewahrer unserer Werte des real existierenden Sozialismus und Freund unseres Vaterlandes. Wir brauchen mehr Miteinander, und wir haben Feinde. Wenn sie uns hin und wieder davon berichten würden, wenn jemand DDR-feindliche Einstellungen vertritt?«

Gerd ließ ihn reden und versuchte Schritt zu halten.

»Klingt das gut?«

Gerd versuchte sich vorzustellen, was Ingrid für Augen machen würde, wenn er ihr seine neue Wohnung präsentieren würde. Küche, Badezimmer, vielleicht sogar mit Eisschrank?

Sie erreichten den Trabbi und der Führungsoffizier holte Gerd zurück ins Jetzt.

»Sind Sie dabei?«

* * *

»Aus. Schluss. Vorbei.«

»Was meinst du«, fragte Gerd erschrocken, als er Ingrid abends von der Turnhalle abholte. War jetzt der Moment gekommen, in dem sie ihm mitteilen würde, dass sie keine Zeit mehr für ihn habe – Training, Olympische Spiele, Studium. Oder schlimmer noch, keine Lust?

Ingrid schmiss ihre orangefarbene Sporttasche auf den Bürgersteig und sich daneben. Ihre Augen wirkten müde, ihr Körper auch. Sie legte sich auf den Rücken und starrte kopfüber an die hintere Hauswand. Vom Wetter ausgeblichene Worte waren dort geschrieben. Parolen. Sie versuchte zu lesen:

»10 JAHRE DDR – WIR SIND STOLZ
AUF UNSERE ERFOLGE«

Sie drehte den Kopf weiter nach links und versuchte auch die zweite Parole zu dechiffrieren und las:

»DER SOZIALISMUS SIEGT«

Dann fasste sie sich ans Knie und fluchte in den Abend-Himmel:

»Mein Knie. Es zwickt und ziept bei fast jeder Trainingseinheit. Und das seit Wochen. Wird immer schlimmer. Und bei dieser Belastung hält es wohl nicht mehr lange durch.«

Sofort sprang Gerds Beschützerinstinkt an und er hockte sich zu ihr auf den Bürgerstein. »Lass mich dich zur Neptun-Werft bringen. Jetzt, sofort.«

Ingrid zuckte mit den Schultern. Etliche Krankenhausszenarien hatte sie in den vergangenen Wochen bereits durchgespielt. Das hatte sie keinen Schritt weitergebracht. Doch nun hatte ihr Knie die Entscheidung übernommen. So interpretierte sie es jedenfalls.

»Komm schon. Ich bin doch bei dir.«

Ingrid richtete ihren Oberkörper wieder auf.

»Was soll das bringen, Gerd? Im schlimmsten Fall werde ich operiert und liege bewegungslos im Bett rum. Dann monatelang Reha. Und wer weiß, was danach wird? Wie soll ich denn jemals den Trainingsrückstand aufholen? Und noch das Studium.« Sie schüttelte verzweifelt den Kopf. »Nee, nee, die Olympischen Spiele kann ich mir so was von abschminken.« Sie fasste sich erneut ans Knie. »Vielleicht hätte ich es ja ohnehin nicht geschafft. Und das hier ist ein Zeichen.«

»Aber Tokio ist doch erst in vier Jahren.«

»Lass mal. Das war's für mich. Das spüre ich.« Sie hielt kurz inne. »Allerdings war es das dann auch mit der Wohnung. Ohne Olympiakader, keine eigene Bude.«

Als Ingrid resigniert aufstand, sah Gerd sein Zeichen – hell erleuchtet. Sollte sie wirklich ihre Sportkarriere an den Nagel hängen, hätte sie mehr Zeit für ihn. Und um die Wohnung kümmerte er sich bereits.

»Einverstanden. Gehen wir zur Neptun-Werft«, willigte Ingrid ein.

Gerd nahm die orangefarbene Sporttasche zu seiner linken und Ingrid zu seiner rechten Seite.

»Das wird schon. Du wirst sehen.«

Zwei Stunden später hatte Ingrid ihre erste Untersuchung hinter sich und wartete auf Professor Mannstein. Kaum hatte sie sich in seinem Arztzimmer hingesetzt, begann sie zu weinen. Sie kam sich schwach und nutzlos vor, wie eine Person zweiter, ach was, vierter Klasse. War das wirklich das Ende? Das Ende vom olympischen Gold? Was würde der Professor sagen?

Einige Minuten später setzte sich Mannstein zu ihr. Sie beobachtete ihn genau. Gestik, Mimik. Gaben sie Auskunft über das, was er dachte? Er reichte ihr ein Tuch und sagte, dass es richtig gewesen sei, heute vorbeizukommen. Er zeigte ihr das Röntgenbild und erklärte Ingrid dem Anlass entsprechend langsam, welche Optionen sie habe.

»Entweder eine Operation so schnell wie möglich und in wenigen Monaten wieder Turnen – auch für den Olympia-Kader. Oder Verzicht auf eine Operation, was das sofortige Ende Ihrer Sportkarriere bedeuten würde.«

»Und die Schmerzen, Herr Doktor? Was ist mit den Schmerzen?«

»Die Schmerzen in Ihrem rechten Knie werden auch ohne chirurgischen Eingriff merklich abklingen, wenn Sie die tägliche mehrstündige Belastung durch Ihr Training vermeiden. Vermutlich würden sie bald ganz verschwinden. Das ist die gute Nachricht. Dennoch ist es eine schwere Verletzung. Ihr *Wackelknie* wird ohne Operation viel schneller verschleißen, und langfristig besteht die Gefahr einer sehr schmerzhaften Arthrose.«

Ingrid wischte sich die Tränen aus dem Gesicht.

»Ich würde Ihnen zu einer Operation raten. Sie sind gerade mal 19 Jahre jung.«

»Würden Sie selbst operieren?«

»Nein. Sie sind hier in der Poliklinik. Ihr Knie kein Notfall. Ich sagte bereits, ihre Schmerzen werden auch ohne Eingriff mit der Zeit verschwinden. Sie könnten auch alles machen, tanzen, laufen, Rad fahren. Nur den Leistungssport müssten sie aufgeben.«

»Ich verstehe«, sagte Ingrid und schaute auf ihr rechtes Knie.

»Ich würde Sie zu einem von mir sehr geschätzten Kollegen überweisen, einem Knie-Experten. Falls Sie einverstanden sind, würde ich alles für Sie vorbereiten lassen.« Mannstein überreichte ihr ein Formular.

»Sie müssten dafür hier unterschreiben und wir melden uns in den nächsten Tagen.«

5

»Wir könnten natürlich auch angeln gehen und das Lernen auf morgen verschieben oder übermorgen«, schlug Jürgen vor und verwies stolz auf seine zwei neuen Angeln, die aus der Nische neben seinem blauen Zimmerschrank ragten. Eigentlich wollten sie heute *Hygiene* lernen. Aber gerade dieses Thema war für angehende Mediziner ein Selbstläufer. So stufte Jürgen es zumindest ein. Zwei Tage sollten reichen.

»Du angelst?«, fragte Peter.

»Jawohl, Genosse! Seit ich elf bin.« Jürgen reichte ihm seine Angelrute mit Gleitrollenhalterung und weich geschliffenem Rutengriff.

»Schönes Teil. Ich bin dabei. Hast Du Köder?«

»Peter! Du sprichst mit einem Profi. Natürlich habe ich Köder. Leckere Köder. Kannst gerne probieren.«

»Später vielleicht. Ich lass erst mal die Fische probieren.«

»Sogar einen Eimer und Kescher habe ich. Da staunst du, oder?«

Peter ließ ihn reden, während er in Gedanken schon den ersten Köder liebevoll wie eine Halbgirlande am Haken der Rute befestigte.

Keine dreiviertel Stunde später saßen sie, statt für die Uni zu lernen, mit ausgeworfenen Angeln auf einem langen Steg der Unterwarnow und warteten auf den ersten Fang, als Jürgen fragte:

»Was hat dich eigentlich zum Angeln gebracht?«

»Mein Vati war das«, antwortete Peter und begann mit funkelnden Augen von dem Morgen zu erzählen, als er mit sechs oder sieben Jahren zusammen mit ihm auf dem rostigen Fahrrad zum Wasser fuhr, seinen ersten Hecht, 60 Zentimeter lang, aus dem Wasser holte und kurze Zeit später in das selbige fiel. »Seitdem ist Wasser mein Element. Mein Bezugspunkt.«

»Element ist klar, aber Bezugspunkt?«, hinterfragte Jürgen. »Versteh' ich nicht.«

»Naja, »Wasser und alles, was damit zu tun hat, gibt mir Energie. Hier kann ich auftanken. Hier fühle ich mich frei.«

»Wie ein Hecht, meinste?«

»Eher wie ein Marlin!« Peter machte eine weit ausladende, beschreibende Bewegung mit den Händen.

»Geht mir ähnlich«, erwiderte Jürgen, während er einen Apfel aus der Tasche holte und mit einem kleinen Messer in zwei Teile schnitt. »Was hat dich eigentlich zur Medizin gebracht? Auch dein Vater?«

»Ja und nein.« Peter fuhr sich mit seiner Hand durch die Haare. »Ich wollte schon immer Arzt werden. Aber letztlich mir mein Vater das Studium ermöglicht.«

Jürgen wurde hellhörig, während er in seine Hälfte des Apfels biss.

»Wie meinst du das? Ist dein Vater beim Ministerium?«

»Ach Quatsch«, erwiderte Peter und nahm sich seine Apfelhälfte. »Mein Vater war selbstständiger Steuerberater. Deshalb durfte ich ursprünglich nicht studieren – von wegen *Kapitalistenkind* und so. Doch als er vor wenigen Monaten starb, wurde ich von einem Tag auf den anderen zum *Arbeiterkind* gestempelt.«

Jürgen nickte.

Es lebe der real existierende Sozialismus«, fuhr Peter ironisch fort.

»Haste was gegen den Sozialismus?«, fragte Jürgen und änderte seine Tonlage. Sie wurde ernster, bedrohlicher.

Peter stockte. Ein mulmiges Gefühl breitete sich in seinem Inneren aus. Hatte Jürgen ihn nur hierher gelockt, um ihn auszufragen? Er musterte ihn misstrauisch. Immerhin war Jürgen schon 24 und hatte erst jetzt mit dem Studium begonnen. Peter war alarmiert und antwortete wortkarg.

»Nein, überhaupt nicht!«

Jürgen stellte keine Fragen mehr und nach zwei weiteren Stunden waren bereits zehn Fische im Eimer gelandet.

»Wollen wir morgen wieder herkommen?«

»Und was ist mit *Hygiene*?«, fragte Peter.

»Nehmen unsere Aufzeichnungen einfach mit.«

Peter blieb misstrauisch, aber da er nichts zu verbergen hatte und sein Energietank noch nicht gefüllt war, willigte er ein.

* * *

Eingewilligt hatte auch Gerd, beim Führungsoffizier. Und dieser wollte ihm heute eine Wohnung zeigen, die er wohl nur der Verbindung seines Vaters zu Bruch zu verdanken hatte. Doch Bruch war noch nicht am verabredeten Punkt. Gerd lehnte sich an die Wand und wartete.

Tick – Tack – Tick – Tack – Tick – Tack.

Gerd hasste tickende Uhren. Es erinnerte ihn an die große Standuhr seiner Großeltern in Berlin-Pankow, die immerzu laut und unbarmherzig schlug. Tick – Tack – Tick – Tack – Tick – Tack. Und auch hier in der Eingangshalle des Neubaus tickte es unbarmherzig. Er schaute sich um. An der rechten Wandseite spannte sich eine große schwarz-rot-goldene Flagge mit Hammer, Sichel und Ährenkranz. Darüber das Monstrum von Uhr. Eine Minute vor sechs. Tick – Tack – Tick – Tack – Tick – Tack. Wie hypnotisiert verfolgte er den Sekunden-Zeiger. 39 … 40 … 41 … Dieses monotone Ticken machten ihn verrückt, zeigte es ihm die Endlichkeit auf, seine Endlichkeit. Tick – Tack – Tick – Tack – Tick – Tack. 49 … 50 … 51 … Doch Gerd wollte seine Zeit nutzen. Optimal nutzen und dabei Gutes tun. Und er wollte eine eigene Wohnung. Unbedingt. 57 … 58 … 59 … *Hoffentlich war die Wohnung groß genug für Ingrid und ihn*, dachte er, als Victor Bruch um die Ecke eilte.

»Pünktlich sind Sie ja schon mal, Herr Schmidt. Beste Voraussetzung.«

Gerd lächelte und begrüßte Bruch mit Handschlag.

»Dann kommen Sie mal mit. Wir müssen in den ersten Stock.«

Gerd folgte Bruch durch das frisch gewischte Treppenhaus in eine Wohnung. Ein Namensschild an der Tür suchte er vergebens.

Der Führungsoffizier schloss auf und führte Gerd im Schnelldurchgang durch die Räume. Er begann mit der Küche, die als erstes vom Flur rechts abging.

»Wie Sie sehen, verfügt die Wohnung über eine kleine Küche mit Eisschrank, ein Wohnzimmer, ein kleines Schlafzimmer, ein Badezimmer mit Toilette und einen kleinen Balkon. Summa summarum zwei Zimmer. Summa summarum ein Traum«, referierte Bruch nach der Besichtigung gekonnt runter, ging zurück ins Wohnzimmer und zeigte auf die grüne Sofagarnitur im Wohnzimmer.

»Setzen Sie sich doch bitte«, forderte der Führungsoffizier Gerd auf. Dann ließ auch er sich in die Kissen fallen und holte eine rote Mappe, einen Füllfederhalter, eine halbleere Schachtel Zigaretten und Streichhölzer aus seiner Ledertasche und drapierte alles parallel aufgereiht auf dem Glastisch. Er lehnte sich zurück, schaute Gerd erwartungsvoll an und schwieg. Gerd traute sich nicht, das Gespräch zu beginnen, auch wenn er spürte, dass Bruch das erwartete. Sie Sekunden verrinnen und er hörte förmlich das Ticken der Uhr. Doch seine Glücksgefühle, bald eine eigene Wohnung zu haben, lähmten ihn geradezu. Sein Mund blieb verschlossen und er schaute sich angespannt im Wohnzimmer um.

»Und?«, fragte der Führungsoffizier nach einer kleinen Ewigkeit. »Wie finden Sie die Wohnung?«

Gerd versuchte gewinnend zu lächeln.

»Sie gefällt mir sehr, Genosse Führungsoffizier. Ich werde hart arbeiten und Sie nicht enttäuschen.«

»Nun mal langsam, Schmidt. Es kommt immer auf die Qualität an, nicht auf die Quantität, wenn Sie verstehen.«

Gerd nickte zustimmend, verstand aber nur die Hälfte.

»Wenn Ihnen die Wohnung gefällt, möchte ich Sie bitten«, Victor Bruch fischte einen Zettel aus der Mappe, »hier zu unterschreiben. Mit dieser Unterschrift werden Sie zum *Geheimen Informator* des MfS unserer Republik. In den nächsten vier bis fünf Wochen werden sie eine ähnliche

Wohnung in diesem Gebäude beziehen können, 44 Quadratmeter, Balkon, 50 Mark.«

Gerd überflog das Papier, unterschrieb und gab es dem Führungsoffizier zurück. »Bitteschön.«

Victor Bruch legte das Dokument zurück in seine Mappe, verstaute diese in seiner Ledertasche und zündete sich eine Zigarette an. Entspannt und leise fuhr er fort, während er mit seiner linken Hand durch den Bart strich.

»Wenn Sie, Genosse Schmidt, sozialismusfeindliche Einstellungen von Personen, sei es aus Ihrem Freundes- und Familienkreis oder aus ihrem Kollektiv, registrieren, machen Sie eine Notiz. Wenn Sie mitbekommen, wie sich diese Personen negativ über die Partei äußern, vermehrt über den Westen sprechen, Westmedien konsumieren oder sich dem Rowdytum hingeben, schreiben Sie ebenfalls einen Vermerk und rufen mich an.« Bruch machte eine kleine Kunstpause und sah Gerd eindringlich an. »Es geht um die Überprüfung der Bindung dieser Personen an den Sozialismus, deren Wertschätzung der gesellschaftlichen Verhältnisse der DDR. Dies alles ist von höchstem Interesse für unser sozialistisches Vaterland.« Bruch stand auf, er musste zurück ins Ministerium. »Dann treffen wir uns hier, und besprechen die weiteren Schritte. Alles klar?«

Gerd federte aus dem Sofa, baute sich kerzengerade auf und berührte mit den Fingerspitzen der rechten Hand seine Stirn zum Gruß. So verharrte er für einen Moment. Feierlich. Doch der Führungsoffizier wiegelte ab, obwohl es ihm insgeheim schmeichelte.

»Nicht doch«, sagte der Führungsoffizier. »Sie müssen nicht salutieren, wir sind schließlich nicht beim Militär. Ein einfaches *Ja* würde mir reichen. Alles klar?«

»Ja, Genosse Führungsoffizier.«

* * *

In der nächsten Zeit freundete sich Peter immer mehr mit Jürgen an. Seine Gedanken, er könne ihn bespitzeln, verwarf er recht schnell und tat es als

Interesse ab. Er hatte nichts zu verbergen und kannte er ihn vom Sehen schon ewig. Mittlerweile hatte Jürgen ihm auch erzählt, warum er erst jetzt mit dem Medizin-Studium begonnen hatte. Er war als Pastorensohn gar nicht erst zum Abitur zugelassen worden, hatte stattdessen eine Ausbildung zum Krankenpfleger absolviert und bis vor wenigen Wochen am Krankenhaus gearbeitet. Nebenbei hatte er auf der Volkshochschule das Abitur nachgeholt und sich zum Studium beworben. Weil er trotz religiöser Erziehung seine sozialistische Gesinnung glaubhaft machen konnte, durfte er nun studieren. Neben der Liebe zur Medizin war es die Leidenschaft fürs Angeln, die ihn mit Peter verband. Jürgens freche, rebellische Art, die auf Mädchen geradezu magisch wirkte, beeindruckte Peter.

Wenn Jürgen in Sachen Mädchen loslegte, war er immer auf Sendung. Auf allerbester Frequenz. Peter dachte daran, wie er für die blonde Lotta geschwärmt hatte, die im Chor der Universität mitsang. Was machte Jürgen? Er trat dem Chor bei und sang sich in nur vier Stunden in Lottas Herz. Das hatte Stil.

»Der Chor ist auch was für dich, Peter«, sagte Jürgen ein paar Tage später. »Da gibt es genügend singende Single-Mädchen. Komm' doch einfach mit.«

Und tatsächlich trat Peter dem Chor bei. Doch in Gedanken blieb er brav bei Monika und bastelte weiter an der Kiel-Überraschung.

Überraschend war auch, dass der Uni-Chor trotz Jürgen und Peter kurze Zeit später den Bezirksausscheid der Chöre gewann und daraufhin ins Ausland eingeladen wurde. Nicht nur von sozialistischen Bruderländern wie der Tschechoslowakei oder Bulgarien, sondern auch vom Studentenverein AStA nach Hamburg – im April 1961.

Das war zwar noch gut ein Jahr hin, aber Peter konnte nun in Ruhe ein Treffen mit Monika vorbereiten. Diese Neuigkeit musste er unbedingt Gerd erzählen, der sich, seit er in seine eigene Wohnung gezogen war, verändert hatte. Oder einfach erwachsener geworden war.

Rostock-Reutershagen präsentierte sich in vollem Glanz, als Peter nach der Uni vorbei an neugestalteten Radwegen und zwei Spielplätzen endlich erreicht hatte. Die Wohnungen auf sechs Stockwerke hochgestapelt mit farbigen Loggien, in denen größtenteils Kinder-Wäsche zum Trocknen hing. Ein Familienidyll wie aus dem *Konsum*-Katalog oder zum Kotzen. Das hing davon ab, auf welcher Stufe der Lebensplanung man sich gerade befand. Peter fand es ganz cool. Er hätte auch gerne eine eigene Wohnung gehabt, in die er Monika hätte einladen können.

Gerd, der gerade auf seinem Balkon stand, sah Peter schon von weitem und pfiff zur Begrüßung auf zwei Fingern.

»Peter! Das ist ja 'ne Überraschung, ich freue mich!«, sagte Gerd, als Peter im dritten Stock bei ihm ankam.

»Du warst weder auf dem Ackerplatz noch bei Fiete, also konntest du nur hier sein, in deinem neuen Schloss.«

Gerd grinste und fühlte sich bestätigt, alles richtig gemacht zu haben.

»Wie sieht es aus? Lust auf Fiete?«

Auf dem Weg zum *Krug* berichtete Peter von der Hamburg-Einladung und bemerkte aufgekratzt, dass Singen nicht nur gut für Körper und Geist sei, sondern ebenso für die Liebe. »Und bei dir so? Was gibt es Neues in Sachen *Amore*?«, fragte er und formte seinen Lippen zu einem Kussmund.

Doch Gerd war nicht so schwärmerisch drauf und berichtete von Ingrids Knieoperation, die schwieriger verlaufen war, als sie es sich vorgestellt hatte, und dass sie nun ihren Traum von der Goldmedaille aufgeben musste.

»Das tut mir leid, mein Freund.« Peter legte den Arm um Gerd. »Wie hat sie es aufgenommen?«

»Besser als gedacht. Zumindest tat sie so.«

»Ist natürlich nicht einfach für sie.«

»Aber dafür ist die Nachversorgung gut verlaufen, übermorgen wird sie entlassen.«

»Das ist doch wunderbar.«

Gerd nickte mit ausdrucklosem Gesicht.

»Zieht sie dann bei dir ein?«

»Da sind wir noch nicht«, sagte Gerd kleinlaut und öffnete die Tür zu Fietes verrauchter und lauter Kneipe.

6

»Schau mal, die da«, flüsterte Jürgen am nächsten Montag während der Anatomievorlesung und zeigte auf ein Mädchen mit langen dunklen Haaren und rotem Pullover, das soeben den Hörsaal betreten hatte. »Haste die hier schon mal gesehen?«

Peter drehte sich um und sah, wen Jürgen meinte. Doch dieses Mal schaute Peter länger als sonst. Ihm gefiel die Neue.

»Peter? Hallo?« Jürgen wedelte mit seiner Hand direkt vor Peters Gesicht. »Kennste die oder nicht?«

Peter drehte sich wieder nach vorne und schüttelte den Kopf.

»Nö.«

»Also im Chor singt die nicht«, stellte Jürgen nüchtern fest.

Doch für Peter war die Vorlesung gelaufen. Er musste an die unbekannte Schönheit denken und daran, was ihr bei Jürgen bevorstand. In der nächsten Pause würde er sie unter einem Vorwand ansprechen und sie in sein Magnetfeld ziehen, wie immer. Nord- und Südpol ziehen einander an und verschmelzen. Eine Vorstellung, die Peter ganz und gar nicht gefiel. Denn das Kraftfeld um Jürgen würde schnell abgenutzt sein und die Magnetspäne würden sich neuen Teilchen zuwenden. Peter hingegen fand das Mädchen richtig toll. Also eher so langfristig und *ehrenhaft* toll. Er musste handeln. In einer halben Stunde war Pause. Er beugte sich zu Jürgen und flüsterte:

»Kannst du mir einen Gefallen tun, alter Freund?«

»Alter Freund?«

»Ja.«

»Das klingt wichtig.«

»Ist es auch.«

»Na dann, was ist los, alter Freund?«

»Sprich sie nicht an.«

»Die mit dem roten Pullover?«

»Ja. Bitte sprich sie nicht an.«

»Warum nicht? Ist die verrückt oder so? Ich dachte, du kennst die nicht?«

»Ich kenn' die auch nicht.«

»Also doch nicht verrückt?«

»Keine Ahnung, wahrscheinlich nicht.«

Peter schüttelte mit dem Kopf. »Aber das ist nicht der Punkt.«

»Was ist denn dann der Punkt mit der?«

»Für dich wäre sie nur ein Strich auf deiner langen Liste.«

»Und?«

»Na ja …«, Peter biss sich auf die Lippen.

»Ich verstehe«, sagte Jürgen und musste lauthals lachen.

»Du bist ja verliebt.«

»Psssst«, flüsterte Peter. »Schrei' doch nicht so.«

Doch zu spät. Es wurde mucksmäuschen still im Hörsaal und alle schauten zu Jürgen und Peter. Einer von beiden hätte nun etwas Kluges, etwas Schlagfertiges von sich geben sollen, aber sie wussten nicht was. Peter schaute von Platz zu Platz und tastete mit seinem Blick die vertrauten Gesichter ab, die mittlerweile selbst alle Mühe hatten, nicht ebenfalls lauthals loszulachen. Als sich dann noch der Professor an die beiden wandte und fragte, ob noch etwas unklar mit dem Stoff sei, gab es kein Halten mehr, während Jürgen und Peter kurzerhand verneinten.

»Schade, meine Herren. Aber dann können wir ja fortfahren. Vielen Dank für Ihre Aufmerksamkeit.«

Nach der Vorlesung schlenderten Jürgen und Peter die Treppe hinauf, vorbei am roten Pullover in Richtung Ausgang. Und Jürgen warf, wie erfleht, keine Späne aus. Ein wahrer Freund.

»Wie sieht denn jetzt dein Plan aus, Romeo?«, wollte Jürgen draußen wissen.

Peter, der noch nicht so geübt war, zuckte mit den Schultern.

»Ist gut«, begann Jürgen zu helfen. »Ich schlage vor, wir kommen nach der Pause etwas später ins Seminar. Du setzt dich neben sie und ich eine Bank weiter.« Jürgen schaute Peter erwartungsvoll an. »Genialer Plan?«

Peter zuckte erneut mit den Schultern, fand die Idee aber brauchbar. Eine bessere konnte er jedenfalls auch nicht präsentieren und verrenkte sich fast den Hals, um den roten Pullover nicht aus den Augen zu verlieren.

»Es geht los!« rief er Jürgen kurze Zeit später zu, der sich inzwischen eine Ecke weiter unterhielt, als er bemerkte, dass sie sich auf den Weg in den Seminarraum machte. Er folgte ihr, auf sich allein gestellt.

»Ist hier noch frei?«

»Ja, klar.«

Peter setzte sich neben sie, holte seine Bücher und Hefter aus der Tasche und lehnte sich zurück. Teil eins des genialen Plans war geschafft. Dann drehte er sich zu ihr und fragte:

»Bist du neu hier? Ich habe dich noch nie gesehen.«

Innerlich schüttelte er den Kopf. *Bist du neu hier*?, das war die dämlichste Anmache auf der ganzen Welt. Doch nun war es raus und er hoffte, nicht auch er. Doch siehe da, er erhielt sogar eine Antwort. Die Neue schien ein großes Herz zu haben.

»Nein, ich war nur eine Zeitlang weg«, sagte sie, »ich war krank. Und jetzt muss ich zusehen, dass ich meine Fehlzeiten wieder aufhole.«

Peter erinnerte sich daran, wie ihm Jürgen geholfen hatte, den verpassten Stoff nachzuholen, und bot ihr dasselbe an.

»Wenn du möchtest, kann ich dir meine Hefter geben.«

»Hast du denn immer fleißig mitgeschrieben? Oder nur die Vorlesungen gestört?«, fragte sie und schenkte ihm ein Grübchenlächeln.

Humor hat sie jedenfalls, dachte er und gab ihr die Hand.

»Ich bin Peter und habe meist fleißig mitgeschrieben. Eigentlich störe ich nur selten.«

»Na dann: Her damit!«

Ihr Lächeln steckte an. Fast hätte Peter vor Vergnügen gequickt.

»Dann ist doch alles im Lot.«

Dann ist doch alles im Lot, wiederholte er in Gedanken. Was redete er heute bloß? Dabei war die Szenerie so perfekt, wie sie Hollywood mit Marilyn Monroe und Kirk Douglas in den Hauptrollen nicht besser hätte besetzen können. Und das einzige, was er rausbrachte, war: ›*Dann ist doch alles im Lot.*‹ Wahrscheinlich würde sie gleich aufstehen und sich einen neuen Platz suchen. Verstanden hätte er es.

»Ich bin übrigens Ingrid.«

»Nett, dich kennenzulernen, Ingrid. Ich bin Peter.«

»Das weiß ich doch schon«, erwiderte sie. Ihr Grübchenlächeln hatte inzwischen ihr ganzes Gesicht erfasst.

»Magst du Kirk Douglas?«, fragte Peter Oberwasser-fühlend.

»Kirk Douglas?«

Ingrid verzog ihr hübsches Gesicht und stockte kurz, schon wieder wurde sie nach Kirk Douglas gefragt. Wahrscheinlich hätte sie neulich besser *Spartacus* schauen sollen. Irgendwas schien ja an dem Kerl dran zu sein.

»Warum?«

»Ach, nur so.« Peter hielt es für ein gutes Zeichen, dass sie trotz seines seltsamen Verhaltens bis jetzt neben ihm sitzen geblieben war, und hielt es für angebracht, nun besser zu schweigen. Zum Glück kam just in diesem Moment Jürgen angerannt und gesellte sich zu ihm.

* * *

Gerd fielen die ersten Schritte als Geheimer Informator schwer. Es war jedoch keine Frage des Wollens gewesen. Es hatten sich schlicht und ergreifend keine Möglichkeiten des Könnens geboten. Doch er hatte verstanden, welchen Preis er für die neue Wohnung zahlen musste. Sie bedeutete Möglichkeiten zu schaffen, Familie, Freunde und Nachbarn zu bespitzeln, um Berichte zu schreiben. Er war Berichtlieferant und sollte somit ideologische Ungleichheiten begradigen.

Doch wie bespitzelte man am besten? Am unauffälligsten? Beim Führungsoffizier hörte sich alles so leicht an. »Ein bisschen hier hinhören und ein bisschen dort reinlauschen«, hatte er gesagt. Doch da war nichts. Die einzigen Personen, mit denen er sich regelmäßig umgab, waren Peter, Ingrid und zwei Feinmechaniker-Kollegen. Dennoch fühlte er sich unter Druck, liefern zu müssen. Und zwar bevor ihn der Führungsoffizier erneut darauf ansprach. Er erinnerte sich an die alte Dame aus der vierten Etage, der er letzte Woche den Einkauf vom *Konsum* hochgetragen hatte. Was hatte sie ihm noch geantwortet, als er sie fragte, wie es ihr gehe? Er musste kurz überlegen. Dann fiel es ihm das Sprichwort wieder ein:

»In der HO keine Verwandte,
im Konsum keine Bekannte,
aus dem Westen kein Paket,
nun weißt du, wie es mir geht«

Er griff sich eine leere Tasse und klingelte in der vierten Etage.

»Guten Tag, Frau Fink. Ich wollte Sie fragen, ob Sie mir mit einer Handvoll Salz aushelfen könnten?«

Die alte Dame, die ihr dünnes graues Haar zu einem Zopf gebunden hatte, freute sich über den unerwarteten Besuch und forderte Gerd auf, hereinzukommen und ihr Gesellschaft zu leisten.

»Na dann geben Sie mir mal Ihre Tasse, junger Mann. Ich schaue in der Küche nach. Machen Sie es sich in der Wohnstube bequem.«

Zufrieden, sein erstes Opfer gefunden zu haben, ging Gerd ins Wohnzimmer, setzte sich auf einen der drei Stühle am Esstisch und wartete geduldig.

Minuten später folgte Frau Fink. Sie kam mit einem Tablett zurück und stellte zwei Gläser, eine Flasche Apfelsaft und die mit Salz gefüllte Tasse auf den Tisch. Dann begann sie ein Gespräch, in dem er erfuhr, dass sie vor einem Jahr ihren Mann verloren hatte, er war an Herzversagen gestorben. Und dass plötzlich niemand mehr dagewesen war, um den sie sich kümmern und für den sie kochen konnte. Dabei koche sie doch so gerne. Eigene Kinder waren ihr nie vergönnt gewesen, dennoch sei sie zufrieden mit dem, was sie habe.

»Wissen Sie, junger Mann, Altwerden ist nicht für jeden was. Doch was bleibt uns anderes?«

Gerd, dem das Gespräch spätestens jetzt aus der Hand genommen wurde, nickte vielsagend.

»Oft bin ich allein und komme ins Grübeln. Habe das Gefühl nicht mehr wahrgenommen zu werden. Doch dann gibt es Tage wie diesen, dann bekomme ich von einem attraktiven jungen Mann unerwarteten Besuch und sage mir, dass man auch im hohen Alter noch froh sein kann.«

Gerd trank seinen Apfelsaft aus, nahm seine Salztasse und dienerte sich artig ab. Auf dem Weg in den dritten Stock fragte er sich, ob ein *Fink-Bericht* seiner Reputation dienlich sei? Ohne eindeutige Antwort schüttete er das Salz in ein leeres Marmeladenglas und startete den nächsten Versuch. Nun musste sein direkter Nachbar herhalten.

»Guten Tag, Herr Kleinschmidt. Ich bin von nebenan und wollte Sie fragen, ob Sie mir mit einer Handvoll Salz aushelfen könnten.«

»Warte kurz«, grummelte der Nachbar und ließ die Tür ins Schloss fallen.

Rumms!

Gerd versuchte zu lauschen. Vielleicht hörte er Westradio? Doch da war nichts. Keine Stimme, keine Musik, nichts. Irgendwie auch verdächtig! Plötzlich wurde die Wohnungstür aufgerissen und Kleinschmidt stand mit einer Dose Salz und einem Teelöffel an der Schwelle.

»Halt' mal die Tasse hoch.«

Gerd folgte und Kleinschmidt balancierte ohne Verluste drei gehäufte Teelöffel um.

»Reicht das?«

Gerd verabschiedete sich vom Gedanken an seine zweite Fragerunde.

»Ja, danke«, antwortete er resigniert.

Rumms! … flog die Tür erneut ins Schloss.

***

Jürgen stapfte schweigend hinter Peter her, als sie nach der Uni zum Angeln an die Unterwarnow gingen.

»Was ist los, Jürgen«, fragte Peter, bestens aufgelegt.

Doch Jürgen sagte nichts. Er war der Meinung, Peter hätte sich längst bei ihm bedanken müssen, für den Vortritt beim roten Pullover.

Peter spürte seine Verärgerung, blieb stehen und drehte sich zu Jürgen.

»Danke übrigens, dass du dich vorhin zurückgehalten hast. Sie ist so was von süß. Und von Nahem noch viel mehr. Diese funkelnden Augen. Und hast du ihren Mund gesehen?«

Jürgen registrierte Peters Dank, begann zu lachen und schlug ihm auf die Schulter.

»Gut gemacht, Kleiner. Jetzt musst du nur noch am Ball bleiben. Die ist nicht leicht zu knacken. Und mal abwarten, ob sie nicht doch nur an deinen Mitschriften interessiert war.«

***

Ingrids Körper fühlte sich taub an, als sie am Samstagvormittag auf Gerd wartete. Sie wollten spazieren gehen. Doch dieses Taubheitsgefühl war nicht der Knie-Operation geschuldet, sondern sie war unzufrieden. Normalerweise ruhte Ingrid in sich selbst, kontrolliert, selbstsicher und lebensfroh. Doch nun war alles anders. Komplizierter. Hatte sie vor der Operation stets zwei Optionen im Leben gehabt, blieb jetzt nur noch das Studium. Diese Vorstellung beschnitt sie in ihrer Leichtigkeit. Sie verschloss sich und ihren Gram darüber in ihr gequältes Herz. Und Gerd fand den Schlüssel nicht. Das nervte sie obendrein.

Doch sie hatte auch eine Veränderung an Gerd wahrgenommen. Nicht nur die neue Wohnung mit Balkon, die er von seinem Onkel übernehmen konnte und bestens geeignet für den Nestbau war, sondern auch sein verkrampftes Verhalten ihr gegenüber. Früher waren sie so unbeschwert miteinander umgegangen. War es das, was man Erwachsenwerden nannte? Wenn man aufhörte, sich die Zukunft rosa auszumalen? Wurde nun alles kompliziert? Einfach so? Ohne Vorwarnung?

Gerd wollte mehr als nur Freundschaft und setzte damit ihre Freundschaft aufs Spiel. Dennoch fragte sie sich seit ihrer Operation, ob er nicht auch ein guter Vater sein würde. Sie mochte ihn und vertraute ihm. Auch genoss sie das Gefühl, umworben zu werden. Vergangene Woche hatte er ihr, weil sie erkältet war, eine Hühnersuppe gekocht. Für das Suppenhuhn hatte er zwei Stunden beim Fleischer angestanden. Das war so süß! Und die Woche davor hatte er ihr einen Lippenstift gekauft. Gut, die Farbe, irgendein undefinierbares lila, war zwar furchtbar, aber der Wille zählte. Aber reichte das? Hühnersuppe und Lippenstift?

»Ingrid, da bist du ja«, rief Gerd und riss sie aus ihren Gedanken. »Toll siehst du aus – so ohne Lippenstift.«

Ingrid musste schmunzeln.

Dann gingen sie wortlos am Wasser entlang, vorbei an jungen Familien mit Kinderwagen und anderen meist glücklich wirkenden Pärchen. Und gerade, als Gerd ihr seine Liebe gestehen wollte, war es Ingrid, die das Schweigen brach.

»Sei mir nicht böse, Gerd, aber ich glaube, ich brauche mehr Zeit für mich. Allein. Das war alles sehr viel für mich in letzter Zeit. Vor allem das Studium braucht jetzt meine volle Aufmerksamkeit. Sonst wird das alles nichts.«

Gerd traf der Schlag. Sein Herz schien stehenzubleiben und seine Kehle fühlte sich an wie ausgedörrt. Unfähig, etwas zu erwidern.

»Wenn es für dich in Ordnung ist«, fuhr Ingrid fort »würde ich jetzt wieder gehen.«

Es tat ihr leid, dass sie keinen besseren Einstieg gefunden hatte, doch was sollte sie lange drum herum reden. Das hatte er nicht verdient. Erleichtert darüber, es ausgesprochen zu haben, verabschiedete sie sich mit einem Kuss auf Gerds Wange und ging.

In ihm aber wirkten ihre Worte nach. Es war vorbei und sein Herz verweigerte unverändert seinen Dienst. *Selbsterfüllende Prophezeiung*, dachte Gerd und setzte sich auf eine Bank. Er konnte nicht glauben, was Ingrid gesagt hatte. Schon seit längerer Zeit hatte er Angst gehabt, dass sie ihn wegstoßen könnte. War diese Angst zur Ursache ihres Rückzugs geworden? Wohl kaum. Ihr Eingeständnis kam für ihn trotz allem unerwartet, aber er schätzte ihre Aufrichtigkeit. Darauf galt es aufzubauen. Er erkannte, dass es eine unsichtbare Barriere gab, die ihrer Liebe im Wege stand, und die wollte er aufbrechen. Er glaubte eine Funken Hoffnung am Horizont entdeckt zu haben und konnte nun sein Herz wieder spüren.

* * *

Drei Tage waren mittlerweile vergangen, seit Peter Ingrid seine Mitschriften überlassen hatte. Seitdem war sie wie vom Erdboden verschwunden, weder im Hörsaal noch auf dem Uni-Gelände auffindbar. Und morgen war der Abgabetag für Bio. Gedrückt setzte er sich neben Jürgen in die vorletzte Reihe und murmelte, dass es wahre Freundschaft nur unter Männern gebe, als jemand an seine Schulter tippte.

»Ist hier noch frei?«

Es war der rote Pullover, heute in Grün. Ingrid drängelte sich mit seinen Aufzeichnungen in der Hand in seine Reihe und reichte sie ihm.

»Vielen Dank dafür. Das hat mir sehr geholfen, hoffe ich zumindest«, sagte sie und zwinkerte ihm zu.

Peter konnte den Blick, den er auffing, nicht deuten. Er las Wärme und Zuneigung darin, aber auch eine gewisse Distanz.

»Wo warst du die denn die ganze Zeit?«, fragte er. »Ich dachte schon, du wärst mit meinen Sachen durchgebrannt.«

»Wohin hätte ich durchbrennen sollen?«

Peter zuckte mit den Schultern.

»Wärst du mir denn gefolgt?«

Peter stockte in seinem Schulterspiel und schaute sie verblüfft an.

»Nein, Spaß beiseite«, setzte Ingrid erneut an. »Mir ging es nicht gut, und da habe ich mein Referat daheim geschrieben. Tut mir leid. Ich hoffe, du bekommst deins auch bis morgen fertig? Ansonsten kannst du natürlich von mir abschreiben.«

Peter musste lachen, stand völlig in ihrem Bann.

Dann betrat Professor Kling den Hörsaal, Stille breitete sich aus. In dem steil ansteigenden großen Hörsaal blickten rund 250 Medizin-Studenten erwartungsvoll zu ihm hinab. Heute ging es um Psychologie, um den Unterschied zwischen klinischer und angewandter Psychologie. Kling, der bereits vor dem Krieg hier gelehrt hatte und weit über Rostock hinaus größte Wertschätzung genoss, hatte eine besondere Art, Wissen zu vermitteln. Und nicht selten führte er das Unmögliche an, um das Mögliche aufzeigen. Peter war von dieser Herangehensweise fasziniert und es sollte sein zukünftiges Handeln maßgeblich beeinflussen. Auch versuchte Kling nicht alle menschlichen Verhaltensweisen mit der Evolutionstheorie zu erklären. »Das wäre zu einfach«, klang es des Öfteren durch den Hörsaal.

Nachdem der Professor seine Unterlagen aus der Tasche geholt hatte, schaute er ins Plenum, nickte kurz und begann:

»Oft als Gefühlsduselei belächelt befähigt uns die Psychologie, allen voran die angewandte Psychologie zu allerlei«, war Kling überzeugt und zeigte anhand eines Experimentes mit fünf Probanden, die er nacheinander zu sich rief, wie Gedanken, Gefühle und Verhaltensweisen durch die Anwesenheit anderer beeinflusst werden. »Denken Sie bitte daran, dass im Zentrum der Medizin der Mensch steht. Dennoch versagen wir immer wieder aufs Neue, mit zum Teil verheerenden Folgen.« Kling nannte seine kleinen Vorführungen stets »Aha-Experimente«, und das waren sie auch.

***

»Biber.«

»Biber?«, fragte Gerd, als er den Führungsoffizier einen Monat später in der Wohnung ohne Namensschild wiedertraf.

»Sie haben mir am Telefon mitgeteilt, dass Sie die ersten fünf Berichte fertig hätten, richtig?«

»Richtig, Genosse Führungsoffizier.«

»Wenn Sie geheime Berichte schreiben, benötigen Sie einen Decknamen.«

»Biber?«

»Genau. Sie werden bei uns im Ministerium als *GI Biber* geführt.«

»Aber wieso ausgerechnet Biber?«

»Was haben Sie gegen Biber?«

Gerd kratzte sich am Hals und suchte nach Worten, um seinen Missmut zum Ausdruck zu bringen. Doch er hatte nur die großen Schneidezähne eines Bibers vor Augen. Gab es vielleicht eine optische Ähnlichkeit?

»Biber sind sehr possierliche und nützliche Nagetiere«, fuhr Bruch fort. »Sie wissen sich durchzusetzen und kommen in meiner Heimat an der wunderschönen Saale noch vor.« Er machte eine Pause und fuhr sich durch den Bart. »Sie werden mir doch nützlich sein?«

»Natürlich, Genosse Führungsoffizier.«

»Sehen Sie, dann passt doch *Biber* wie die Faust aufs Auge«, resümierte Victor Bruch selbstzufrieden, zog seine Brille aus der Jackentasche und ließ sich in den Sessel fallen. »Dann erzählen Sie mal«, forderte ihn Bruch auf.

Gerd legte seine Berichte sorgsam auf den Tisch und strich sie mit der Hand glatt.

»Ich habe leider keine Schreibmaschine, aber ich hoffe, Sie können meine Schrift lesen.«

»Na, schauen wir mal«, sagte der Führungsoffizier und griff nach den Zetteln.

»So so. Herr Kleinschmidt von nebenan ist unfreundlich und die in etwa 80-jährige Frau Fink aus dem vierten Stock hat voriges Jahr ihren Mann an Herzversagen verloren. Nun lebt sie allein.« Auch die anderen Berichte aus Gerds unmittelbarer Nachbarschaft entlockten Bruch keine Freudentänze. Er nahm seine Brille ab, legte sie auf den Tisch und wedelte sich mit den Blättern Luft zu.

»Ist das alles?«, fragte er leise.

»Ja, Genosse Führungsoffizier.«

Victor Bruch formte seine Augen zu schmalen Schlitzen und fokussierte Gerd.

»Also dafür, Biber, hätten Sie wahrlich keine Schreibmaschine benötigt.«

Das saß.

»Da steht nichts drin, was für uns von Interesse sein könnte.« Er legte die Berichte zu seiner Brille und steckte sich eine Zigarette zwischen die Lippen. Wortlos schob er die Schachtel zu Gerd weiter, der verunsichert abwinkte.

»Es ist ein Anfang. Aber Sie müssen sich unter die Leute mischen und dort versuchen, verdächtige Personen ausfindig zu machen. Ihre Berichte brauchen mehr Tiefe. Verstehen Sie?«

Gerd nickte.

»Sie müssen uns etwas in die Hand geben, mit dem wir arbeiten können, auf das das MfS aufbauen kann.«

Jaahaaaa!, dachte Gerd. *Das habe ich nun allmählich kapiert.* Doch der Führungsoffizier war noch nicht fertig. Genüsslich zog er an der Zigarette, spitze die Lippen und blies den Rauch gegen die Decke. Dann ging's weiter.

»Da muss man mehr über die abstrakte Ecke kommen?«

Abstrakt? Das jetzt neu. Was denn für ’ne abstrakte Ecke?, dachte Gerd weiter.

»Verstehen Sie?«

Doch Gerd starrte ihn nur noch inhaltslos an.

»Gut. Dann weitermachen, Biber«, sagte Victor Bruch und entließ Gerd aus der Wohnung.

* * *

»Können wir bitte einmal sprechen«, bat Ingrid, als sie einige Tage später bei Gerd klingelte.

»Worüber?«, fragte er durch die Tür, ohne ihr zu öffnen.

»Komm’ schon. Das weißt du.«

»Nein, weiß ich nicht!«

»Über uns, über mich. Über meine bescheuerte Art, dich einfach so aus meinem Leben zu werfen.«

»Können wir das vielleicht in den nächsten Tagen machen?«, fragte er zurück.

»Du bist noch sauer, oder?«

»Nein, das ist es nicht.«

»Was dann?«

»Ich baue gerade meinen Küchenschrank zusammen. Zumindest versuche ich es.«

»Kann ich helfen?«

»Du?«

»Ja.«

Natürlich freute sich Gerd darüber, dass Ingrid bereits nach so kurzer Zeit wieder vor seiner Tür stand, und ließ sie herein.

Ingrid strahlte über das ganze Gesicht, als sie über die Schwelle trat. Sie hängte ihren Mantel an die Garderobe und nahm ihn in den Arm.

»Ich möchte nicht, dass etwas zwischen uns steht«, sagte sie in ernstem Ton. »Hörst du?«

»Und ich möchte nicht, dass du Mitleid mit mir hast«, erwiderte Gerd und versuchte sich aus ihrer Umarmung zu lösen. Doch Ingrid ließ nicht locker, drückte ihn noch fester an sich und wiegte ihn dabei hin und her. »Das ist doch Quatsch. Wenn du mir nicht wichtig wärst, wäre ich jetzt nicht hier.«

»Gibt es einen anderen?«

Nun war es Ingrid, die sich energisch losriss. »Vielleicht war es ja doch keine gute Idee, heute herzukommen«, schoss es scharf aus ihr heraus.

»Bitte entschuldige. Du hast Recht. Bleib' bitte hier«, sagte Gerd und holte einen Schraubenzieher aus der Küche. Ingrid verstand und band ihre Haare zu einem Zopf. Sie war froh, hergekommen zu sein. Und der große Küchenschrank bot die perfekte Ablenkung für beide. Ingrid wusste, dass man sich gut unterhalten konnte, wenn die Hände beschäftigt waren und man sich nicht andauernd in die Augen schauen musste. Sie sprach von ihrem Bedürfnis, zwischen Bindung und Unabhängigkeit frei wählen zu können. Eigentlich das Normalste der Welt. Doch sie hatte diese Wahlmöglichkeiten nie gehabt. Von der Sekunde an, als ihre Eltern sportliche Höchstleistungen von ihr erwarteten, um das eigene Bedürfnis nach Anerkennung, das ihnen nie vergönnt war, zu befriedigen, war sie isoliert und auch hilflos. Doch nun, ohne den Sport, realisiere sie gerade, dass sie zum ersten Mal frei atmen konnte. Ein Geschenk. Und sie kann nur hoffen, dass er das verstehen würde.

»Das wusstest du alles gar nicht, oder?«

Doch Gerd hämmerte den letzten Nagel in die Rückwand des Küchenschranks, sodass dieser für immer verschwinden möge.

Ingrid zupfte ihn am Ärmel.

»Gerd, hörst du mir zu? Was sagst du dazu?«

»Wozu?«

»Hast du mir gar nicht zugehört?« Sie sah ihn irritiert an und legte den Schraubenzieher zur Seite. »Das ist übel.«

»Doch, natürlich.« Gerd konnte sich gerade noch ein Lachen verkneifen. »Die ganze Zeit habe ich dir zugehört. Wollte dich nur ärgern.«

Ingrid seufzte erleichtert auf.

»Aber ich dachte, du wärst immer freiwillig zum Training und zum Wettkampf gegangen. Die Aussicht auf Gold. Hättest es geliebt. Mit dem ganzen Pipapo.«

»Erst war es Zwang, dann Freude, ja, die sich allerdings mit der Zeit zu einer Art Hassliebe entwickelte. Das hat mein Körper wohl gespürt und letztlich reagiert.«

»Warum hast du mir das nie erzählt? Nicht ein einziges Mal in all den Jahren – ich dachte immer, wir hätten keine Geheimnisse voreinander.«

Ingrid zuckte mit den Schultern, während Gerd zum letzten Mal zuschlug.

»Fertig!«, jubilierte er. »Jetzt müssen wir nur noch das Geschirr einräumen.«

* * *

Die Tage und Monate zogen dahin und das Jahr 1960 neigte sich gemächlich dem Ende. Peters Großmutter hielt den Haushalt zusammen, während seine Mutter lernen musste, mit dem Verlust ihres Mannes zurechtzukommen.

Keiner konnte ihr den Schmerz abnehmen. Auch wenn Laura alles Mögliche unternahm und ihrer Tochter versprach, die Zeit werde alle Wunden heilen: Maria musste versuchen, die Trauer anzunehmen und weiterzugehen. Ihre Arbeit als Verkäuferin bei der HO war die einzige Ablenkung. Den Vorschlag, doch einmal mit Alfred »Adi« Timm von schräg gegenüber auszugehen, fand sie hingegen völlig deplatziert. Dennoch gab Maria dem Wunsch ihrer Mutter schließlich nach und lud Adi kurz vor Weihnachten zum Kräutertee in die Küche ein. Also genau einmal. Doch Adi drängelte nicht und verstand es zu warten, gab seiner Hoffnung auf eine Wiederholung Zeit. Nur zu gut wusste der Witwer, dass es unklug sei, eine Frucht unreif zu brechen.

Peter und Christian bekamen von der Trauer und dem Kräutertee nur wenig mit. Christian studierte nach dem Abitur ebenfalls an der Uni Rostock. Und auch Peters Stundenplan war gut gefüllt. Tagsüber Uni, abends Lernen, an den Wochenenden Marmeladenfabrik, Angeln und auf ein paar Biere zum Einarmigen rüber. Ingrid kam er nur langsam näher, doch sie sahen sich fast täglich. Das reichte ihm, während er seine Kiel-Idee langsam zu Grabe trug.

Nicht gereicht dagegen hatte Gerd sein bisheriges Leben. Er wollte mehr und fuchste sich immer besser in seine neue Doppelbelastung aus Beruf und Berufung ein. Dies schlug sich auch in seinen Berichten nieder. Sie wurden tiefer und abstrakter. Und Jürgen? Tja, Jürgen blieb neugierig und versuchte weiterhin, neben seinem Studium frische Fische und Mädchen an Land zu ziehen. Seine Strichliste war bei weitem noch nicht im Haben.

7

Endlich war es so weit. Es ging mit dem Uni-Chor nach Hamburg. Peters Vorfreude war riesig. Zum einen gab es dort ein großes Angelgeschäft, von dem Pastor Niemann den beiden Jungs schon viel erzählt hatte, zum anderen das sündigste Pflaster der Welt: die Reeperbahn. Peter leerte seine Spardose und zählte – knapp 83 Mark. Ob das reichen würde?

In Hamburg angekommen, wurde Peter bei einem Gynäkologen aus Altona untergebracht, der sich der KPD verbunden fühlte. Dr. Bernd Sacher, sonnengegerbtes Gesicht, rauchte und war tiefenentspannt, was Peter gut tat. Noch bevor Peter seinen Koffer auspacken konnte, setzten sie sich im großen Fernsehzimmer zusammen und unterhielten sich über das politische Geschehen im Osten. Im Anschluss, es regnete bereits Bindfäden, fuhr Peter mit der S-Bahn zum AStA-Studentenverein nach Dammtor und öffnete neugierig den Briefumschlag, den ihm der Gynäkologe beim Abschied in die Hand gedrückt hatte.

»Aber für was Sinnvolles ausgeben«, hatte Sacher ihm augenzwinkernd mit auf den Weg gegeben.

Und so traute Peter kaum seinen Augen, als ihn im Kuvert 100 Westmark anlächelten. Er tat, was ein junger Mann in Hamburg tun musste, und steuerte am ersten Abend nach der Chorprobe direkt die Vergnügungsmeile auf St. Pauli an.

Dort, wo das Rotlicht zu sagen schien: »Kommt alle her und amüsiert euch!«, roch es nach Abenteuer und Alkohol. Die pulsierenden Leuchtreklamen der Bars und Varietés begannen den Takt der kommenden Nacht vorzugeben. Dieses Viertel war ganz klar für die Nacht gemacht. Peter steuerte den ersten Laden an und ging vorbei an ein paar alten Seebären zum großen Holztresen. Er fühlte sich unter der niedrigen Decke an den *Alten Krug* erinnert. Holzvertäfelungen mit Wandbildern dominierten den Innenraum, während die Jukebox Schlager spielte. Auch hier war der Tresen bis auf den letzten Platz besetzt. Allerdings von Frauen, nur leicht bekleidet. Das war anders als bei Fiete. Peter suchte sich eine hintere Ecke und bestellte ein Bier. *Erst mal sehen, wie das hier abläuft*, dachte er. Fast zwei DM musste er der Dame mit dem üppigen Vorbau, der nur mühsam von einer fadenscheinigen Bluse im Zaum gehalten wurde, übergeben. Trotz Subvention von seinem Gastgeber war ihm das zu viel, und er ging einen Laden weiter. Ohne Leuchtreklame kostete das Bier hier nur noch 80 Pfennig und Peter erfuhr etwas mehr darüber, wie freie Marktwirtschaft funktionierte.

Am zweiten Abend, nach der AStA-Gesangstunde, besuchte Peter das Angelgeschäft in Vorsetzen an den Landungsbrücken. Noch nie hatte er so ein großes Geschäft für Anglerbedarf gesehen. Der Laden war größer als der *Konsum* in Rostock, ein Traum auf 400 Quadratmetern. Hier gab es alles von Ruten, Rollen, Schnüren, Haken und Ködern über Bekleidung bis hin zu Werkzeugen wie Scheren, Messern und Hammern. Weitere 54,73 DM verabschiedeten sich.

Am dritten Tag, einem Mittwoch, wurde Peter frühmorgens geweckt. Bernd Sacher klopfte aufgeregt an seiner Zimmertür und rief:

»Aufstehen, Peter. Gagarin schießt gleich los!«

Gagarin! Ein Name wie eine Symphonie! Seit Wochen war er in aller Munde. Peter ging ins Badezimmer, zog sich an und setzte sich zu seinem Gastgeber ins Fernsehzimmer. Dort flimmerten ihm bereits die ersten Schwarz-weiß-Bilder vom Weltraumbahnhof Tjuratam im Süden Kasachstans entgegen. Um auch nichts zu verpassen, hatte Sacher zusätzlich das Radio eingeschaltet.

»Noch acht Minuten«, sagte er aufgeregt. Dann sah auch Peter die Wostok, eine riesige und eindrucksvolle Rakete, die in wenigen Momenten Geschichte schreiben sollte. Er schaute gebannt zu, wie die Zündungssequenz der fünf Triebwerke der ersten und zweiten Raketenstufe startete, sich die vier Haltearme aus ihrer Vorrichtung lösten und schließlich Juri Gagarin, Sohn einer russischen Bauernfamilie und mit 27 Jahren nur sechs Jahre älter als er, ins Weltall flog, um in 108 Minuten als erster Mensch im Weltraum die Erde zu umrunden.

Voller Stolz und Ehrfurcht vor dieser sowjetischen Heldentat hörten sie im Anschluss Gagarins Erklärung, die er unmittelbar vor dem Start abgegeben hatte:

Liebe Freunde, bekannte als auch unbekannte, liebe Landsleute und Menschen aller Länder und Kontinente!

In einigen Minuten wird mich ein starkes Raumschiff in die Weiten des Weltalls tragen. Was kann ich euch in diesen letzten Minuten vor dem Start sagen? Mein ganzes Leben kommt mir jetzt wie ein einziger schöner Augenblick vor. Alles, was mein bisheriges Leben ausmachte und was ich getan habe, geschah um dieser Minute willen. Ihr werdet begreifen, daß es schwer für mich war, meine Gefühle klar zu verstehen, als man mir diesen Flug vorschlug. Freude? Nein, es war nicht nur Freude. Stolz? Nein, es war nicht nur Stolz. Ich spürte ein großes Glück. Der erste im Weltraum zu sein, der Natur in einem beispiellosen Zweikampf allein gegenüberzutreten – kann man von etwas Größerem träumen?

Dann dachte ich aber sofort auch an die riesige Verantwortung, die auf mir lag. Ich habe als erster das zu vollbringen, wovon Generationen geträumt haben, ich habe als erster der Menschheit den Weg in den Weltraum zu bahnen. Nennt mir eine schwierigere Aufgabe als die, die mir zugefallen ist! Diese Verantwortung trage ich nicht vor einigen Dutzend Menschen, nicht vor einem Kollektiv, sondern vor dem ganzen Sowjetvolk, vor seiner Gegenwart und seiner Zukunft. Und wenn ich mich dennoch zu diesem Flug entschließe, dann nur deshalb, weil ich

Kommunist bin, weil ich den beispiellosen Heroismus meiner Landsleute, der Sowjetmenschen, vor Augen habe. Ich weiß, daß ich meinen ganzen Willen zusammennehmen werde, um die Aufgabe gut zu erfüllen. Ich werde alles tun, was in meinen Kräften steht, um den Auftrag der Kommunistischen Partei und des Sowjetvolkes auszuführen. Bin ich glücklich, wenn ich mich nun zum Start in den Weltraum begebe? Natürlich bin ich glücklich, denn in allen Zeiten und Epochen war es für Menschen das höchste Glück, an großen Entdeckungen teilnehmen zu können.

Ich möchte diesen ersten Raumflug den Menschen des Kommunismus, der Gesellschaft widmen, in die unser Sowjetvolk bereits eintritt, in die – davon bin ich überzeugt – alle Menschen auf der Erde eintreten werden.

Nun sind es nur noch wenige Minuten bis zum Start. Liebe Freunde, ich sage euch:

Auf Wiedersehen, wie alle Menschen, die sich auf einen weiten Weg begeben. Wie gern möchte ich euch alle umarmen, meine bekannten und unbekannten, die fernen und nahen Freunde!

Auf ein baldiges Wiedersehen!

Erklärung des ersten Kosmonauten der Welt vor dem Start
mit dem Weltraumschiff »Wostok I« am 12.April 1961

Beseelt von dieser Erklärung freute sich Peter, am nächsten Tag zurück nach Rostock fahren zu können. Obwohl Hamburg weiß Gott eine Menge zu bieten hatte, vermisste er seine Heimat – und Ingrid. Mehr, als er sich vor dieser Woche hatte eingestehen wollen. Er hatte in diesen vier Tagen bemerkt, dass er ein glücklicher Mann war, dem es an nichts fehlte. Er studierte, konnte Arzt werden, hatte bestes West-Angelzeug und die Ostsee vor der Tür. Nicht zu vergessen seine Freunde Jürgen und Gerd. Doch eines wollte er vor der Rückreise noch erledigen. Er wollte ein Geschenk für Ingrid kaufen. Etwas Bleibendes, so besonders wie der Flug von Gagarin.

* * *

»Für dich!«

Ingrid schaute neugierig nach der quadratischen Schachtel, die Peter nach dem Abendessen bei Kerzenschein am Freitagabend aus seiner Jackentasche hervorgefischt und auf den Küchentisch gelegt hatte, zögerte aber, sie zu öffnen.

»Die habe ich in Hamburg gefunden und musste sofort an dich denken.« Peter legte den Kopf schräg und schaute sie verliebt an. »Naja, eigentlich musste ich immerzu an dich denken, Ingrid«, ergänzte er und schob mit seiner linken Hand das Schächtelchen weiter zu ihr hinüber.

Nun öffnete Ingrid das Geschenk und nahm eine feingliedrige Silberkette mit Anhänger aus der samtausgelegten Box. Wortlos reichte sie sie Peter.

»Kannst du sie mir bitte umlegen?«

Peter strahlte über das ganze Gesicht. Die Halskette verfehlte ihre Wirkung nicht. Genau wie die Verkäuferin am Jungfernstieg es ihm prophezeit hatte, traf sie ins Herz. Ab dem Moment, als Ingrid die Kette trug, waren sie ein Paar. Peter setzte sich zu ihr. Das Kerzenlicht umhüllte liebevoll ihr Gesicht.

»Was passiert jetzt?«, fragte er.

Doch statt zu antworten, legte Ingrid ihm die Arme um den Hals und küsste ihn. Lange. Innig. Nass. Es war ein perfekter Moment – doch er währte nicht lange. Denn für Ingrid galt es, auch mit Kette das Physikum im Juli zu bestehen. Sie legte ihre Uni-Mitschriften der vergangenen fünf Tage demonstrativ neben die Schachtel.

Autsch!

Peter wischte sich über den Mund und widmete sich enttäuscht ihren Chemie-, Physik-, Biologie- und Botanik-Notizen. Doch viel neuer Stoff war nicht dazugekommen. Er fand, da wäre noch mehr Zeit für Zweisamkeit gewesen.

Gegen neun ging er wie jedes Mal nach Hause. Doch heute joggte er die knapp vier Kilometer zur Fritz-Reuter-Straße. Er musste sich abreagieren. Und dieser Lauf tat ihm gut. Er beschloss, aus der Not eine Tugend zu machen und diese Strecke von nun an immer zu laufen. Schließlich stand der Sommer bevor, er wollte fit sein, und Fietes Bierchen störten dabei nur. Er wurde schneller und an besonders guten Tagen sogar schneller als die Straßenbahn.

Schnell musste Peter nun auch mit Gerd sprechen, über Ingrid. Bevor es sich herumsprach, das hatte er verdient und er konnte nur hoffen, dass er es respektieren würde. Davor aber wollte Peter sie am Samstag nach Westberlin begleiten. Ingrid wollte sich etwas zum Anziehen kaufen, Lippenstift und Nagellack. Seitdem sie ihren Sport aufgegeben hatte, betonte sie ihre weibliche Seite. Peter gefiel es. Und ihm gefiel auch der Gedanke, mit seiner hübschen Freundin abends etwas auf dem Ku'damm trinken zu gehen. Vielleicht sogar in eine Bar mit Leuchtreklame? Jetzt war er vorbereitet.

* * *

Nicht vorbereitet war die Welt hingegen auf die Absicht Walter Ulbrichts, eine Mauer zu errichten. Nur wenige Wochen nach dem bestandenen Physikum ging es los. In den frühen Morgenstunden des 13. August 1961 begannen Sicherheitskräfte der Staatsmacht, die Grenze zu Westberlin abzuriegeln, um eine Mauer zu bauen. Kalkül des Einsatzleiters und späteren Staatsratsvorsitzenden Erich Honecker war es, den Baustart auf ein Wochenende zu legen, weil dann viele Berliner nicht in der Stadt waren.

Und die Verbliebenen konnten nichts ausrichten, weder im Westen noch im Osten. Sie säumten wie Statisten die Sektorengrenze am Brandenburger Tor, an der Bernauer Straße, der Leipziger Straße und am Potsdamer Platz und konnten nicht fassen, was geschah, als Soldaten und Polizisten mitten in Berlin plötzlich das Straßenpflaster aufrissen, Stacheldraht zogen und Betonpfähle einrammten. Die Berliner S- und U-Bahn, die bis in die Nacht noch Ost und West verbunden hatte, wurde unterbrochen. Straßen wurden zerschnitten, Familien getrennt, die Stadt geteilt. Das bedeutete für Peter das Ende der Westberlin-Besuche.

Erst Jahre später las er, dass der damalige Regierende Bürgermeister von Westberlin, Willy Brandt, über den Mauerbau so empört war, dass er, nahezu als Einziger, alle Hebel in Bewegung setzte, um dem Akt Einhalt zu gebieten. Doch selbst ein persönlicher Brief an den damaligen US-Präsidenten John F. Kennedy blieb unbeantwortet. Ulbricht war sein Überraschungscoup gelungen. Er hatte seinen Schnitt chirurgisch exakt gesetzt und für viele Jahre Fakten geschaffen.

Die Begründung der SED-Führung ließ nicht lange auf sich warten. Es war vom »Antifaschistischen Schutzwall« die Rede, was bald auch zur verbindlichen, korrekten Bezeichnung für die Mauer erhoben wurde. Die Partei wolle jeden einzelnen DDR-Bürger vor Sabotage, Menschenhandel, Kriegstreibern schützen, kurzum den Faschisten aus dem Westen. Bezeichnungen wie »Mauer«, »Berliner Mauer« oder »Ulbrichtmauer« sollten aus dem Sprachgebrauch verschwinden und konnten bei Missachtung als DDR-Staatshetze eingestuft werden.

Wie viele andere glaubte Peter nicht, dass die Rede vom »Schutzwall« die ganze Wahrheit war. Warum wäre dann der obere Rand des Stacheldraht-Zaunes zur DDR-Seite abgewinkelt worden? Die Situation in der DDR hatte sich so dramatisch zugespitzt, dass das Regime die Notbremse ziehen musste. Monat für Monat waren mehr Menschen aus dem sozialistischen Osten Deutschlands in die Bundesrepublik gegangen, etwa drei

Millionen waren es bis zu diesem Sonntag. Damit verlor die DDR ihre Arbeitskräfte. Besonders der Verlust junger Facharbeiter, Wissenschaftler, Ingenieure, Ärzte, in deren Ausbildung der Staat viel investiert hatte, schwächten den so gelobten sozialistischen Vorzeigestaat.

Doch wie so oft gab es außer vielen Verlierern auch manchen Gewinner. Einer von ihnen war Gerd Schmidt. Für den *Biber* hätte es nicht besser laufen können. Für seine geheime Zweitkarriere begann eine aufregende Zeit und er konnte drei Gänge höher schalten. Viele sprachen über die neue Schandmauer und fragten sich, ob sie nicht doch hätten *rübermachen* oder es jetzt wenigstens versuchen sollten. Es hieß, es gebe noch Lücken im Stacheldraht. Es rumorte überall und Gerd fühlte sich wie ein Kind in der KaDeWe-Spielzeugabteilung. Egal, wo er hinlangte, ein neues Spielzeug. Seine Berichte schrieben sich seit dem 13. August 1961 fast wie von selbst.

Im Gleichschritt zu seinen immer präziseren Berichten wurde auch die SED-Propaganda deutlicher. Parteiauftrag war es, für jeden Bürger eine sozialistische Zukunft sichtbar zu machen. Überall hingen rote Fahnen und Plakate, auf denen glückliche Menschen idealistische Parolen in die Welt hinaustrugen. Schulen, öffentliche Gebäude und große Plätze wurden jetzt nicht nur zur Jahresfeier am 7. Oktober in die Agitationsfarben des Sozialismus getaucht. Alles war in Bewegung.

* * *

An einem Samstagnachmittag lief Peter nach seiner Vier-Stunden-Schicht in der Marmeladenfabrik gemächlich durch den Park nach Hause. Er hatte seit Tagen leichte Kopfschmerzen, fühlte sich schlapp und hoffte, sich zu Hause etwas erholen zu können. Es bestand kein Grund zur Eile, Ingrid war mit einer Freundin verabredet.

Plötzlich entdeckte er hinter einem Busch eine gestreifte Katze, die mit etwas zu spielen schien. Was war das? Ein Ball? Eine Socke? Er hockte sich hin und erkannte, dass die Katze eine Maus gefangen hatte. Sie spielte mit dem kleinen Tier, sprang hinterher, wenn die Maus zu entkommen versuchte, nahm sie ins Maul, knurrte, als sie Peter bemerkte, und lief davon. *Fressen und gefressen werden*, dachte er, als ihn jemand ansprach:

»Wie fühlst du dich, du Schwein? Ich habe euch gesehen. Arm in Arm, wie ihr gelacht und euch geküsst habt.«

Peter erschrak, als Gerd wie aus dem Nichts neben ihm auftauchte.

»Ich dachte, du wärst mein Freund?«, sagte Gerd, der seine Wut nur schlecht verbergen konnte.

»Nun sag schon. Was ist das für ein Gefühl, wenn ihr beide hinter meinem Rücken im Bett über mich lacht? Gerd, der treudoofe Idiot. Mit dem kann man es ja machen. Der kapiert ja sowieso nichts.« Der Zorn in seiner Stimme war unüberhörbar.

Peter kapierte hingegen sofort. Längst hätte er mit Gerd sprechen sollen. Doch immer war etwas dazwischengekommen. Nun war er zur Beute mutiert. Mist!

»Du Verräter, warum hast du nichts gesagt? Nicht mit mir gesprochen?«

»Ich wollte. Wirklich. Lass es mich erklären. Bitte!«

Doch Gerd kam unaufhaltsam näher. Peter konnte schon seinen Atem spüren und wich reflexartig einen Schritt zurück. Er redete drauf los, dass es irgendwie so passiert sei. Kennt man doch. Nicht gewollt. Blöd gelaufen.

Gerd fixierte seine Augen.

»Und als ich sie in der Uni getroffen habe, wusste ich ja nicht einmal, dass du sie kennst, geschweige denn, dass ihr …«

Rumms.

Nur schemenhaft hatte Peter wahrgenommen, wie Gerds rechte Faust auf ihn zuflog. Seine Reflexe hatten nicht die geringste Chance gehabt, eine Abwehr aufzubauen. Er fiel zu Boden.

»Steh' auf, du Mistkerl, na los. Steh' wieder auf«, schrie ihn Gerd an. Peter wischte sich über seine linke Wange und rappelte sich auf.

Rumms.

Nun war es Gerds Linke, die in seinem Gesicht explodierte. Erneut krachte Peter zu Boden und entschied, es dabei zu belassen.

»Gar nicht so einfach, wenn Mutti nicht da ist und aufpasst, oder?«, versuchte Gerd ihn zu provozieren. »Wer lacht nun über wen?«

Er beugte sich zu ihm runter.

»Und nun steh' endlich auf!«, schnaubte Gerd außer sich vor Wut. »Steh' auuuuufff, du Feigling von einem Freund!«

Doch Peter rührte sich nicht und hoffte, der Sturm würde so schneller vorbeiziehen.

»War ja klar«, resümierte Gerd und rammte ihm zum Abschied seinen Schuh zwischen die Beine.

* * *

Als Peter gegen Abend völlig verstört zu Hause ankam, tat ihm alles weh, und er hatte Fieber. Wenig später erbrach er sich über der Toilette, was wegen seines steifen Nackens äußerst schmerzhaft war. Auch reagierte er immer empfindlicherer auf äußere Reize. Gerds Schläge hätten jeden umgehauen, aber Peter taten sogar die Kopfhaut und seine Haare weh. Schlapp hatte er sich bereits seit Tagen gefühlt. Die Schicht in der Marmeladenfabrik hatte er schon fast ausfallen lassen wollen, denn schon als er sich am Morgen T-Shirt und Pullover über den Kopf zog, war der Kopfschmerz schwer erträglich. Doch er brauchte diesen Job.

Nun legte er sich ins Bett und schaltete das Licht aus. Die Dunkelheit tat ihm gut und er war heilfroh, dass am nächsten Tag Sonntag war. Doch dieser eine Tag sollte nicht reichen. Peters Zustand verschlechterte sich rapide. Gegen ein Uhr Nachts hatte er 40,3 Grad Fieber. Sein Gesicht war rot, sein Herz raste. Seine Mutter war sehr besorgt und lief völlig verzweifelt, kurzerhand in Nachthemd und Mantel zu Adi von schräg gegenüber. Er hatte ein Auto und sollte Peter ins Krankenhaus bringen. Witwer Adi, überrascht vom Besuch im Nachthemd, fuhr den schwachen Peter mit Maria zur medizinischen Klinik am Schröderplatz. Die Diagnose war schnell gestellt: akute Meningitis und seine Einlieferung längst überfällig.

»Breiten sich bei einer Hirnhautentzündung die Bakterien über das Blut aus, besteht die Gefahr eines Herz-Kreislauf-Versagens«, sagte der behandelnde Arzt Dr. Koppel. »Allerdings kann es sich auch um eine durch Viren hervorgerufene Meningitis handeln. Das müssen wir noch herausfinden.«

»Aber…«, versuchte sich Maria Gehör zu verschaffen.

»Wir versorgen ihn mit Antibiotika, finden die Ursache heraus und legen Ihren Sohn für eine Weile auf die Isolierstation.«

»Aber wie kann das sein?«, fragte Maria nun im forscheren Ton und konnte nicht glauben, was sie da hörte. »Er ist doch so ein kräftiger junger Mann.«

»Manchmal liegt es an einer nicht ganz auskurierten Erkältung. Das Immunsystem kann auch durch Überarbeitung geschwächt sein.«

»Überarbeitung?«

»Studium, Freundin, Job sind heutzutage nicht immer einfach unter einen Hut zu bekommen«, sagte der Arzt und lächelte Maria aufmunternd zu.

Dass aus ein paar Tagen mehrere Wochen Isolierstation mit absoluter Bettruhe werden sollten, ahnte an diesem Morgen kurz nach zwei Uhr niemand.

* * *

Gerd blieb Peters Erkrankung nicht verborgen und er versuchte den Kontakt zu Ingrid wieder aufzubauen. Der Führungsoffizier hatte ihm gezeigt, dass man nie aufgeben dürfe. So fuhr er eines Tages zu Ingrid und setzte sich auf den Bordstein vor der Haustür. Er wartete eine Stunde, zwei Stunden. Dann sah er sie auf der gegenüberliegenden Straßenseite. Als sie herüberkam, konzentrierte er sich auf ihr Gesicht. Er wollte in ihren Augen lesen, wie sie auf ihn reagierte. Freute sie sich? Wäre sie genervt? Oder war es ihr egal? Dann stand vor ihm und strahlte.

»Wartest du auf mich?«

»Irgendwie schon«, erwiderte Gerd, während er zurück strahlte.

»Aber wir waren nicht verabredet, oder?«

»Nein, waren wir nicht. Noch nicht?«

Ingrid schwieg und beließ die Antwort im Dunkeln.

»Also, was machst du hier?«

»Wirklich, ich wollte dich nur sehen und fragen, ob wir etwas unternehmen wollen.«

»Woran dachtest du?«

»Nun ja«, begann er zögerlich. Eigentlich hatte er nur bis zu dem Moment des Aufeinandertreffens geplant. Er musste improvisieren und erinnerte sich erneut an einen Rat des Führungsoffiziers, der stets sagte, dass wenn man in einem Gespräch nicht weiter wusste, einfach die letzte Frage des Gegenübers als Gegen-Frage formulieren sollte.

»Worauf hättest du denn Lust?«

»Ich?« Ingrid klang erstaunt und setzte sich zu ihm auf den Bordstein. Die Taktik schien aufzugehen.

»Am liebsten würde ich einfach mal für einen Tag verschwinden. Mich aus dem Hamsterrad befreien und auftanken. Ich fühle mich ausgelaugt, mein Kopf ist leer, dabei sollte er voll sein.«

Gerd hörte genau zu. Dass hatte er bei seinem Zweitjob ebenfalls gelernt. Kurze Fragen, lange zuhören, alles merken. Sollte der Monolog zum Erliegen kommen, nächste Frage stellen.

»Verstehst du, was ich meine?«

Gerd nickte, sagte aber nichts.

»Am liebsten würde ich mich einfach in den nächstbesten Zug setzen und losfahren.« Gerd nickte weiter, doch Ingrid wollte eine Antwort hören.

Er hielt kurz inne, als er begriff, dass sich dieses Treffen gerade zum Hauptgewinn entwickeln könnte. Er musste nur abwarten. Kurze Antwort und dann die nächste Frage stellen.

»Ja, das kenne ich nur zu gut, Ingrid.« Er lächelte. »Wo würdest du denn gern hinfahren?«

»Wo ich hinfahren würde? Mmmmhhhh. Gute Frage. Vielleicht nach Tokio?« Ingrid vergrub ihr Gesicht in den Händen. »Auch wenn ich gesagt habe, dass ich das Training irgendwann gehasst habe. Es fehlt mir trotzdem. Und ich wäre so gern zu den Olympischen Spielen gefahren. Selbst, wenn ich keine Medaille gewonnen hätte, wäre dass das Highlight meines Lebens gewesen.« Sie schwärmte davon, wie sie im Olympischen Dorf Gleichgesinnten aus der ganzen Welt getroffen und das Vaterland im Ausland vertreten hätte. »Das wäre es gewesen! Doch stattdessen ist mein Knie im Arsch und wir sind eingemauert. Nicht mal mehr zum Zoo-Palast lassen die uns.«

Jetzt wurde es interessant und Gerd fragte Zweitjob-bedingt nach.

»Willst du abhauen?«

»Ach Quatsch. Ist nur so ein Gedanke, den ich neulich mit Achim hatte.«

»Deinem Bruder?«

»Ja, genau. Bist du denn nicht sauer, dass sie jetzt die Mauer hochgezogen haben? Nie wieder Westberlin?«

Gerd fühlte sich ertappt. Schließlich kannte ihn Ingrid, seit sie zusammen im Sandkasten gespielt hatten. Ihr konnte er nichts vormachen. Aber sollte er ihr deshalb die Wahrheit sagen? Auf dem Bordstein vor ihrer Wohnung? Das er als *GI* für die Stasi arbeitete und seine Berichte seit dem Mauerbau immer besser wurden? Dass er deshalb die Wohnung bekommen hatte? Nein, das konnte er nicht. Er fuhr sich mit seiner Hand durch die Haare und sagte:

»Solange wir uns hin und wieder sehen, was sollte ich dann drüben?«

»Du charmanter Lügner!«, rief Ingrid und sprang auf. »Eigentlich müsste ich jetzt für die Uni lernen und später zu Peter in die Klinik. Aber das Lernen lasse ich heute ausfallen. Lass' uns lieber etwas trinken gehen und auf uns anstoßen.

8

In der Uni traf Jürgen auf eine gut gelaunte Ingrid. Der Hörsaal war bis auf den letzten Platz belegt, doch Ingrid, die chronisch zu spät kam, konnte sich auf Jürgen verlassen. Er hatte ihr auch heute einen Platz frei gehalten.

»Für mich?«

Ihr Gesicht strahlte über beide Ohren.

»So gut drauf?«

»Ja.«

»Geht es ihm wieder besser?«

»Wem?«

»Na, Peter.« Jürgen verdrehte seine Augen. »Kann er die Isolierstation verlassen?«

»Ich war gestern nicht da.«

»Nicht? Du wolltest doch hin?«

»Ja, eigentlich schon. Aber ich habe noch jemanden zufällig auf der Straße getroffen, wir waren kurz im *Krug* und dann wurde es zu spät. Ich musste doch noch lernen«, murmelte Ingrid. Das mit dem Alten Krug musste sie erwähnen. Dafür war Rostock zu klein. *Doch musste sie Jürgen wirklich Rechenschaft ablegen?,* dachte sie und war erleichtert, als Professor Kling den Hörsaal betrat und es still wurde.

Kling ging zu seinem Tisch und holte seine Unterlagen aus der Tasche, schaute ins Plenum, nickte kurz.

»Wenn die Anforderungen der Umwelt die Bewältigungsmöglichkeiten des Einzelnen übersteigen, ja dann sprechen wir von Stress«, begann Kling die heutige Psychologie-Vorlesung. »Heute geht es um das Zusammenspiel zwischen Stress, Emotionen und Krankheit. Drei Begriffe, mit denen Sie als zukünftige Mediziner täglich zu tun haben«, sagte er und verwies auf die wissenschaftlichen Arbeiten von Walter Canon und Hans Selye in der

Bibliothek. »Lesen Sie da in den nächsten Tagen mal rein. Das kann Ihnen beim Verständnis helfen.«

Dann rief er drei Studenten nach vorn, um wieder mal ein Aha-Experiment durchzuführen. Jeder der drei sollte einen Begriff verkörpern. Dabei überließ ihnen der Professor, wie sie das taten. Genau wie Peter liebte Ingrid Klings Auftritte. Die Vorlesung schloss er 90 Minuten später wie stets mit den Worten:

»Denken Sie bitte daran, dass im Zentrum der Medizin der Mensch steht, dennoch versagen wir immer wieder aufs Neue. Mit zum Teil verheerenden Folgen.«

Dass fast alle seine Studenten bei seinen Schlussätzen mittlerweile mitsprachen, schien ihn nicht zu stören, denn er wusste, nur durch die ständige Wiederholung würden sich Inhalte im Kopfe verankern. Er lächelte, nickte, packte seine Tasche und verschwand.

Nach der Uni schlenderte Ingrid in die Klinik. Sie wollte mit den Ärzten sprechen und Peter endlich wieder in die Arme schließen.

»Wie geht es ihm?«, fragte sie Dr. Koppel, der Kompetenz und Vertrauen ausstrahlte, als sie am Schröderplatz ankam.

»Ich habe eine gute und eine weniger gute Nachricht für Sie.«

»Das heißt was?«

»Trotz zahlreicher Untersuchungen ist uns bis jetzt kein Erregernachweis für seine Meningitis gelungen. Allerdings konnten wir heute Morgen im Liquor …«

»Sie haben seine Gehirnflüssigkeit untersucht?«, unterbrach Ingrid Koppels Ausführungen und merkte, wie ihr Tränen in die Augen schossen. Den Begriff *Liquor* hatte sie vor einigen Tagen in einer Vorlesung aufgeschnappt.

»Das klingt schlimmer, als es ist«, versuchte der Arzt sie zu beruhigen. »Wir haben ja nicht seinen Kopf aufgebohrt, sondern lediglich eine Lumbalpunktion im Bereich der Lendenwirbel durchgeführt. Und das nur mit einer sehr kleinen Hohlnadel.« Dr. Koppel spreizte zur Untermauerung Daumen und Zeigefinger auf wenige Zentimeter Distanz. »Und nun kommen wir zur guten Nachricht.«

Ingrid wischte sich die Tränen ab und versuchte, optimistisch auszusehen.

»Wir konnten aufgrund der Entzündungsreaktion im Liquor eine bakterielle Meningitis ausschließen.«

»Also handelt es sich um eine virale …« Sie wollte noch etwas sagen, doch ihr versagte die Stimme.

»Genau. Es handelt sich um eine virale Meningitis.«

»Das ist gut?«, schluchzte sie.

»Aber unbedingt.« Das Gesicht des Arztes hellte sich auf. »Eine virale Hirnhautentzündung hat meist keine Hirnschäden zur Folge.«

Dennoch blieb Peter vorerst seinem Schicksal ausgeliefert und musste auf der Isolierstation bleiben. Ingrids Umarmung fiel aus.

* * *

Ebenfalls gut gelaunt schlenderte Gerd an diesem Morgen zur Arbeit, wo er Präzisionswerkzeuge herstellte. Er liebte es, im Lärm der großen Werkhalle an kleinsten Schrauben zu drehen. Es war das genaue Gegenteil von seinem Zweitjob, wo er im Stillen und Verborgenen funktionieren musste. Doch noch mehr liebte er sein Leben und Ingrid. Und Peters Krankenhausaufenthalt sah er als Zeichen.

Er dachte an den Vorabend bei Fiete und wie unbeschwert sie gewesen waren. Er überquerte die Kreuzung und wich dabei den anderen Fußgängern aus. Eigentlich müsste er müde sein nach nur drei Stunden Schlaf. Doch seine innere Unruhe ließ ihn nicht los. Er wollte mit Ingrid zusammen sein und merkte, wie ihm seine Ungeduld mal wieder einen Strich durch die Rechnung machen wollte. Es fehlte ihm an Gelassenheit und der Gabe, sich zurückzuhalten. »Eile mit Weile«, »Abwarten, Tee trinken«, »Das Gras wächst nicht schneller, wenn man daran zieht« und »Alles kommt zu dem, der warten kann« – das waren für ihn keine weisen Sprichwörter, sondern Unfug. Er hatte gelernt, für seine Sache zu kämpfen.

Immer und immer wieder ließ er den Abend Revue passieren. Vier bis fünf Biere, viel gelacht und viel geredet. Gegen halb zwei hatte er sie schließlich nach Hause gebracht. Es war ein schöner Abend, doch sie hatten nicht vereinbart, wann sie sich wiedersehen würden. Bis zuletzt hatte er darauf gehofft, dass sie ihn fragen würde. Aber sie tat ihm den Gefallen nicht. Jetzt ärgerte er sich über sich selbst und konnte sich auf nichts anderes konzentrieren.

Er brauchte eine Aussicht und nahm sich vor, nach seiner Schicht bei Ingrid vorbeizugehen. Was wäre schon dabei? Andererseits durfte er es nicht übertreiben. Immerhin war sie mit Peter zusammen. Aber mit ihm im Krug – die halbe Nacht. Sollte er ihr lieber einen Brief schreiben? Richtig, und darin würde sie zu sich zum Essen einladen. Er lächelte und sein Magen entspannte sich. Ja, ein Brief, das hatte Stil. Das gefiel ihm. Und würde auch Ingrid gefallen.

* * *

Drei Wochen später war es so weit. Ingrid wollte zu Gerd zum Essen kommen und er fragte sich, ob sie von der Prügelei wissen konnte? Gerd wurde nervös und versuchte, nichts anbrennen zu lassen. Er hatte Fisch, Kartoffeln und Gemüse gekauft. Zum Nachtisch sollte es Apfelkuchen geben. Ach ja die Sahne? Um die müsste er sich auch noch kümmern. Schweißtropfen bildeten sich auf seiner Stirn. Doch es klingelte schon. Er lief ins Bad, wechselte sein Hemd und öffnete die Tür. Mit einem breiten Grinsen empfing er Ingrid, die ihre Haare zu einem Pferdeschwanz gebunden hatte.

»Pünktlich wie die Maurer«, pfiff Gerd durch die Zähne. Pünktlich wie die Maurer? Was redete er da bloß? Doch Ingrid ignorierte es und trat ein.

»Hallo Gerd. Danke für die Einladung. Die kam genau zum richtigen Zeitpunkt.«

Gerd schaute in ein trauriges und nachdenkliches Gesicht. Hatte das mit der Prügelei zu tun? Hatte der Verräter doch geredet? Unsicher nahm er ihr den Mantel ab und hängte ihn an die Garderobe.

»Was denn los, Ingrid?« Nun nahm er auch Resignation in ihrem Blick wahr. »Erzähl schon.«

»Ich weiß nicht. Mir geht viel durch den Kopf. Peter, das Studium …« Ingrid betrat das Wohnzimmer. »Das riecht gut. Kann ich noch was tun?«

»Nein, alles im Griff. Setz dich schon mal.«

Wenig später servierte Gerd den Fisch samt Beilage und Ingrid begann zu erzählen. Ohne Punkt und Komma. Sie fühlte sich wohl, das spürte Gerd. Auch wenn sie immer noch traurig und nachdenklich wirkte.

»Eins sage ich dir, Ingrid. Wenn Peter wieder raus ist, werde ich ihm die Ohren lang ziehen. Wie kann er dich nur so lange alleine lassen?«

Ingrid lächelte und war sich sicher, dass genau das von Gerd beabsichtigt war. Es tat ihr gut. »Lass' uns über was anderes reden als über mich, Isolierstation, Vorlesungen und Prüfungen«, schlug sie vor. »Was gibt es Neues bei dir? Hast du eine Freundin?«

Gerd errötete. Ingrids Frage verletzte ihn. Wie konnte sie ernsthaft denken, er würde sich nach anderen Frauen umschauen? Nur weil sie Peter hatte?

»Eine Freundin?«, murrte er. »Nein, natürlich nicht. Weißt du doch.«

Ingrid lächelte und aß genüsslich weiter. Peter war ihr Freund, doch der war nicht da. Und wusste sie, ob er jemals wieder aus der Klinik herauskäme? Der Gedanke an die Isolierstation zog sie runter. Mit Gerd hingegen war alles so leicht, so unbeschwert, und dann noch diese tolle Wohnung. Und kochen konnte der Teufelskerl auch noch.

9

»Sie kommen gerade richtig!«, begrüßte Bruch Gerd in der Wohnung ohne Namensschild. Es roch nach frisch gebrühtem Bohnenkaffee.

»Darf ich Ihnen eine Tasse anbieten?«

»Danke, Genosse Führungsoffizier«, antwortete Gerd und setzte sich in einen der grünen Sessel.

»Es geht doch nichts über einen schönen Bohnenkaffee«, sagte Bruch, der seine braune Ledertasche bereits in seiner unnachahmlichen Art geleert hatte. Seine Augen schweiften über die rote Mappe, den Füllfederhalter, die Zigaretten und Streichhölzer bis zu Gerds neuen Berichten und fingen schließlich seinen aufgeregten Blick auf.

»Sie haben doch sicherlich einen besten Freund?«

Gerd nickte.

»Erzählen Sie mir etwas über ihn. Was macht er, woher kennen Sie einander, wie oft sehen Sie sich?« Wie üblich lag in Bruchs Fragen eine gewisse Gier.

Doch das war leichter gesagt als getan, dachte Gerd. Ihm fiel niemand ein, über den er hätte sprechen können. Hatte er wirklich keine Freunde? Der einzige Name, der vor seinem geistigen Auge auftauchte, war Peters Name. Ausgerechnet Peter? Doch Peter war nicht mehr sein Freund.

Und während Gerd vor seiner inneren Leere überlegte, formulierte Bruch, der ein feines Gespür für das Unausgesprochene hatte, seine Frage um:

»Vielleicht eine beste Freundin? Eine Freundin, der man alles anvertrauen kann?«

»Ingrid!«, schoss es erleichtert aus ihm heraus. »Ingrid ist meine beste Freundin.«

»Erzählen Sie mir von ihr«, forderte ihn der Offizier mit leiser Stimme auf und nahm sich eine Club-Zigarette aus der Schachtel.

»Was soll ich da erzählen, Genosse Offizier?«

»Was sie so macht? Woher Sie sie kennen? Hat sie Geschwister? Einfach alles.« Bruch lächelte väterlich sanft. »Ich habe den Eindruck, sie ist ihnen sehr wichtig.«

»Ja, schon«, antwortete Gerd verwundert.

»Und ich hatte Ihnen ja schon erzählt, dass wir eine große Familie sind. Und in einer Familie passt man aufeinander auf. Doch wir können nur aufpassen, wenn wir alles wissen.«

Gerd verstand und erzählte seine Lebensgeschichte, die seit dem Sandkastenalter mit der von Ingrid verwoben war. Von den Aufs und Abs und seiner vagen Hoffnung, dass sie ein richtiges Paar wurden. Besser noch eine Familie mit einem Kind zu werden.

»Die passende Wohnung, Biber, hätten Sie ja schon mal«, beglückwünschte er ihn augenzwinkernd. Doch dann galt sein ungeteiltes Interesse Achim, Ingrids jüngerem Bruder, der als Wasserspringer im Olympiakader ebenso sportliche Ambitionen hatte wie früher Ingrid. »Erzählen Sie mir mehr von Achim. Was ist das für ein Mensch?«

Gerd, der sich ebenfalls eine Zigarette angezündet hatte, erzählte von gemeinsamen Treffen, von Achims Ehrgeiz und Tatendrang. Und davon, dass er einen großartigen Schwager abgeben würde. Beide lachten. Die Zeit verging. Nach der zehnten oder elften Zigarette packte Bruch Gerds Berichte und seine eigenen Sachen in die Ledertasche, erhob sich, begleitete Gerd zur Tür und verabschiedete sich.

Gerd ging zu sich nach oben und spürte, dass sein Rücken schmerzte. Knappe drei Stunden hatte er neben dem Führungsoffizier gesessen und über Ingrids Familie gesprochen. Zum ersten Mal fühlte sich sein Nebenjob wie harte Arbeit an.

* * *

Seit zwölf Wochen lag Peter nun schon auf der Isolierstation. Die letzten 14 Tage hatte Ingrid ihn gar nicht mehr besuchen können. Zu sehr hatten sie die streng reglementierten Besuche hinter einer schützenden Glasscheibe runtergezogen. Das war doch kein Leben. Sie wollte leben, richtig und am liebsten mit Peter, aber … Sie dachte den Gedanken nicht zu Ende und widmete sich stattdessen ihren Büchern, als es an der Wohnungstür klingelte. Dankbar für jede Ablenkung ging sie zur Tür und öffnete. Peters Mutter stand davor.

»Frau Döbler? Ist etwas mit Peter?«

»Er wird heute entlassen.« Maria nahm Ingrid unverhofft in den Arm und drückte sie an sich. Das hatte sie zuvor noch nie gemacht. »Ich dachte, du möchtest vielleicht mitkommen? Er würde sich sicherlich freuen.«

»Jetzt gleich?«

»Ist das nicht toll?« Maria nickte bestätigend ihren Kopf.

Ingrid schrieb einen Zettel und legte ihn auf den Küchentisch. Dann zog sie die Haustür zu und folgte Maria zu Adis Auto.

Auf der Fahrt in die Klinik erzählte Maria, dass es Peter seit zehn Tagen deutlich besser gehe und er nicht mehr ansteckend sei. Bei ihrem gestrigen Besuch habe sie erfahren, dass er nach Hause dürfe. Ingrid spürte bei jedem weiterem Wort ihren Herzschlag. Dann waren sie da. Ingrid strahlte, als sie Peter am Fenster sitzen sah. Er schien zu lesen. Ungeduldig sprang sie aus dem Auto und lief über den Gang des Krankenhauses zu ihm.

»Peter! Peter«, rief sie ihm entgegen.

Er drehte sich zu ihr, lächelte zurück, blieb aber sitzen.

Ingrid wunderte sich, dass er nicht aufstand, und fragte:

»Bist du mir böse, weil ich dich nicht mehr besucht habe?«

»Ach Quatsch«, erwiderte Peter und breitete seine Arme aus, um Ingrid zu begrüßen. »Es ist nur so, dass meine Beine gerade nicht so wollen, wie ich will.« Und er erklärte ihr, dass die lange Bettruhe seine Muskeln so geschwächt habe, dass er ohne Hilfe keinen Schritt gehen konnte. Er sagte, er fühle sich wie eine Marionette, deren Bein-, Knie- und Fuß-Fäden nacheinander losgelassen wurden.

»Kannst mal sehen«, witzelte Peter. »Jetzt habe auch ich ein Wackelknie. Naja, eher zwei.«

Beim Verlassen der Klinik stützten ihn Ingrid und Adi und setzten ihn ins Auto, während Maria Peters Taschen trug. Es ging zurück in die Fritz-Reuter-Straße, wo zur Begrüßung ein großes Schild an der Wohnungstür hing:

»WILLKOMEN ZUHAUSE, PETER«

Daneben waren in verschiedenen Farben Sprechblasen mit Wünschen aufgemalt wie »Endlich angeln gehen!«, »Schwimmen!«, »Freunde treffen!«, »Alter Krug!«. Alles ein bisschen kitschig und aufgesetzt, doch Maria brauchte das und hatte gestern Abend dementsprechend gebastelt. Waren sie doch mit Peter endlich wieder vollzählig.

Noch am selben Abend widmete sich Peter wieder seinen täglichen Beinübungen. Und er ging Ingrids Mitschriften durch. Er wollte den Stoff so schnell wie möglich nachholen und zurück in den Hörsaal. Er gab sich für seine Beine drei bis vier Tage. Doch er mutete sich erneut zu viel zu. Bereits am dritten Tag hatte er plötzlich krampfartige Kopfschmerzen, die er am Tag darauf, trotz aller Willenskraft, nicht mehr ignorieren konnte. Er musste zurück ins Krankenhaus. Doch dieses Mal kam er stationär in die Neurologische Klinik in Gehlsdorf. Seine Mutter war bis aufs Äußerste angespannt und stand kurz vor einem Nervenzusammenbruch. Erneut begann die Ungewissheit – wenn auch ohne trennende Glasscheibe.

* * *

Ingrid ging es nicht viel besser. Peter konnte nichts für seine erneute stationäre Einweisung, doch sie hasste ihn dafür. Erst trat er wie aus dem Nichts am Rande einer Vorlesung in ihr Leben und sorgte dafür, dass sie Gerd stehen ließ. Dann war er für drei Monate auf einer Isolierstation, und Gerd zurück. Dann kam Peter wieder, sie entdeckte ihre Gefühle für ihn erneut, um nach ganzen vier Tagen wieder in einer Klinik abzutauchen. Sie schüttelte den Kopf und trank noch ein Glas Limonade. So ein Hin und Her war sie nicht gewöhnt. Das kannte sie nicht. Und wollte sie auch nicht kennenlernen. Seit sie denken konnte, lief ihr Tag streng organisiert nach einem Plan ab. Vor ihrer Knie-Operation gab es neben dem Trainingsplan sogar einen täglichen Essensplan. *Eigentlich hatte nur der Toilettenplan gefehlt,* dachte sie. Doch jetzt war ihr Leben zu einem Chaos verkommen. Wie konnte sie nur diesem Wirrwarr entkommen? Sie fühlte so viel durcheinander. Gerd? Peter? Peter? Gerd? Sie wusste es nicht.

Hinzu kam, dass ihr Bruder Achim gestern nach dem Training nicht nach Hause gekommen war. Das passte nicht zu ihm. Sie fuhr zwischen Uni und Krankenhaus kurz nach Hause. Sein Bett war unberührt. Nachdenklich stieg sie in den Linienbus und fuhr mit ihren Aufzeichnungen zu Peter in die Neurologische Klinik. Doch sie war durch den Umweg mal wieder spät dran und hörte Peter schon fragen, warum sie immer so spät komme. Dafür hatte sie keinen Nerv und die Zeit war ohnehin knapp. Sie überlegte sich, ihre Verspätung mit einem Zahnarzttermin zu erklären. Ingrid konnte virtuos mit Ausreden umgehen und es ersparte ihr meist eine Menge Zeit für langwierige Erklärungen. Weniger bei Gerd, der kannte sie einfach zu gut, aber bei Peter. Natürlich hätte sie Peter auch von Achims Verschwinden erzählen können, aber sie wollte die kurze Zeit effektiv nutzen und mit ihm den Stoff für das morgige Bio-Skript durchgehen. Peter sollte möglichst unabgelenkt zuhören und seine fachmännische Meinung zum Besten geben, nichts anderes.

Sie öffnete die Tür zum Krankenzimmer und sah Peter, der sich wie immer freute. Sofort überkam sie ein schlechtes Gewissen und sie überlegte, ob sie ihre Verspätung nicht einfach mit der Wahrheit erklären sollte. Doch es war schon kurz vor sieben, die Skript-Abgabe morgen und somit der Zahnarzt soeben.

* * *

Zwei Tage später betrat sie erneut Peters Krankenzimmer, diesmal gehetzt, gestresst und äußerst gereizt. Das lag weniger am abgegebenen Bio-Skript und noch weniger an Peter, sondern an Achims Verschwinden. Bevor Peter überhaupt ein Wort sagen konnte, keuchte es aus ihr heraus:

»Achim ist weg.«

»Wie, er ist weg?«, fragte Peter, während er sich im Bett aufrichtete. »Was meinst du damit?«

»Na verschwunden, nicht mehr da. Seit drei Tagen ist er wie vom Erdboden verschluckt und nicht mehr zu Hause aufgetaucht.« Sie sah ihn mit roten Augen an.

»Ich verstehe immer noch kein Wort.«

»Ist das denn so schwer zu verstehen«, schrie sie nun im Zimmer umher. »Seit drei Tagen ist er nicht mehr zuhause aufgetaucht. Was gibt es da nicht zu verstehen«, fauchte sie ihn mittlerweile an.

»Wo hat man ihn denn zuletzt gesehen?«

»Beim Training.«

»Vor drei Tagen?«

»Ja.«

»Und dann gehst du einen Tag später zum Zahnarzt? Statt mit mir zu sprechen?«

Ingrid zupfte sich fahrig am Rock und setzte sich zu ihm aufs Bett.

»Was soll ich denn machen, wenn ich Zahnschmerzen habe?«

Immer diese Lügen. Die werden sie einmal noch in schreckliche Schwierigkeiten bringen. Den Zahnarzt hatte sie schon längst vergessen. Seit Achims Verschwinden stand sie zusätzlich unter Strom, nicht nur wegen ihres Peter-und-Gerd-Problems. Letzte Nacht hatte sie nur zweieinhalb Stunden geschlafen. Das war alles zu viel für sie. Peter nahm ihre Hand.

»Wart ihr schon bei der Polizei?«

Ihre Augen weiteten sich.

»Natürlich waren wir das!« platzte es furienartig aus ihr heraus, um dann genervt ihre Hand aus seiner zu befreien.

»Ich muss jetzt los, Peter!«

»Jetzt schon? Du bist doch gerade erst angekommen. Lass' uns überlegen, was wir tun können.«

»Sei mir nicht böse. Aber anstatt hier herumzusitzen, sollte ich besser meinen Bruder suchen gehen. Er braucht meine Hilfe, und du kannst mir anscheinend nicht helfen.« Ihre Gedanken wanderten von Peter zu Achim, zum Training und zu Gerd. Gerd? Vielleicht konnte er ja helfen. Der war auf Zack und nicht nutzlos ans Krankenbett gefesselt. Ingrid verschwand, ohne sich umzudrehen. Peter versuchte ihr nachzugehen, doch als er die Zimmertür erreicht hatte, war sie bereits auf dem Weg nach draußen.

* * *

»Hallo, mein Hübsche!«

Ingrid schlüpfte in ihre heitere Maske und schenkte Gerd ein breites Grübchenlächeln. Dann betrat sie wortlos sein Wohnzimmer und setzte sich. Lächeln hin oder her, Gerd kannte sie gut genug, um sie erst einmal in Ruhe zu lassen. Er füllte in der Küche zwei Gläser mit Tee, stellte sie auf den Tisch und setzte sich zu ihr.

»Störe ich?«

»Nie!«

Ingrid mochte es, wenn Gerd so charmant war. Doch sein Charme war kein Zeichen dafür, dass er mit der derzeitigen Situation glücklich war. Es war sein Schutzmechanismus.

»Achim ist verschwunden. Vor drei Tagen war er noch beim Training. Danach ist er nicht nach Hause gekommen, bis heute nicht. Kein Zettel, Nichts. Und von der Volkspolizei gibt es keine Auskunft.« Sie griff sich ein Glas vom Tisch und trank. »Als ich denen gesagt habe, dass er 17 ist, haben sie mich nur ausgelacht und gemeint, dass sie mit 17 auch nicht mehr jeden Tag nach Hause gekommen sind. Ich soll in zwei Tagen wiederkommen, falls er bis dahin nicht wieder zurück ist.«

Gerds Schläfen pochten, und er spürte, wie seine Haut aschfahl zu werden drohte. Er konnte nicht glauben, was sie erzählte. *Das ist wie in einem schlechten Film*, dachte er. Jetzt fehlte nur noch, dass sie sagte, er und sein Genosse Führungsoffizier steckten hinter dem Verschwinden. Er griff verzweifelt nach seinem Glas, als wollte er sich dahinter verstecken. Doch es war zu klein. Er stellte es zurück und ging in die Küche. Er musste unbedingt verhindern, dass sie seinen Gesichtsausdruck studierte.

»Was machst du?« rief sie ihm nach.

»Ich hole etwas Süßes.«

Verwundert schaute sie ihn bei seiner Rückkehr umso genauer an.

»Ich rede davon, dass mein Bruder verschwunden ist, und du holst dir Waffelröllchen?«

»Uns, Ingrid. Ich habe uns etwas Süßes geholt.« Gerd zuckte unsicher mit den Schultern. »Aber ja, schon komisch, wie du das jetzt so sagst«, erwiderte er und warf die Packung ungeöffnet neben sie aufs Sofa. Er musste jetzt schnell wieder *locker* werden. »Wo könnte er denn sein? Vielleicht hat er eine Freundin?«

Ingrid schüttelte ihren Kopf.

»Sicher?«

»Was heißt schon sicher. Aber selbst wenn, wir reden jetzt schon über drei Tage!«

»Vielleicht ist er *rübergemacht*? Wollte er doch schon immer.«

»Ja schon, aber nein. Das war doch nur so eine Spinnerei von ihm. Was soll er denn drüben? Er kennt doch da keinen.«

»Ich kenne jemanden, dessen Tante im Notaufnahmelager in Berlin-Marienfelde arbeitet. Ich kann da morgen mal fragen lassen, wenn du willst.«

»Das wäre toll, Gerd«, antwortete Ingrid, während ihr Magen anfing zu knurren.

Gerd griff über sie hinweg, um an die Waffelpackung zu gelangen, und berührte dabei ihren Hals. Sie genoss die Berührung und merkte, wie sie sich danach sehnte, sich an ihn zu lehnen, doch ihre Vernunft hielt sie auf Abstand. Gerd riss die Packung auf und reichte ihr ein Röllchen.

* * *

Am folgenden Nachmittag fuhr Gerd mit der Straßenbahn in die August-Bebel-Straße 15, unweit der Innenstadt, wo die Bezirksverwaltung der Staatssicherheit in einem alten Gerichtsgebäude residierte. Eine prominente Adresse, die inoffizielle Mitarbeiter nicht betreten durften, galt doch die Regelung, konspirative Zusammenkünfte stets in Wohnungen stattfinden zu lassen. Jeder unnötige Besuch in diesem Gebäude barg das Risiko, enttarnt zu werden. Doch auf das nächste Treffen wollte Gerd nicht warten. Es gab Klärungsbedarf.

Er öffnete die hohe Tür und sprang immer zwei Stufen gleichzeitig die breite Treppe hinauf, ging einen langen Gang entlang und klapperte die Namensschilder ab. Es roch nach Linoleum. Dann öffnete er schließlich die mit Leder gepolsterte Tür seines Führungsoffiziers und trat ein. Es war ein gemütlicher Raum mit weißen Gardinen und hellbraunen Tapeten. An der linken Wandseite hing ein Bild des Staatsratsvorsitzenden Walter Ulbricht, an der rechten Seite eine Wanduhr. Am hinten Ende des großen Raumes stand ein länglicher Schreibtisch mit drei Ledersesseln. Auf dem einen, hinter dem Tisch, saß Bruch, doch er war so in seiner Arbeit vertieft, dass er Gerd gar nicht bemerkte.

»Genosse Führungsoffizier?«, fragte Gerd zögernd. »Genosse Führungsoffizier?«

Victor Bruch schaute verwundert hoch und legte seine Berichte beiseite.

»Das war wirklich gute Arbeit, Biber. Treffer! Versenkt!« Dann schaute er kurz auf die große Wanduhr, dann zurück zu Gerd. »Aber was zum Teufel machen Sie hier? Sie sollten nicht hier sein!«

»Schon richtig, Genosse Führungsoffizier. Ich habe nur gestern erfahren, dass Achim Frommhold verschwunden ist.«

»Und die Verhaftung haben wir zu einem guten Stück Ihnen zu verdanken, Biber!«

»Er wurde also wirklich verhaftet«, murmelte Gerd.

»Richtig. Und jetzt sitzt er hier in Untersuchungshaft.«

»Er ist hier?«

Bruch nickte bestätigend und zeigte auf das Stasi-Gefängnis im hinteren Bereich des Gebäudekomplexes.

»Kann ich zu ihm? Mit ihm sprechen?«

»Halten Sie das für eine gute Idee?«

»Wohl nicht«, entwich es Gerd resigniert. Er hatte Mühe, das alles zu verstehen, doch Bruch machte eine einladende Handbewegung. »Aber wenn Sie schon hier sind, Biber, dann setzen Sie sich doch zu mir. Doch nachher gehen Sie bitte durch den Hintereingang raus, klar?«

»Ja, Genosse Führungsoffizier«, erwiderte Gerd und ließ sich wie ein nasser Sack in die tiefen Kissen des Ledersessels fallen.

»Schon gut. Papperlapapp. Also, warum sind Sie hier? Wegen der Prämie?« Dabei ließ Bruch fortwährend den Daumen über den Zeigefinger gleiten.

»Prämie? Nein, nein.« Gerd winkte ab. »Aber mich würde interessieren, warum er verhaftet wurde? Ich habe doch gar keinen Bericht verfasst?«, fragte er und versuchte seiner Stimme einen energischen, zielsicheren Ton zu verleihen, was ihm allerdings völlig misslang.

»Bei uns gilt auch das gesprochene Wort, Biber. Verstehen Sie?«

Gerd schaute ausdruckslos über den Tisch.

»Und Sie hatten Recht.«

»Recht?«

»Es gab einen ausgeklügelten Fluchtplan und dabei hatten wir uns all die Jahre so um seine sportlichen Ambitionen gesorgt. Olympisches Gold nicht ausgeschlossen.« Bruch stand auf und schloss die drei Fenster zum Innenhof. Es hatte angefangen wie aus Kübeln zu regnen und die Regentropfen fanden vereinzelt ihren Weg ins Innere auf Hand-Akten, Karteikarten und Mikrofilmen, die sich vor dem Fenster stapelten. Dann setzte Bruch sich zurück in seinen Chefledersessel. »Hans-Joachim Frommhold und eine weitere Person, dessen Name hier nichts zur Sache tut, haben vor zwei Monaten in einer Kneipe zwei gleichaltrige westdeutsche Seeleute angesprochen. Sie wollten fliehen und hofften darauf, dass die Seeleute sie auf dem Handelsschiff *Estebrügge*, das nach Hamburg ging, verstecken würden. Vor drei Tagen war es dann so weit. Sie wollten die Deutsche Demokratische Republik verlassen, Biber. Die beiden waren bereits auf dem Schiff. Versteckt als blinde Passagiere im Motorraum. Und nur dank Ihres Hinweises und aufmerksamer Kollegen der Hafenpolizei konnte diese doppelte Republikflucht verhindert werden. Ihnen gebührt großer Dank, Biber.«

Je länger der Führungsoffizier Gerds ungewollte Tat in den höchsten Tönen lobte, desto mehr sank er in seinem Sessel zusammen. Was hatte er da angerichtet?

»Das ist jetzt aber etwas *blöd* gelaufen, Genosse Führungsoffizier.«

»Ja, für Hans-Joachim und seinen Kollegen«, ergänzte Bruch und strich sich durch den Bart. »Sehe ich genauso.«

»Eher für mich. Wegen Ingrid, seiner Schwester.«

»Sie meinen die Kleine, Ihre *beste* Freundin?«, fragte Bruch und markierte bei dem Wort *beste* mit seinen Zeige- und Mittelfingern zwei Anführungszeichen in die Luft.

Gerd nickte enttäuscht.

Victor Bruch, seines Zeichens Menschenflüsterer, wusste längst, worauf Gerd zielte. Allerdings war er sich noch nicht sicher, ob er diesen Weg mitgehen wollte. Er brauchte Zeit zum Überlegen und spielte den Ball flach in die Spielhälfte seines Gegenübers.

»Warum *blöd* gelaufen?«

»Wenn Ingrid, also meine *beste* Freundin …«, startete Gerd und tat es Bruch nach indem er das Wort *beste* mit Zeige- und Mittelfinger in der Luft markierte. » Nun ja … wenn sie also erfährt, dass ihr Bruder im

Stasi-Knast sitzt, wird sie sicherlich am Boden zerstört sein. Sie und Achim waren trotz des Altersunterschiedes wie Zwillinge. Beides Leistungssportler.«

»Sie mögen sie. Ist es nicht so?«

»Ja, Genosse Führungsoffizier. Mehr als ich in Worte fassen kann. Und ich würde ihr gerne helfen.«

»Indem Sie ihr sagen, wo er ist?«

»Vielleicht ihn sogar raushole?«

Bruch lehnte sich langsam über die Tischplatte zu Gerd herüber und fragte leise:

»Ihn freilassen, meinen Sie? Warum sollte ich das tun, Biber?«

* * *

»Ich habe Angst.«

»Ich auch, Peter«, erwiderte Ingrid, als sie ihn am übernächsten Tag nach der Uni in der Neurologischen Klinik besuchte.

»Du?«

»Es ist alles so ungerecht. Das ganze System hier.« Ingrid versuchte ihren Kloß im Hals zu ignorieren und griff nach der Tasse Tee auf Peters Tisch. »Sie haben ihn … verhaftet.«

»Achim?«

»Er hatte zwei Taschen gepackt, war nach dem Training zum alten Hafen gelaufen und hatte sich am Kanonsberg versteckt. Gegen Mitternacht ist er auf irgend so ein Handelsschiff geklettert, das am nächsten Morgen in den Westen fahren wollte. Nur Minuten später wurde er vom Zoll entdeckt und weggeschlossen. Nun sitzt er in Untersuchungshaft. Dabei ist er doch erst 17.«

»Er wollte wirklich fliehen?«, fragte Peter ungläubig.

Auch wenn Achim immer mal wieder gesagt hatte, er würde es tun, war es etwas komplett anderes, das auch zu tun oder zumindest zu versuchen. Peter goss ihr Tee nach.

Dass ihr dies alles Gerd erzählt hatte, der es über einen Freund erfahren hatte, verschwieg Ingrid besser. Und heftete es erneut unter dem Punkt der Zeit-Effizienz ab. Dann schwiegen sie und fragten sich in Gedanken, was eine geglückte Flucht bedeutet hätte. Für Achim, für Ingrid, für Peter.

Es war Ingrid, die schließlich die Sprache wiederfand.

»Das muss man sich mal vorstellen. Er wollte wirklich fliehen. Und nun sitzt er vielleicht für Jahre im Gefängnis und seine Sportkarriere ist erledigt. Genauso wie meine.« Sie wandte das Gesicht ab und wischte sich mit dem Handrücken über die Augen. Es fiel ihr schwer, darüber zu reden. Und Peter merkte, wie sie mit den Worten kämpfte, obwohl sie allein im Zimmer waren.

»Und du? Wovor hast du Angst?«, versuchte Ingrid das Thema zu wechseln. Sie musste auf andere Gedanken kommen, um nicht gänzlich den Kopf zu verlieren.

»Um ehrlich zu sein«, begann Peter, der mittlerweile das Bett verlassen und sich neben Ingrid gesetzt hatte, »ich würde lügen, wenn ich sagen würde, dass mir meine stechenden Kopfschmerzen keine Angst machten. Seit vier Monaten geht das nun so und den Ärzten fällt nichts anderes ein, als mir Schmerzzäpfchen zu verabreichen. Ich frage mich, ob das bei Westärzten anders wäre.«

Ingrid sprang erschrocken auf und baute sich vor Peter auf.

»Was soll das heißen? Willst du jetzt auch auf ein westdeutsches Schiff?«

»Nein, Quatsch.« Peter stand nun ebenfalls auf, nahm sie in den Arm und küsste ihr dunkles, duftendes Haar. »Auf keinen Fall. Ich habe hier doch alles, was ich brauche«, antwortete er leise und zählte wie beiläufig auf: »Mutti, Oma, mein Medizinstudium und dich. Mehr brauche ich nicht.«

»Und irgendwann hast du alle Zäpfchen intus und die Schmerzen sind verflogen.«

»So ist wohl der Plan.« Peter lächelte gequält. »Vielleicht kann mir auch der Heilpraktiker aus Tessin weiterhelfen, bei dem mich Mutti letzte Woche angemeldet hat. Es klang sehr vielversprechend, sagte sie.«

* * *

Die Nachmittagssonne tauchte die Häuser in sattes goldenes Licht, als sich Führungsoffizier Bruch und Gerd das nächste Mal trafen. Gerd hatte fleißig Berichte geschrieben und wollte natürlich auch die Chance nutzen, um an Achims Freilassung zu erinnern. Er hatte Ingrid versprochen, alles für Achim zu tun, denn er sei wie ein Bruder für ihn. Das hatte voll ins Schwarze getroffen und sie hatten sich geküsst. Einmal, wenn auch nur kurz. Allerdings musste er jetzt auch liefern, wenn er Ingrid gewinnen wollte, denn ihre Besuche bei Peter in der Klinik häuften sich.

Nachdem Gerd alle Berichte angesprochen und dem Führungsoffizier überreicht hatte, fragte er ihn diese, für ihn so wichtige, eine Frage:

»Konnten Sie sich schon Gedanken über Achim Frommhold machen, Genosse Führungsoffizier? Über seine mögliche Freilassung?«

Bruch hatte die Frage erwartet und sich mit den oberen Verantwortlichen beraten. Die Partei hatte längst erkannt, dass Sport und Politik eng miteinander verflochten waren, da im Sport etwas zu erreichen war, das die DDR in anderen Bereichen nicht schaffte: das Erreichen einer Spitzenposition in der Welt. Olympisches Gold war für den SED-Staat weit mehr als nur eine Nachricht im Sportteil, sie war ein politisches Statement! Die Aussicht auf Ruhm sollte Achim Frommhold, einen ehrgeizigen Leistungssportler auf dem Sprung in die Weltspitze, den Arsch retten. Auch war es nicht im Interesse der Staatsmacht, einen jungen und gesunden Mann zu verlieren, der seine Sportkarriere und sein Arbeitsleben der DDR hätte widmen können. Darüber hinaus war der Fluchtversuch des 17-jährigen Achim Frommhold als Jugenddelikt einzustufen. Und er war geständig und gab die Namen der westdeutschen Lockvögel preis.

Aus diesen ganzen Gründen war man übereingekommen, Achim Frommhold baldmöglichst freizulassen – unter der Bedingung, dass er über die Haftbedingungen im Rostocker Stasi-Knast und seinen Fluchtversuch schweige.

Doch Bruch wollte mehr. Er wollte sich von Gerd bezahlen lassen und war gespannt, was er ihm anböte. Die Tatsache, dass das DDR-Regime neben Achim und seinem Kumpel ebenfalls die beiden westdeutschen Seeleute wegen Beihilfe zur Republikflucht und Vergehens gegen das Pass-Gesetz der DDR zu sechs Monaten verurteilt hatte, brauchte ihn nicht zu interessieren. Bruch öffnete seine Ledertasche, verstaute die Berichte und sah ihn an.

»Ich würde Ihnen und Ihrer Freundin diesen Gefallen gern tun, Biber, glauben Sie mir. Aber warum sollte ich? Achim Frommhold hat sich mit seinem Versuch der Republikflucht strafbar gemacht und sitzt völlig zu Recht in Untersuchungshaft. Da sind sich alle einig.« Er nahm den Füllfederhalter in die rechte Hand und drehte ihn mit Mittelfinger und Zeigefinger im Kreis herum. »Warum also sollte ich den Zorn meiner hoch geschätzten Kollegen auf mich ziehen? Und was wären Sie bereit zu tun?«

Gerd hätte zum Austausch nur zu gerne Peter ans Messer geliefert. Dann würde er zwei Fliegen mit einer Klappe schlagen. Doch Peter war in der Klinik und hatte nichts verbrochen. Außer ihn maßlos zu nerven. Angestrengt suchte er nach einer guten Antwort und ließ seinen Blick durch den Raum schweifen.

Victor Bruch beobachtete ihn und wusste, dass er sich mit Gerd treuen Nachwuchs heranzog. Er war zufrieden mit sich.

»Ja, Genosse Bruch, eventuell hätte ich da wirklich etwas für das Ministerium. Doch dafür müssen Sie mir etwas Zeit geben.« Seine geweiteten Augen signalisierten dabei Ehrlichkeit und Unschuld.

Bruch spürte, dass Gerd nichts Handfestes vorzuweisen hatte, konnte sich aber auf sein Wort verlassen. Er würde etwas Großes liefern. Nicht heute, nicht morgen, aber bald. Außerdem konnte Bruch die längst beschlossene Freilassung Achim Frommholds nicht länger hinausschieben und überließ Gerd den Triumpf. Er reichte ihm die Hand.

»Wissen Sie was, Genosse Biber! Ich glaube Ihnen. Morgen früh werden wir Achim Frommhold freilassen, aber Sie sind mir einen Gefallen schuldig. Sind wir im Geschäft?«

Gerd dachte an Ingrid und daran, wie er ihr die gute Nachricht überbringen würde. Damit hätte er sie sicher. Er reichte ihm seine Hand zur Besiegelung über die Tischplatte. Doch Bruch hielt sie länger fest als üblich und fixierte ihn.

»Vergessen Sie es nicht, Biber.«

Kaum hatte der Führungsoffizier ihm seine Hand wieder zurückgegeben, fuhr Gerd mit der Straßenbahn zu Ingrid. Er sollte Recht behalten. Gerd liebte den Sozialismus, er liebte Ingrid und ganz besonders liebte er diese Nacht.

10

Seit dem Morgen regnete es heftig. Eine dunkle Decke ineinander geschobener Wolken lag über der Stadt. Ingrid zog sich die Kapuze über den Kopf und spannte den Regenschirm auf. Am liebsten hätte sie bei dem Wetter blau gemacht und wäre im Bett geblieben. Doch sie war zu unruhig, seit Tagen schlief sie schlecht. Genauer seit dem Abend, als Gerd ihr die gute Nachricht von Achims bevorstehender Entlassung erzählt hatte – und bei ihr geblieben war.

Seit dieser Nacht geisterte ihre beiden Männer in wechselnden Rollen durch ihre Träume. Dann wachte sie viel zu früh auf, setzte sich erschöpft in die Küche und fragte sich in aller Herrgottsfrühe bei einer Tasse Tee, ob man auch zwei Männer lieben könne? Dann kroch sie für ein paar Restschlafstunden zurück unter die Bettdecke. Doch heute war sie stattdessen ins Badezimmer gegangen, hatte sich fertig gemacht und wäre wahrscheinlich die Erste im Hörsaal. Auf jeden Fall wäre sie heute vor Jürgen da, könnte sich revanchieren und ihm einen Platz freihalten. Der Gedanke gefiel ihr, lenkte sie ab, blieb aber nicht lange. Erneut drängte sich ihr die Frage auf: Könnte sie auch zwei Männer lieben? Nein, das tat sie nicht. Und beide heiraten ginge ohnehin nicht. Eine Frau kann zwei Männer zugleich betrügen, aber lieben kann sie nur einen, da war sie sich sicher. Und der hieß für sie Peter.

»Bist du aus dem Bett gefallen?« Jürgen setzte sich gut gelaunt zu ihr und musterte sie. »Interessante Klamotte«, sagte er und zeigte auf ihren blauen Hosenanzug, unter dem sie einen grünen Rollkragenpullover trug. »Neu?«

»Ja, und absolut männersicher«, antwortete sie, um in der gleichen Sekunde festzustellen, was sie da für einen Blödsinn von sich gab – *männersicher*.

Jürgen verstand kein Wort und war sich auch nicht sicher, ob er es überhaupt verstehen wollte. Er dachte spontan an die *Vier-Wochen-Regel*, kramte seine Unterlagen aus der Tasche und nickte vielsagend. Bis zum Ende der letzten Vorlesung an diesem Tag schrieb Ingrid gerade mal fünf Halbsätze nieder, die sie mit ausgemalten Herzen in allen Größen schmückte. Dann endlich war es geschafft und sie konnte in die Neurologische Klinik eilen.

»Vergiss nicht, Peter von mir zu grüßen«, gab Jürgen ihr mit auf den Weg.

Wenig später betrat sie das Krankenzimmer und stürmte zu Peters Bett. Der legte seine Hefter zur Seite und empfing sie mit ausgebreiteten Armen.

»Schön, dass du da bist, Ingrid.«

»Das finde ich auch.« Sie legte ihre Tasche, den Regenschirm und die Jacke auf einen Stuhl und setzt sich zu ihm aufs Bett.

»Interessante Klamotte!«, stellte Peter fest und schmunzelte. »Neu?«

»Ja, neu«, antwortete sie und verzichtete auf den Rest des Satzes. »Ich bin manchmal ein Scheusal, ich weiß das«, sagte sie. »Es gibt Tage, da fühle ich mich so leer, als würde mir etwas fehlen. Und dann fange ich von einer Sekunde zur nächsten an zu weinen. Es ist einfach alles zu viel für mich – ohne dich. Verzeihst du mir?«

»Aber das habe ich doch schon längst.« Peter lächelte sanft. »Und das Beste ist, ich komme Ende der Woche raus. Dann bist du nicht mehr allein.«

Doch komplett war seine Hirnhautentzündung auch in der Neurologischen Klinik nicht ausgeheilt, Peter litt weiterhin unter drei bis vier Schmerzattacken pro Tag. Ging er zur Uni, nahm er morgens eine Schmerztablette und hatte für einige Stunden Ruhe. Dann folgte der Nachschub. So brachte er das Studienjahr 1962 zu Ende.

* * *

Dann wurde es besser. Dank des Heilpraktikers, den Peters Mutter aufgespürt hatte, verschwanden Peters Kopfschmerzen mit der Zeit. Er hatte Peter bei seinem ersten und einzigen Besuch lediglich für wenige Sekunden in die Augen geschaut und daraufhin seine Diagnose gestellt. Die verschriebenen homöopathischen Tropfen nahm Peter über den vereinbarten Zeitraum von acht Wochen dreimal täglich. Dann war er schmerzfrei. Zum ersten Mal war Peter mit der Homöopathie in Berührung gekommen und wurde fortan ein großer Anhänger und Verehrer dieser alten Heilmethode.

Ingrid suchte mehrfach das Gespräch mit Gerd und machte ihm klar, dass sie die gemeinsame Zeit mit ihm genossen habe, ihm dankbar sei und ihn als Freund nicht missen wolle. Aber eben nur als guten Freund. Denn sie habe sich für Peter entschieden und hoffe, er könne es akzeptieren. Gerd konnte und hoffte weiter.

Ingrids Bruder Achim, der zum Schweigen gezwungen worden war, schaffte es nicht zur Olympiade 1964 nach Tokio. Die Geschehnisse vom Hafen und die nächtelangen Befragungen durch die Staatssicherheit hatten ihn verändert, stiller und wohl auch schwächer gemacht. *Vielleicht ja in vier Jahren*, dachte er und hoffte ebenso.

Ende 1965 nahte schon der Endspurt für das Staatsexamen und Ingrid, Peter und Jürgen, von den Kommilitonen nur noch »die drei Musketiere« genannt, nutzen die letzten Monate dazu, sich auf die 16 Prüfungsfächer vorzubereiten. Lesen, in eigenen Worten niederschreiben, austauschen, lernen. Es war Stress pur. Peter stand jeden Morgen um fünf Uhr auf, trank zwei Tassen Muckefuck und lernte bis elf. Dann ging er eine halbe Stunde spazieren, um das Gelernte zu wiederholen und zu verinnerlichen. Nach dem Mittagessen schlief er bis zwei. Nach zwei weitere Tassen Kaffee folgten vier Stunden Lernen. An den Abenden besuchte er Ingrid, um das Wichtigste mit ihr zu rekapitulieren. Meist war auch Jürgen vor Ort.

Nach dem Abendbrot ging es im Dauerlauf die vier Kilometer zurück in die Fritz-Reuter-Straße. Als Einschlafhilfe diente wahlweise gedanklich Ingrid oder manchmal ein Bier, und am nächsten Tag klingelte wieder der

Wecker und das Spiel wiederholte sich. »Lerne mit Umsicht«, hieß Peters Devise. Für ihn bestand eine Prüfung zu je einem Drittel aus Wissen, der richtigen Themenwahl und Glück. War eine Prüfung bestanden, gönnte er sich einen Tag Auszeit und ging angeln.

Fünf Monate später war es vollbracht. Alle Prüfungen waren abgelegt und die Musketiere hatten bestanden. Peters Durchschnittsnote von 1,6 galt sogar als das fünfbeste Ergebnis aller Prüfungsteilnehmer. Ingrid hatte, wie auch Jürgen, eine gute Zwei erreicht. Und während sich Jürgen in Rostock bewarb, wollten Peter und Ingrid ihr Praxisjahr am Kreiskrankenhaus Bergen auf Rügen absolvieren. Doch davor galt es die Liebe und die Ferien zu genießen. Ingrid wollte ihre Familie komplettieren und ein Baby. Und das konnte man im Früh-Sommer 1966 am besten am breiten Strand des Seebads Warnemünde produzieren. Und als sich andeutete, dass aus Liebe Leben entstehen würde, heirateten sie im August. Auch hofften sie spätestens jetzt eine eigene Wohnung in Rostock, wohin sie nach ihrer Zeit als Medizinalassistenten in Bergen zurückkehren wollten, zu erhalten. Zwölf Monate Wartezeit war nicht unüblich. Von daher hätte das Timing nicht besser sein können. Eine Woche vor ihrem Dienstantritt im September 1966 sprachen sie bei Fräulein Kalb von der Wohnungsvergabestelle vor, die immer dienstags und donnerstags Sprechstunde hatte. Die Sachbearbeiterin notierte alles und wünschte dem jungen Ehepaar nur das Beste.

Auf Rügen wurden Ingrid und Peter in einem Patientenzimmer des Krankenhauses untergebracht. Es war klein und hellhörig, doch sie fanden es wunderbar. Zum ersten Mal konnte Peter ohne Schwiegereltern mit Ingrid zusammen sein und musste abends nicht mehr vier Kilometer nach Hause laufen, um sich dort allein in den Schlaf zu trösten. Jetzt brach eine neue, unbeschwerte Zeit an. Peter genoss es, morgens neben Ingrid aufzuwachen, zusammen mit ihr zur Arbeit zu gehen und abends mit ihr einzuschlafen. Doch nach sechs Wochen durfte Ingrid aufgrund ihrer fortgeschrittenen Schwangerschaft nicht mehr in der Klinik arbeiten und verblieb die meiste Zeit im Zimmer, sodass Peter von nun an allein die Pflichtfächer absolvierte: Chirurgie, Innere Medizin, Gynäkologie und Unterstützung praktischer Ärzte in den Ambulatorien auf Rügen.

Als Peter am 18. Januar 1967, einem Mittwoch, aus der Inneren Medizin wieder zurück in das von Ingrid kuschelig umdekorierte Patientenzimmer kam, war ihre Fruchtblase geplatzt.

»Du kommst genau richtig«, sagte sie. »Es geht los.«

»Jetzt?«, fragte Peter und legte seine Tasche auf das Bett.

»Ja, es geht los. Meine Blase ist geplatzt und wir sollten jetzt zum Kreissaal gehen, Peter.« Der Klang ihrer Stimme hatte sich in den letzten Monaten verändert. Er war wärmer geworden. Weniger distanziert. Sie wurde Mutter. In wenigen Stunden würde sie ihr Baby im Arm halten können. »Komm, Peter, wir müssen in den Kreißsaal, sofort!«

Oh mein Gott, ihre Fruchtblase war tatsächlich geplatzt. Sie bekam wirklich ein Kind, ratterte es durch seinen Kopf. Sie beide bekämen jetzt ein Kind. Die ganzen Vorbereitungen, das ganze Gerede im Vorwege zählten jetzt nicht mehr. Jetzt musste er funktionieren.

»Hast du Wehen?«, fragte er.

»Erst eine, glaube ich«, antwortete Ingrid. Aber ich will trotzdem los.«

Peter stützte sie und so gelangten beide nach wenigen Minuten in die Hände von Lieselotte, einer etwa 50-jährigen Hebamme, die selbst auf Rügen geboren wurde.

Lieselotte stellte schnell fest, dass die Wehen noch unregelmäßig kamen, schickte Peter und Ingrid auf Wanderschaft, Treppen rauf, Treppen runter, den Flur entlang und einmal um den Parkplatz herum. Die Abstände ihrer Wehen wurden kürzer, doch nicht kurz genug. Fünf weitere Runden standen an. Dann wurde der Spaziergang gestoppt und alles ging ganz schnell.

Am nächsten Tag konnte Peter Ingrid auf der Wöchnerinnenstation besuchen und sah seinen Sohn friedlich auf der Brust von Ingrid liegen.

Wäre er nicht schon mit Ingrid verheiratet gewesen, hätte er ihr umgehend einen Heiratsantrag gemacht. Sein Glück war vollkommen.

* * *

Voller Vorfreude und mit Peters Approbation in der Tasche kam die junge Familie Döbler im September 1967 zurück nach Rostock. Peter und Ingrid freuten sich auf eine Neubauwohnung in einem Plattenbau, auf ihr Glück zu dritt. Denn die DDR hatte sich für Peter verändert. Einerseits hatte sich durch den Mauerbau die brutale Trennung zwischen West und Ost weiter zementiert und ließ die DDR zu jener geschlossenen Gesellschaft werden, die sie letztlich bis 1989 geblieben ist. Andererseits war der Abwanderungsstopp qualifizierter Arbeiter in den ersten Jahren nach 1961 ökonomisch zu spüren. Die DDR-Wirtschaft wuchs merklich, was vielen in der Bevölkerung, aber auch in der Führung des Landes zu neuem Selbstbewusstsein verhalf. 1963 hatte Walter Ulbricht eine Neuorientierung der Wirtschaftspolitik nach dem »Grundsatz des höchsten ökonomischen Nutzeffekts« und der »materiellen Interessiertheit« angekündigt. Ohne dabei auf die gelebten sozialistischen Grundprinzipien, wie dem staatlichen Eigentum an Produktionsmitteln und der Planwirtschaft, zu verzichten.

Und die lang ersehnten eigenen vier Wände in der *Platte* waren für Peter und Ingrid nicht nur Symbol des Fortschritts. Sie waren eine Verheißung: die lange ersehnten eigenen vier Wände mit ausziehbarer Couch, Küche mit Durchreiche zum Wohnzimmer, Zentralheizung, eigenem Bad mit Toilette, großen Fenstern und Balkon. Insgeheim hofften sie auf eine Wohnung in einer oberen Etage der neuen Plattenbausiedlung Lütten-Klein zwischen der Rostocker Innenstadt und Warnemünde.

Doch auch nach zwölf Monaten Wartezeit blieb eine Wohnungszuweisung vom Wohnungsamt aus, wie sie schmerzlich erfahren mussten, als sie bei Fräulein Kalb, das jetzt Frau Schubert hieß, vorsprachen. Frau Schubert bat um Geduld und verwies auf die großen Anstrengungen, mit denen die DDR zurzeit den Wohnungsbau in Rostock vorantreibe. Sie verstand natürlich die Situation der jungen Familie, konnte aber nichts gegen die räumliche Trennung tun, die nun erneut vor den Döblers lag.

»Ist das jetzt geplante Willkür oder sind es willkürliche Pläne?«, hatte Ingrid noch in letzter Verzweiflung gefragt, worauf Frau Schubert erst irritiert aufschaute und dann irgendetwas in die Wohnungsakte kritzelte. Es half nichts. Bis auf Weiteres musste Peter, der approbierte Arzt, Ehemann und Vater, wieder bei seiner Mutter einziehen, während Ingrid, die angehende Ärztin, Ehefrau und Mutter mit dem kleinen Dirk zu ihren Eltern zog.

* * *

Endlich wieder Fiete!, dachte Peter am nächsten Abend, als er nach einjähriger Abstinenz den *Alten Krug* betrat und den Mix aus Rausch und Rauch auf sich wirken ließ. Das Besondere an dieser Kaschemme war, dass sie nichts Besonderes aufzuweisen hatte. Es war ein Loch, dessen Charme aus der Intimität entstand. Die Theke war wie immer zum Bersten voll. Kein Platz für unnötige Distanz. Er drängelte sich dazwischen, um Fiete zu begrüßen und zwei Biere zu bestellen. Minuten später erschien Jürgen und gesellte sich zu ihnen.

»Auch für mich zwei Bier!«, rief er Fiete am Zapfhahn zu und zog Peter zu einem freigewordenen Tisch. Sie setzten sich und stießen mit der Erst-Bestellung an.

»Steht dir gut!«, sagte Peter.

Jürgen fasste sich stolz an seinen Bart und grinste.

»Siehst aber auch gut aus, Peter. Das Vatersein bekommt dir.« Er leerte sein Glas. »Schön, dass du wieder da bist. Wie geht es Ingrid und dem Kleinen? Deine Mutter hatte mir die gute Nachricht erzählt, als ich sie mal in der Stadt traf. Wie heißt er noch mal?«

»Wir haben ihn Dirk genannt«, sagte Peter. »Was soll ich sagen? Wenig Schlaf, viel Sonnenschein. Er wächst und gedeiht. Wie ist es bei dir? Frau, Freundin, Kind?«

Jürgen nickte.

»Ich bin verheiratet und genieße den Nachwuchs.«

»Waaaasss? Du hast geheiratet?« Peter konnte es nicht glauben. Ausgerechnet Jürgen, dessen Beziehungsrekord als Student bei acht Wochen lag. Wer konnte diesen Typen gebändigt haben?

»Wer ist es?«

Jürgen lächelte, hob die Augenbrauen und sein Bier.

»Los, erzähl' schon.«

»Nicht so, wie du denkst, Peter. Da solltest du mich besser kennen.« Jürgen stellte sein leeres Glas ab und lachte. »Mit meinem Job bin ich verheiratet, Mensch! Das Bezirkskrankenhaus Rostock-Südstadt ist meine Braut und liefert mir immer wieder Nachwuchs.« Er stand auf, holte seine Bestellung von der Theke und schob ein Glas zu Peter. Dann stießen sie erneut an. »Also, was willst du jetzt machen? Wollt ihr auf Rügen bleiben oder kommt ihr zurück? Soll ich bei uns in der Klinik fragen, ob sie für einen mittelbegabten Arzt Verwendung haben?«

Nun musste auch Peter lachen, obwohl ihm überhaupt nicht danach zumute war. Der Wohnungsfrust saß tief und er beschwerte sich, es könne doch nicht sein, dass sie als Familie mit zwei ausgebildeten Ärzten immer noch bei ihren Eltern wohnen müssten. Das da etwas mit dem System nicht ganz richtig laufe. »Der Sozialismus ist gut. Aber er braucht auch seine Leute dafür. Und die gibt es einfach nicht«, sollte Peter noch mehrfach an diesem Abend wiederholen.

Jürgen war total perplex, welcher Frust sich bei seinem alten Freund angestaut hatte. *Wahrscheinlich hatte er seit der Hochzeit nicht mehr angeln dürfen, oder so*, dachte er und wollte Abhilfe schaffen.

»Was grinst du denn? Findest du das etwa lustig?«, murrte Peter genervt.

»Mach' mal halblang, Peter, ich hatte da eben nur so eine Idee, aber erzähl' erst mal zu Ende.«

Peter fuhr unbeirrt fort und erinnerte daran, wie sie in der Schule gelernt hätten, das Ziel der DDR sei der Kommunismus, eine klassenlose Gesellschaft, in der jeder nach seinen Fähigkeiten arbeiten und nach seinen Bedürfnissen Geld und Waren erhalten solle. Die Diktatur des Proletariats, der Sozialismus, sei somit nur eine vorrübergehende Phase, in der das kapitalistische Denken aus den Köpfen der Menschen verschwinden solle. Er machte eine Pause und trank einen Schluck.

»Aber wie lange soll diese Diktatur noch dauern?«, fragte er und sah Jürgen an.

»Das weiß ich doch nicht, Peter. Aber was ich ganz sicher weiß ist, dass wir beide morgen früh dringend zum Angeln gehen sollten.

* * *

Das Leben kann sich wie eine Schwingtür von einer Sekunde zur nächsten in die andere Richtung drehen. Und Peters Tür stand sperrangelweitoffen. Das hatte Jürgen gestern Abend im Krug gespürt. Er wollte ihm helfen und freute sich aufs Angeln. Punkt sechs Uhr früh holte er Peter ab, sie fuhren zum Wasser und warfen ihre Köder.

»Oh, herrlich. Du hattest so Recht. Wie habe ich das nur alles vermisst, Jürgen. Das Angeln, das Wasser.«

»Und das sagt ausgerechnet jemand, der ein komplettes Jahr auf Rügen war.« Jürgen lachte. »Also, nun mal Klartext. Wie sieht dein Plan aus? Hast du überhaupt einen? Soll ich nicht doch mal bei mir wegen einer Assistenzstelle nachfragen?«

Doch Peter winkte ab und erzählte ihm, dass er sich, bereits als Schiffsarzt beim Fischkombinat in Rostock beworben und umgehend eine Zusage erhalten hatte. In zwei Wochen würde es auf dem Fang- und-Verarbeitungsschiff Bertolt Brecht losgehen. Er müsste davor nur noch einen Kurzlehrgang in Zahnheilkunde absolvieren.

»Du willst Zahnarzt werden?«

»Quatsch, aber es kann ja nicht schaden, wenn ich dem einen oder anderen mal den Zahn ziehen kann«, flötete Peter gut gelaunt in Richtung Unterwarnow.

»Und du hast keine Lust mehr bei Mutti zu wohnen?«

»Solange wir keine Wohnung zugeteilt bekommen ist das doch das Beste, was uns passieren kann.«

»Und die Bezahlung?«

»Sehr gut.«

»Wie gut?«

»Nun ja, das hängt vom Fangergebnis der Crew ab. Alle sind prozentual daran beteiligt. Aber im Schnitt so zwischen 2.000 und 2.800 Mark im Monat.«

Jürgen pfiff durch die Zähne, holte einen Apfel aus der Tasche, schnitt ihn mit seinem Taschenmesser durch und nahm sich seine Hälfte. So saßen sie noch Stunden am Wasser, der Eimer füllte sich mit Fischen und sie genossen die Gesellschaft des jeweils anderen.

11

Die Tage wurden wieder kürzer. Bald müssten die Winterjacken aus den Schränken geholt werden. Auch die meisten Blätter im Schwanenteichpark unweit der Rudolf-Breitscheid-Straße hatten sich bereits verfärbt, als Ingrid mit ihrem Paket *Babygeschrei* im Kinderwagen einen Einschlaf-Spaziergang unternahm.

»Der kleine Schreihals muss wohl Dirk sein?«

Ingrid drehte sich um.

»Gerd? Was machst du denn hier?«

»Ich wohne hier. Schon vergessen?« Er machte einen Schritt auf sie zu und gab ihr zur Begrüßung einen Kuss auf die Wange.

»Lange nicht gesehen!« Ingrid zeigte auf seine langen Koteletten. »Steht dir!«

Gerd strich sich zufrieden über die Wangen. Ingrid hatte sich kaum verändert und zog ihn immer noch magisch an. Dann warf er einen Blick in den Kindersportwagen.

»Süß. Herzlichen Glückwunsch. Aber – was hat er denn?«

»Er ist völlig übermüdet. Mittagsschlaf fiel aus und wahrscheinlich muss ich jetzt endlos durch den Park laufen, bis er einschläft.«

»Habe gerade nichts vor. Darf ich dich ein Stück begleiten?«

»Aber sicher.«

»Wie geht es Peter?«

»Peter geht es gut. Er ist jetzt als Schiffsarzt auf einem Fangschiff unterwegs. Schon seit zweieinhalb Monaten bei der Neufundlandbank.

»Ist das nicht bei Kanada?«

»Ja. Wieso?«

»Ganz schön weit weg? Was hast du verbockt?«, fragte Gerd augenzwinkernd.

»Das ist nicht witzig.«

»Wann kommt er wieder?«

»In etwa fünf bis sechs Wochen.«

»So lange lässt er dich allein?«

»Mmmh.« Ingrid fühlte sich von Gerd verstanden, wollte ihm aber nicht Recht geben. Aber natürlich fühlte sie sich von Peter mit dem Kind alleingelassen. Auch wenn es für die Familie gut war, wenn er viel Geld verdiente, so hätte Peter ja beim Bezirkskrankenhaus in der Südstadt zumindest mal vorsprechen können. Doch stattdessen hat er das Weite gesucht. Sie würde nach seiner Rückkehr mit ihm sprechen müssen. Sie lächelte Gerd an und freute sich, ihn getroffen zu haben, es tat ihr gut. Auch Dirk ließ sich vom leisen Gespräch der beiden beruhigen und schlief nur wenig später ein. Gerd brachte Ingrid nach Hause und verabredete sich fürs Wochenende. Gerd würde sie und Dirk auf den Spielplatz begleiten.

* * *

Zur selben Zeit saß der junge Schiffsarzt Peter Döbler etwa 4.400 Kilometer entfernt mitten auf dem Atlantik im Behandlungsraum der Bertolt Brecht dem dürren Matrosen Kai gegenüber. Medizinische Eingriffe blieben auf dem Schiff die Ausnahme. Doch heute musste er gleich zwei Zähne im hinteren Kieferbereich aufbohren und mit provisorischen Füllungen versehen. Peter freute sich über die Abwechslung und das gelungene Ergebnis. Er liebte es zu sagen: »Machen Sie mal Ahhh!«, um dann sein Werk zu betrachten.

Seine tägliche Sprechzeit belief sich auf eine Stunde, die restlichen 23 Stunden hatte er Bereitschaft und somit eigentlich immer frei. Dann ging er meist zum Achterdeck und schauten den Fischern zu. Die 87-köpfige Besatzung, darunter 16 Frauen, bestand aus Offizieren, Matrosen, zwei Schiffsbegleiterinnen und Fließbandarbeiter. Alle respektierten ihn. Nicht, weil er im Rang eines Offiziers lediglich dem allseits geschätzten Kapitän Adler unterstellt war, sondern weil Peter als erster Schiffsarzt seit der

Jungfernfahrt 1960 trotz eines Nordatlantiktiefs einige Wochen zuvor, das für einen heftigen Sturm und meterhoch peitschende Wellen gesorgt hatte, nicht seekrank wurde. Im Gegenteil. Peter erfreute sich besten Appetits und wog am Ende der Reise fünf Kilo mehr.

Anfang Dezember lief die 86 Meter lange Bertolt Brecht, bis unter Deck mit verarbeitetem und tiefgekühltem Kabeljau, Lebertran und Fischmehl gefüllt, in den Heimathafen Rostock ein. Peter stand auf Deck und konnte Ingrid schon von weitem erkennen. *Hoffentlich hatte sich die Frau vom Wohnungsamt gemeldet,* dachte er und war gespannt, wie groß Dirk inzwischen gewachsen war. Und in der Tat lächelte Dirk, als Peter eine halbe Stunde später wieder festen Boden unter den Füßen hatte und ihn im Arm hielt. Er hatte ihn erkannt und war groß geworden. Doch von Frau Schubert, ehemals Fräulein Kalb, vom Wohnungsamt gab es nichts Neues.

* * *

Zwei mal vier Meter, bestehend aus einem Bett, einem Tisch, einem halb vertrockneten Kaktus, einer Deckenlampe und einem Fenster mit weißen Gardinen samt Rüschen. Das waren die Eckdaten von Ingrids Kinderzimmer in der elterlichen Wohnung. Und nach ihrer Vorstellung sollte das nun auch Peters Reich werden – zumindest für seine drei Monate Heimaturlaub. Ihre Eltern hatten bereits grünes Licht gegeben. Nur Peters Mutter Maria war bislang nicht eingeweiht, genauso wenig wie Peter. Gleich bei der Begrüßung wollte sie Fakten schaffen. Sie fand, drei Monate frischer Fisch auf dem Teller seien genug für Peter, und lockte ihn mit einem goldbraunen Broiler und einer Cola in die Rudolf-Breitscheid-Straße. Dass Peter während seiner dreimonatigen Auszeit im Gesicht und am Bauch zugelegt hatte, übersah sie geflissentlich genau wie die Tatsache, dass er sich mehr für Dirk als für sie interessierte. Peter wollte seinem Sohn das große Schiff zeigen, wie es sicher auch sein Vater mit ihm getan hätte. Als sie nach einer halben Stunde dann endlich zur Bushaltestelle gingen, fragte Ingrid:

»Was hast du denn?«

»Nichts, Ingrid. Was soll sein?«

»Du bist so schweigsam …«

»Es ist nichts«, unterbrach Peter und lächelte sie an. »Ich bin nur müde. Gestern habe ich kein Auge zubekommen, weil die Besatzung bis in die Nacht gefeiert hat.« Er nahm Ingrids Hand. »Nun bin ich froh, wieder bei euch zu sein. Drei Monate sind einfach zu lange.«

Es waren genau die richtigen Worte zur richtigen Zeit. Ingrid erwiderte sein Lächeln. In seinem neuen Reich würde er sich nach dem Festmahl erst einmal schön ausschlafen können. Im Schoß seiner neuen Familie.

Bei Ingrid angekommen, roch es nach Broiler und Pommes frites. Und Ingrids Plan schien aufzugehen.

»Das riecht ja super! Ist das für uns?«, fragte Peter beim Reingehen.

»Aber sicher, Peter. Dachte mir schon, dass du nach all der Zeit erst einmal keinen Fisch mehr sehen kannst.«

Während Peter sich waschen ging, brachte Ingrid Dirk zu Bett, deckte den Tisch und stellte das Radio an.

»Es ist wunderschön hier, Ingrid«, sagte Peter im Bademantel und setzte sich zu ihr in die Küche.

»Wunderschön? Ich denke, hier ist dir alles zu klein? Oder hat dich Frau Schubert mit ihren ständigen Absagen nun kleingekriegt?«

»Um Gottes willen, nein.« Peter hob abwehrend beide Hände. »Ich meinte, Rostock ist wunderschön. In der Sekunde, als ich am Horizont Rostock erkennen konnte, wusste ich: Hier ist meine Heimat, hier ist meine Familie, hier sind Ingrid und Dirk.«

»Und du bist meine Heimat!« Ingrid strahlte ihn an. »Ich kann dir gar nicht sagen, wie froh ich bin, dass du wieder bei mir bist.« Sie drängte sich an ihn und beide verschwanden im Zimmer.

Am nächsten Tag versuchte sich Ingrids Mutter an einem ersten Weihnachtsstollen. Ohne Westpakete war das schwierig, denn einige Zutaten waren Mangelware. So hatte sie schon im Herbst angefangen, nach Rosinen und Mandeln Ausschau zu halten. Weil es Zitronat und Orangeat außerhalb Ostberlins so gut wie gar nicht gab, improvisierte Ingrids Mutter, indem sie stattdessen grüne Tomaten verwendete, die sie schon im Frühsommer kandiert hatte.

»So was Leckeres habe ich noch nie gegessen«, sagte Peter, »darf ich noch ein Stück probieren?« Auch wenn manche Originalzutaten fehlten, es war einfach die perfekte Mixtur gewesen.

Ingrids Mutter nippte an ihrer Tasse Tee und genoss die Stunden, ihre Tochter so glücklich zu sehen.

Doch während Ingrids Plan der glücklichen kleinen Familie die vier Wochen bis Weihnachten aufging, stritten sie und Peter bald immer häufiger. Das lag weniger an der Dreisamkeit, sondern am Ausbleiben einer Nachricht von der Wohnungsstelle. Acht Quadratmeter waren für drei Leute einfach zu wenig. Und so ließ sich nicht vermeiden, dass dunkle Wolken am Horizont aufzogen. Große, dunkle und bedrohliche.

»*Siehst du mich eigentlich noch*?«, fragte sie ihn am ersten Weihnachtstag, als Peter sich erdreistet hatte diesen bei seiner Mutter und Großmutter zu verbringen. »Sind wir etwa nicht mehr deine Familie?«

»Aber…«

»Nichts aber. Wenn du jetzt gehst, kannst du auch gleich da bleiben.«

Peter ging und blieb vorsorglich gleich drei Tage. Doch das sollte natürlich nicht ausreichen. Kaum tauchte er bei Ingrid und Dirk auf, entlud sich das Gewitter über ihn. Pitschnass drehte er sich noch im Flur um und fuhr wieder in die Fritz-Reuter-Straße. Er musste sofort an Jürgens Frage vom letzten Fiete-Abend denken:

»Was haben Männer und Gewitter gemeinsam?
Wenn sich beide verziehen, könnte es noch ein schöner Tag werden.«

Doch die Fritz-Reuter-Straße schien ihm nicht weit genug, und so suchte er noch vor Neujahr das Fischkombinat auf, ließ sich seinen restlichen Urlaub auszahlen und heuerte direkt für die nächste Reise an. Dieses Mal lockten für viele Monate die Fischgründe vor Island. Im Februar 1968 stach Peter erneut in See.

* * *

Nachdem Ingrid ihr langes Haar gekämmt hatte, ging sie im Zimmer auf und ab und blieb schließlich am Fenster stehen. Ihr hübsches Antlitz spiegelte sich im Glas. Sie beobachtete sich und drehte dabei ihr Gesicht von links nach rechts und wieder zurück. Erst machte sie ulkige Grimassen, dann begann sie zu verzweifeln. An Peter, an ihrer Ehe. Sie ließ die Bürste fallen und verfiel in eine Mischung aus Angst, Hoffnung und Ungläubigkeit.

War es wirklich so schlimm, mit seinen Liebsten auf acht Quadratmetern zu leben? Musste er sie wirklich nach nur zwei Monaten wieder fluchtartig verlassen und gegen das weite Meer eintauschen? Ihr hätte auch die Hälfte des Zimmers gereicht. Nur das ewige Alleinsein, das reichte ihr nicht. Doch genau das war sie mindestens für die nächsten drei Monate. Verzweiflung kochte in ihr auf. Sie musste sich hinlegen und kauerte sich zu ihrem schlafenden Kind ins warme Bett. Die Traurigkeit hatte sie nun vollends umarmt. Sie wollte nur noch weinen, als es zaghaft an ihrer Zimmertür klopfte.

Gerd, den Ingrids Mutter anscheinend in die Wohnung gelassen hatte, öffnete die Zimmertür.

»Hallo, mein Hübsche. Störe ich?«

Ingrid sprang auf und versuchte ihre Tränen wegzuwischen. Dann band sie ihr Haar zu einem Zopf und zeigte auf die Cola in seiner Hand.

»Ist die etwa für mich?«

»Klar. Ich dachte, Zucker und Koffein, das ist gut für die Nerven – jetzt, wo du wieder alleine bist.« Er hatte sogar einen Flaschenöffner mitgebracht, öffnete die Cola und gab sie ihr.

Ingrid trank und driftete Schluck um Schluck zurück in die Wirklichkeit. Gerd kam wie gerufen, wie schon so oft. Sie konnte nicht allein sein und brauchte ihn. Als Freund und als Babysitter, denn sie musste bis zum Ende des Sommers die Prüfung für ihre Approbation ablegen. Und auf Gerd war jedenfalls Verlass. Er half ihr und wäre bestimmt auch ein guter Vater. Vielleicht auch ein guter Ehemann? Diese Frage konnte und wollte sie nicht beantworten. Sie trank weiter und beobachtete ihn heimlich durch die Fenster-Spiegelung. Gerd war ihr geistig nicht gewachsen, war er nie, aber sie mochte ihn für seine Ausgeglichenheit, sein perfektes Timing und dafür, dass er sich so liebevoll um Dirk kümmerte. Konnte doch alles kein Zufall sein? Peter war gerade mal ein paar Stunden auf See und schon saß sie mit Gerd und Dirk in ihrem Reich, auf acht Quadratmetern. Plötzlich wirkte ihr Zimmer wie ein riesengroßes Schloss.

* * *

Derweil hatte Peter versucht, die letzte Begegnung mit Ingrid zu vergessen. All die gegenseitigen Beschuldigungen, die jeder losgetreten hatte, alles tat ihm leid. Und ihr sicherlich auch, hoffentlich. Doch nun war er wieder zurück auf der Bertolt Brecht. Er genoss seine Arbeit mit der Crew, das Reisen, das Meer, das selbstbestimmte Leben und das Gefühl, als einziger Arzt an Bord Gutes zu tun. Und er hatte dieses Mal vorgesorgt. Er hatte sich einen Expander gekauft und zusätzlich noch eine Stemm- und Stangenhantel gebaut, sodass er täglich Kraftübungen machen konnte. Als sich wenig später noch Heinz, der Erste Offizier, seinem Training anschloss, waren sie komplett. Von nun an konnten sie einander zu neuen Höchstleistungen anstacheln und taten es auch.

»Lass uns auch mal was anderes machen«, schlug Heinz eines Tages vor, als er nach einer zehnminütigen Beinübung seine Oberschenkel dehnte.

»Was meinst du?«

»Mit unseren Armen müssen wir mehr machen als nur Hantel- und Expanderübungen.«

»An was dachtest du?«

Heinz atmete aus. »Ich dachte, wir machen uns mal nützlich und gehen unter Deck.«

»Um was zu tun?«

»Um die gefangenen Fische auf die Schlachtbänder zu schaufeln. Diese Schaufelei würde noch unentdeckte Muskelgruppen in uns beanspruchen. Das wird richtig brennen. Wird uns gut tun!«

Peter, der keiner Herausforderung aus dem Weg ging, war auf Anhieb begeistert und schuf auf diesen Schiffs-Reisen, die körperlichen Grundlagen für seine spätere Flucht, ohne damals überhaupt solche Gedanken daran zu haben.

* * *

Gedanken ganz anderer Art machte sich Gerd, der mittlerweile auf drei Hochzeiten gleichzeitig tanzte. Tagsüber als Feinmechaniker im volkseigenen Schiffbau Rostock, abends als Spitzel und, das war neu, nachmittags als Babysitter, der den kleinen Dirk bespaßte. Letzteres brachte zwei Vorteile, erstens konnte Ingrid in Ruhe ihre Approbation vorbereiten und zweitens schloss ihn Ingrid immer mehr ins Herz, weil er für Dirk sorgte. So seine Theorie seit der gemeinsamen Nacht im Januar.

»Bleib doch hier«, hatte sie zu ihm in dieser Nacht gesagt, während sie eine Haarsträhne laszfrom um die Finger drehte und unschuldig zu Boden blickte. »Du wirst es nicht bereuen!«

Und selbst Ingrids Mutter, die ihn am nächsten Morgen beim Verlassen der Wohnung *entdeckt* hatte, reagierte wenig überrascht und hatte ihm noch ein paar Scheiben Brot für unterwegs geschmiert. Gehörte er doch praktisch schon seit Kindheitstagen zur Familie, obwohl die Väter verstritten waren.

* * *

Genau dieser Draht fehlte Peter, Tausende Kilometer entfernt. Selbst das Fangschiff lief nicht rund, es lag wochenlang mit einem Motorschaden auf hoher See, was jedoch der Stimmung der Crew keinen Abbruch tat. Peters Stimmung aber war dahin. Durch den Schaden verlängerte sich die Reise unnötig, dabei wäre er jetzt lieber bei seiner Familie gewesen. Er dachte an die unbeschwerte Zeit, als er Ingrid kennengelernt hatte, in ihrem roten Pullover, und vermisste sie. Ihr hübsches Gesicht, ihre Sinnlichkeit, wenn sie sich in den wenigen Momenten der Ausgelassenheit ihrer Lust überließ. Es war richtig gewesen, sie zu heiraten. Er würde es jederzeit wieder tun. Noch nie hatte er so viel für einen anderen Menschen empfunden. Und mit Dirk sollte ihr Glück doch eigentlich perfekt werden und war es dennoch nicht.

Mitte Mai, der Motorschaden war längst behoben, wurde er plötzlich medizinisch herausgefordert.

»Haben Sie mal eine Minute, Doktor?«, fragte der Matrose Philipp mit schmerzverzerrtem Gesicht, während er seine rechte Hand an seinen Bauch drückte.

Philipp war Peters erster Patient seit Tagen, entsprechend viel Zeit konnte er ihm widmen. Erbrechen, Druckschmerz im rechten Unterbauch, Verstärkung des Schmerzes bei Anheben des rechten Beines. Alle Symptome, mit denen er bereits in seinen Bewährungswochen bei Prof. Mannstein in der Neptun-Werft konfrontiert wurde, stimmten mit Philipps überein.

»Akute Blinddarmentzündung«, diagnostizierte Peter mit Schweißperlen auf der Stirn, die auch dem Matrosen nicht verborgen blieben. Doch der lächelte ihn voller Zutrauen an. Peter begann mit einer konservativen Therapie aus Eisbeutel und Antibiotika und Aufenthalt in der bordeigenen Schlingerkoje. Er wollte Zeit gewinnen. Doch die Zeit hatte kein Erbarmen. Philipps Zustand verschlechterte sich rapide. Eine Operation war unumgänglich. Doch das rettende Festland war mehrere Tagesreisen entfernt, Island drei, die amerikanischen Ost-Küste fünf, das Versorgungsschiff »Junge Welt«, das sich in der Nähe von Neufundland befand, etwa vier Tage. Selbst für einen Hubschraubereinsatz war die Strecke zu lang. Die Schlinge um Peters Hals zog sich von Minute zu Minute mehr zu. Peter wurde klar, dass er derjenige sein würde, der Philipp operieren musste, doch das hatte er noch nie getan. Nicht einmal ein Skalpell hatte er jemals zum Einsatz gebracht. Und nun musste er einen Menschen aufschneiden? Skalpell ansetzen und die Haut aufschneiden? Wie wäre es einen Menschen aufzuschneiden? Das dieser Tag einmal kommen würde, war klar. Das war letztlich sein Ziel, als er neunundfünfzig mit dem Medizinstudium begonnen hatte.

Aber doch bitte in Anwesenheit eines erfahrenen Operateurs im sterilen Saal eines feststehenden Krankenhausgebäudes. Und nicht allein, auf einem Schiff, bei Wellengang, auf hoher See? Peter hatte schiere Angst vor dieser Operation, die doch für den Matrosen überlebensnotwichtig war. Wie betäubt schlich er zur Brücke, um Kapitän Adler über die Notwendigkeit der Operation zu unterrichten. Seine Furcht ließ er allerdings unerwähnt.

»Klar!«, sagte Adler ohne Zögern und ließ das Schiff umgehend gegen die aktuelle Wetterlage, Windstärke 5 aus West, andrehen. »So liegt das Schiff ruhiger auf See und Sie können operieren, was das Zeug hält, Döbler!«

Das ihm entgegengebrachte Vertrauen von der Mannschaft ehrte und motivierte Peter. Er ging beherzt zurück in seine Kabine und las die einzelnen Schritte einer Blinddarm-Operation noch einmal durch. Gesehen hatte er sie ja schon. Aber stets nur aus der zweiten Reihe. Dann ging er zur Bordküche, wo er Andi, einen jungen Koch aus Leipzig, als seinen OP-Assistenten auswählte.

»Aber sicher, Doktor!«, sagte der.

Der Vorteil von Andi lag klar auf der Hand. Er war geübt im Umgang mit Blut und könnte im Notfall wohl auch mit einem Skalpell umgehen. So zumindest Peters Hoffnung. Die Äthertropf-Narkose übernahm Elektrooffizier Thomas aus Zschopau bei Karl-Marx-Stadt, der seit Beginn der Reise Peters Schachgegner war. Ein sehr besonnener und verantwortungsvoller Kamerad. Peters OP-Team stand.

Andi und Thomas folgten Peter in den Operationsaal und halfen Philipp, sich auf den OP-Tisch zu legen. Dann wuschen sie sich minutenlang die Hände und desinfizierten sie im Anschluss. Das Schiff lag durch das Gegendrehen ruhig im Atlantik. Es herrschte gespenstische Stille, als Thomas die OP-Leuchte auf Philipps rechten Unterbauch ausrichtete. Peter desinfizierte diesen Bereich mit Jod und gab dem Elektrooffizier ein Zeichen. Die Narkose konnte beginnen, während Andi und Peter sich die OP-Kittel und Gummihandschuhe überzogen. Dann warteten sie. Schneller als vermutet verlor Philipp das Bewusstsein. Peter lächelte Andi zu, der angespannter wirkte als er selbst. Sein Versuch, das Lächeln zu erwidern, misslang. Ohne zu zögern setzte Peter schließlich das Skalpell an. Stoppte, legte es zurück und bat Andi, seine Stirn abzutupfen. Dann griff er sich erneut das Instrument und schnitt mit sicherer Hand in das magere Fleisch des Matrosen. Er durchtrennte die Haut auf etwa zehn Zentimeter Länge, es folgten etwas Fettgewebe und die einzelnen Muskelschichten. Koch Andi hielt den Wundhaken, während Peter das Blut mit einem Tupfer wegwischte. Nun erblickte er das Bauchfell, hob es mit einer Pinzette an und durchtrennte es. *Ich habe recht gehabt. Ich habe genau richtig gehandelt. Eisbeutel und Antibiotika hätten beileibe nicht ausgereicht*, dachte Peter erleichtert und entfernte den Blinddarm nach den Schritten im Lehrbuch, desinfizierte den Stumpf mit Jod und legte eine Drainage mit einem Gummischlauch, damit Blut, Eiter und Wundwasser ungehindert abfließen konnten. Das Schlimmste war geschafft. Peters konzentrierter Blick löste sich vom Unterbauch und wanderte erstmals seit Minuten zu Philipps Gesicht, besser gesagt, was davon übrig geblieben war. Peter ging um den Tisch, hob Philipps Augenlider an und sah sich mit zwei erweiterten Pupillen und bläuliche Lippen konfrontiert. Der Matrose hatte vom Elektrooffizier eine Überdosis erhalten. Allen stockte der Atem.

»Das Ventil. Umgehend das Tropfventil schließen«, zischte Peter in die Richtung seines Anästhesisten. Philipps Vorrat an Ätherdosis würde für die nächsten 20 Stunden ausreichen – bis zum Ende der OP allemal. Doch er wusste, dass die Toleranz bei dieser Narkoseart zwischen Überdosis und Exitus sehr groß war und versuchte zu beruhigen:

»Sieht schlimmer aus, als es ist. Nichts passiert. Weitermachen.«

Peter ließ sich erneut von Andi die Stirn abtupfen und begann mit dem Zunähen des Schnitts mit einem resorbierbaren Nahtmaterial: erst kam das Bauchfell, dann die Muskelschichten und schließlich die Haut. Dann noch Desinfektion, zwei Kompressen auf die Wundnaht und nach anderthalb Stunden war der Eingriff beendet.

Peter hob erneut den Kopf und schaute in Philipps Gesicht. Die kränklich-bläuliche Verfärbung der Lippen hatte bereits nachgelassen und war in ein leichtes Rot übergegangen. Peter strahlte glücklich.

»Sie haben es geschafft, Doktor«, gratulierten Andi und Thomas.

Peter bedankte sich bei seinem Team, schaute demütig auf seine Hände und wusste, jetzt war er Arzt und Chirurg.

Drei Tage später wurde Philipp, dem es bis dahin schon viel besser ging, von Kapitän Adler auf Island abgesetzt, von wo aus er mit einem der nächsten Schiffe zurück nach Rostock fahren würde. Er sollte sich schonen und zur Nachuntersuchung in die Klinik gehen.

Als einige Monate später auch Peters Ankunft in Rostock bevorstand, geisterten ein Mix aus Vorfreude, Angst und Hoffnung durch Peters und Ingrids Köpfe. Allerdings in verschiedener Ausprägung. Fragte sich Peter, ob er und Ingrid nun zu einer Familie zusammenwachsen könnten, sie die sehnlichst erwartete Zwei-Raum-Wohnung bekämen und ob ihn Dirk wieder mit einem Lächeln begrüßen würde, hoffte Ingrid, die dank Gerd inzwischen ihre Approbation in der Tasche hatte, genau diesen endlich aus ihrem Kopf verbannen zu können.

Als gegen 18 Uhr die Bertolt Brecht im Rostocker Hafen anlegte, waren es an diesem spätsommerlichen Frühabend nicht nur Ingrid und Dirk, die ihn erwarteten, sondern auch ein Matrose, der lässig an einer Hauswand lehnte. Kaum hatte er Peter an Land erblickt, schnipste er seine Zigarette in die Ostsee, stürmte auf ihn zu und überreichte ihm einen riesigen Blumenstrauß.

»Ich weiß gar nicht, wie ich Ihnen danken soll«, sagte Philipp. »Sie haben mir das Leben gerettet. Das wurde mir bei der Nachsorge bestätigt. Sie sind mein Held. Vielen herzlichen Dank.«

Peter lächelt verlegen und nahm den duftenden Strauß aus Dahlien entgegen. Bald hatten ihn auch Ingrid und Dirk im Gewühl erreicht und begrüßten ihn überschwänglich, während sich *Patient Null* mit einem kurzen Winken verabschiedete.

Peter freute sich, endlich Dirk und Ingrid wieder in den Armen zu spüren, und reichte ihr den Blumenstrauß weiter, während er ihr ins Ohr flüsterte:

»Ich sehe dich!«

* * *

Vier Tage später begann für beide die fünfjährige Ausbildung zum Facharzt für Chirurgie im Bezirkskrankenhaus Rostock-Südstadt. Es war eines der modernsten Krankenhäuser der DDR, das von der lokalen Presse auch als »Palast der Gesundheit« bezeichnet wurde und so immer wieder auch politische Prominenz anzog. Die starke politische Ausrichtung der einzelnen Abteilungen war allgegenwärtig und sollte für Peter bald die ersten Probleme bringen. Während sich Ingrid in der Chirurgie der Kinderabteilung im Untergeschoss beweisen musste, war Peters erste Station die Unfallchirurgie im ersten Stock. Jedes zweite Wochenende und ein bis zwei Tage in der Woche hatte er Bereitschaftsdienst und dieser Palast war Anlaufstelle für alle chirurgischen Notfälle in Rostock und Umgebung. Die bedeuteten reihenweisen Operationen, Frakturen reponieren und den Rettungswagen besetzen. Für 1,70 Mark pro Stunde. Ein Witz im Vergleich zum Gehalt, das er auf der Bertolt Brecht bekam. Es hieß, nun sei es an den jungen Ärzten, dem Staat das zurückzugeben, was sie durch ihr kostenloses Studium erhalten hätten. Dennoch waren

Ingrid und Peter überglücklich, hier sein zu können. Nun galt es für beide, die verschiedenen Stationen zum Facharzt im Zeitplan zu durchlaufen.

Doch ihre Ehe, die schon in der ersten Zeit in Rostock nach Dirks Geburt erste Schwierigkeiten hatte überwinden müssen, stand unter keinem guten Stern. Das weitere Warten auf eine Wohnungszusage, der harte Schichtdienst, der Druck der Facharztausbildung und die vielen Operationen im Akkord waren eine Herausforderung. Außerdem war Ingrid emotional und mental unausgeglichen, was sie häufig stur werden ließ. Hatte sie sich beispielsweise für einen Standpunkt entschieden, war dieser unverrückbar, gleich welche rationalen Argumente dagegen sprachen. Diese Standpunkte waren keineswegs von weltpolitischer Bedeutung, sie wurden auch bei profanen Dingen deutlich, etwa in Ingrids erfolgreicher Weigerung, Peter bei seiner Mutter und Großmutter zu besuchen. Diese Weigerungshaltung auf Peters Nachfrage noch begründen zu müssen, hielt sie für absurd und der nächste Streit auf acht Quadratmetern war vorprogrammiert.

Peter, der unter diesem kühlen, abweisenden und ignoranten Verhalten litt und Dirk vor Ingrids Schrei-Attacken schützen wollte, zog sich in die Fritz-Reuter-Straße zurück. Anfangs für zwei bis drei Tage, später für zwei bis drei Wochen. In dieser Zeit sahen sich die beiden nur per Zufall auf den Krankenhausfluren oder in der Kantine.

Kehrte eines Tages Peter reumütig zu Ingrid und Dirk zurück und entschuldigte sich bei ihr, war wieder alles in bester Ordnung, zumindest für sie. Doch Peter schmeckte auch noch in den nächsten Tagen die Bitterkeit, die sich bereits wie unsichtbares Gift in ihre Ehe geschlichen hatte und diese weiter an Halt verlor. Er musste sich jemandem anvertrauen. Aber wem? Mutti? Doch sie hatte ohnehin mitbekommen, was in den letzten Wochen und Monaten geschehen war. Ihre Antwort kannte er bereits. Sie hätte ihrem Sohn von einer Trennung abgeraten, da man eine Frau mit

Kind nicht allein lasse. Schlimm genug, dass sein Vater das schon getan habe. Diesen Fehler dürfe er auf keinen Fall wiederholen.

Vielleicht besser Großmutter Laura fragen? Doch auch ihre Antwort ahnte er bereits. Sie würde sagen, dass er stets das tun solle, was ihn glücklich mache, und dann liebevoll mit ihrer Hand über sein Gesicht streichen. Peter liebte sie dafür. Doch was machte ihn glücklich? Ingrid? Die Wohnungssituation? Die vielen Bereitschaftsdienste? Auch dass er noch immer in der Unfallchirurgie arbeitete, obwohl er längst in die nächste Abteilung hätte wechseln müssen, gefiel ihm nicht. Schon jetzt hing er zwei Monate seinem Facharztausbildungsplan hinterher. Was also hätte er seiner Großmutter antworten sollen, was ihn glücklich mache?

Peter schüttelte verzweifelt den Kopf. Eigentlich kam nur eine Person infrage, mit der er über alles sprechen konnte. Allerdings hatte sich diese Person in der Vergangenheit durch seine unzähligen Kurz-Frauen-Geschichten nicht als bester Ehe-Experte hatte qualifizieren können. Aber Jürgen war nun mal sein Freund. Und eigentlich auch sein einziger. Da traf es sich gut, dass sie übers Wochenende ohnehin zusammen angeln gehen wollten. Da könnte er sich aussprechen und abends am Feuer bei ein paar Bierchen Pläne schmieden.

* * *

Kaum hatten Peter und Jürgen bei der Herrenwiese an der Warnow ihr Zelt aufgebaut und ihre Köder ins Wasser versenkt, begann Peter zu erzählen. Er konnte nicht einmal abwarten, bis Jürgen seinen obligatorischen Apfel aus der Tasche holte, um ihn brüderlich zu teilen. Doch das ging Jürgen zu schnell.

»Warte, mein Sohn!«, sagte er fast andächtig und erinnerte Peter an Jürgens Vater, Pastor Niemann, wenn er sonntags von der Kanzel ermahnend zu seinen Schäfchen sprach. Jürgen griff in seine Tasche, holte einen Apfel hervor, zerschnitt ihn mit seinem Taschenmesser in zwei Hälften, biss in seine und kaute zufrieden. Andacht vorbei.

Peter verstand, senkte sein Haupt, nahm seine Hälfte und versuchte sich weitere zwei Minuten zu gedulden. Dann brach es aus ihm heraus. Er sprach von Ingrid und der unbeschwerten Zeit an der Uni, als sie noch die drei Musketiere waren. Selbst auf Rügen, als er mit Ingrid und später Dirk in einem Patientenzimmer wohnte, war alles so leicht und spannend. Und später auf See – was für eine Zeit. Doch nun? Zurück in den Mief der Enge. Das war, als würde man ohne Köder angeln müssen. Nichts, auf was man sich freuen könne.

»Aber das wird sich doch lösen können, Peter. Ingrid ist eine tolle Frau. Und denk' dran, ihr seid jetzt zu dritt. Das bedeutet Verantwortung«, warf Jürgen ein. »Was meinst du denn, warum ich noch nicht geheiratet habe? Weil ich keine finde?«

»Schon richtig.« Peter schaute aufs Wasser und sah dem Spiel der Sonnenstrahlen zu. »Aber sie hat sich verändert«, wurde Peter deutlicher. »Manchmal erkenne ich sie gar nicht mehr wieder.«

»Hast du schon mit Doktor Fiege gesprochen?«

»Du meinst den aus unserer psychiatrischen Abteilung?«

»Ja, der Typ, der während seiner Sitzungen immer Schach spielen soll.«

»Darauf würde sie sich niemals einlassen.«

»Warum? Was hat sie gegen Schach?«

»Es geht doch nicht ums Schachspielen, Jürgen«, erwiderte Peter und verdrehte verzweifelt die Augen. »Meinst du damit wäre es dann gegessen? Fiege macht einen Zug und Ingrid den nächsten? Und dann alles klar? Am Arsch! Spätestens nach meinem Vorschlag, sie solle mal zu ihm gehen wäre ich Schmachmatt!«

»Dann mach' ihr eine Freude.«

»Womit denn?«

»Überrasche sie, schenke ihr etwas Schönes. Bringe ihr Herz zum Lachen.«

»Du meinst, ich solle sie jetzt für ihr abweisendes und verletzendes Verhalten noch belohnen?«, fragte Peter nach einer kleinen Pause.

»Ich meine, du solltest an allen Schräubchen drehen, die dir noch zur Verfügung stehen!«

Peter war verwundert über Jürgens Expertise und konnte seinen Vorschlägen etwas abgewinnen. Er musste schlagartig an Werner denken, den er während seiner letzten Studienjahre auf der Leipziger Messe kennenglernt hatte. Werner war Werbeleiter der Grundfos Pumpenfabrik GmbH, einer international agierenden Produktionsgesellschaft, die sich auf die Herstellung und Montage großer Umwälzpumpen für die Heizungs-, Klima- und Lüftungstechnik spezialisiert hatte mit deutschem Sitz bei Bad Segeberg in der Nähe von Hamburg. Werner hatte ihm damals angeboten, auf dem Stand während des Messe-Wochenendes auszuhelfen, was Peter ab der darauffolgenden Frühjahrsmesse auch stets gemacht hatte. Die Bezahlung geschah in harter DM, sodass Peter zum ersten Mal im *Intershop* auf der Messe einkaufen konnte. Der erste Einkauf bestand aus Kosmetika für Ingrid und zwei Stangen Zigaretten für den späteren Weiterverkauf in Rostock – dann in Ostmark.

Mit den Messe-Jahren hatte sich eine gute Freundschaft zwischen Werner und ihm entwickelt. Peter wurde mit den Jahren während der Messetage Mädchen für alles. Er hatte Plätze für Restaurants, Karten für Modeschauen und andere Veranstaltungen besorgen müssen. Irgendwann konnte er Messebesuchern auch Fragen in Bezug auf die ausgestellten Pumpen beantworten, was seinen Stundenlohn und die Anzahl der Zigarettenstangen sprunghaft in die Höhe trieb. Als Werner 1964 einen Neckermannkatalog dabeihatte und ihm diesen überließ, konnte er auch erstmalig Kleidungsstücke für Ingrid und sich aussuchen, die dann per Paket oder bei der nächsten Frühjahrs-Messe übergeben wurden. So hatte er sich auch seinerzeit einen Neopren-Nassanzug für seine Tauchgänge ausgesucht. In wenigen Tagen, Anfang März 1969, würde die Messe wieder ihr Tore öffnen. Vielleicht hatte Jürgen ja Recht und Peter sollte Ingrids Herz zum Lachen bringen. Werner wäre sicher wieder vor Ort und würde sich freuen. Doch darum würde er sich am Montag kümmern. Davor galt es noch die Warnow leerzufischen und ihre Feuerstelle für mehr als nur einen nächtlichen Ofenersatz zu verwenden.

* * *

»Sag' mal, Ingrid, was ist eigentlich mit dir los? Nicht ein Wort hast du auf dem Nachhauseweg gesagt?«

Peters Worte rissen Ingrid aus ihren Gedanken. Müde winkte sie ab und holte den Haustürschlüssel aus ihrer Tasche.

»Nichts. Es ist nur gerade viel los auf der Kinderstation und ich kümmere mich nicht genügend um Dirk. Ich verbringe mehr Zeit mit fremden Kindern als mit meinem eigenen. Immer wird der kleine Mann abgeschoben.«

»Aber die Krippe ist doch keine Abschiebung«, versuchte Peter zu beruhigen und hatte schon eine Vorahnung, wie der Abend enden würde. »Da fühlt er sich wohl. Es geht ihm gut dort, das merkst du doch.«

»Aber ich habe Angst, Peter. Akzeptier' das doch. Ich fürchte, dass er mich irgendwann vergisst, wir sehen ihn ja kaum noch. Immer haben wir Dienst, Bereitschaft oder du bist beim Angeln. Und sind wir mal zu Hause, sind wir müde.«

»Aber …«

»Nichts aber. Ich bin eine schlechte Mutter und er wird mich deshalb später hassen.«

»Ingrid, das ist Unsinn. Wir arbeiten viel, damit es ihm später an nichts fehlt und wir bald eine Wohnung bekommen. Wir machen nichts falsch und du schon gar nichts.«

Sie gingen die Treppen zur Wohnung hinauf und liefen direkt auf eine Cola-Flasche zu, die vor der Wohnungstür stand, mit einer roten Schleife geschmückt. Sofort fühlte Ingrid sich ertappt, aber auch pure Lebensfreude. Mit Gerd waren die Momente immer so leicht. Er tat stets nur das, was er wollte. Wann hatte Peter sie das letzte Mal mit einer kleinen Aufmerksamkeit samt Schleife überrascht? Sie konnte sich nur an die Kette aus Hamburg erinnern. Und das war Jahre her.

»Was macht denn die Cola da?«, fragte Peter verwundert und bückte sich nach ihr.

»Wahrscheinlich von Gerd«, quoll es ungewohnt offen aus Ingrid heraus und realisierte viel zu spät, was sie sagte. Sofort versuchte sie den Satz durch viele kleine Nebensätze zu relativieren und ignorierte die Flasche in Peters Hand. »Kennst ihn doch. Ist einfach ein netter Kerl. Ist doch lecker. Ist doch toll.« Die Lüge ging ihr flott über die Lippen und ihre Müdigkeit schien verflogen.

»Gerd?«, fragte Peter verwundert. »Du hast noch Kontakt zu ihm?«

Die Nennung seines Namens rührte etwas in Peter an und ließ gemeinsame Erinnerungen wieder hochkommen. Er musste an die schöne gemeinsame Zeit denken, an die Ausflüge nach Westberlin, an den Kinoticket-Trick, an die zahllosen Fußballspiele, aber auch an ihre letzte Begegnung. Hatte er Ingrid jemals von der Prügelei erzählt?

»Natürlich haben wir noch Kontakt. Wir kennen uns seit Kindertagen, weißt du doch«, antwortete sie überdreht und steckte den Schlüssel ins Schloss. Sie öffnete die Tür, drehte sich zu Peter und schenkte ihm ihr Grübchenlächeln. »Wollen wir rein, mein Ehemann?«

Peter nickte und forschte in Ingrids Gesicht, ob sie ihm nicht etwas verheimlichte. Doch er konnte nichts erkennen und schob das eigenartige Gefühl beiseite. Er hatte schon zu lange keine echte Coca-Cola aus dem Westen mehr getrunken und war durstig.

»Lass' sie uns aufmachen!« schlug er vor und öffnete die Flasche, während Ingrid erleichtert zuschaute. »Na dann, auf Gerd!«

* * *

Mehrere Notfälle auf der Station hatten Professor Martin, den Ärztlichen Direktor des Bezirkskrankenhauses Rostock-Südstadt und Chefarzt der Chirurgie seine Mittagsverabredung mit Peter in der Kantine vergessen lassen. Als er es bemerkte, ließ er ihn von der Unfallchirurgie holen und erwartete ihn in seinem Arbeitszimmer.

Peter klopfte an der Tür und trat ein.

»Döbler, kommen Sie, setzen Sie sich. Und verzeihen Sie die Verspätung. Aber Sie wissen ja, wie das hier läuft.«

Peter lächelte verständnisvoll und setzte sich zum Professor an den Besprechungstisch.

»Wie läuft es auf der Station?«

»Eigentlich ganz gut, Professor Martin. Konnte bereits die ersten Eingriffe wie Blinddarm, Leistenbrüche und Krampfadern operieren. Auch mit den Pflegern und Schwestern komme ich gut aus.«

»Und wieso eigentlich? Klingt doch alles rund.«

»Schon richtig. Allerdings mache ich mir in einer Hinsicht Sorgen, dass …«

»Was denn für Sorgen?«, unterbrach Martin und strich sich über den kahlen Kopf.

»Sorgen, dass ich meinen Facharzt nicht in der vorgegebenen Zeit schaffe. Nach dem Ausbildungsplan hätte ich bereits vor zwei Monaten zu Ihnen in die Bauchchirurgie oder die Kinderchirurgie wechseln müssen. Stattdessen arbeite ich seit Monaten in der Unfallchirurgie.«

»Gerade viel los dort«, erklärte der Professor abgeklärt. »Bitte haben Sie noch etwas Geduld mit uns.«

Peter nickte.

»Apropos Geduld. Haben Sie nun das Senderformular abgegeben?«, fragte Martin und zog seine buschigen Brauen zusammen.

Professor Martin, der Gerüchten zur Folge entfernt mit Walter Ulbrichts Frau verwandt war, spielte damit auf ein Formular an, auf dem die jungen Ärzte bestätigen sollten, keine westlichen Fernseh- oder Radiosender zu empfangen. Natürlich wusste er, dass Peter noch nicht unterschrieben hatte. Für neun von zehn Arztkollegen war die Unterschrift kein Problem gewesen, für Peter schon. Er hatte sich verweigert und tat dies bis heute. Doch er versuchte es zu erklären und dabei ein Mindestmaß an politischer Pflicht zu erfüllen.

»Sehen Sie, Herr Direktor, ich glaube wie Sie an die Idee des Kommunismus und unseren Staat. Nicht umsonst war ich bei den Jungpionieren, Thälmann-Pionieren und bei der FDJ. Darüber hinaus verstehe ich die DDR als Vertreterin der Jugend, der fortschrittlichen Kräfte und der Zukunft. Und ich gehöre genau zu dieser jungen Generation, die mit großer Begeisterung, Enthusiasmus und einem gesunden Stück Idealismus den Aufbau des Sozialismus begleiten. Begleiten wollen. Jedoch verstehe ich nicht, warum ich im Radio kein klassisches Klavierkonzert genießen darf, nur weil es im Westradio übertragen wird. Was ist falsch daran?«

Doch statt zu antworten zog der Professor nur ein neues Formular aus der Ablage und legte es Peter zur Unterschrift vor. In diesem Formular ging es um die Einmischung der USA in den Vietnamkrieg, was die DDR verurteilte. Der sowjetische Einmarsch in die Tschechoslowakei im letzten August 1968 aber war gut zu heißen. Doch Peter verurteilte beides und verweigerte auch hier die Unterschrift und erklärte:

»Ich bin der Meinung, Professor Martin, dass eine Einmischung von wem auch immer in die inneren Angelegenheiten eines anderen Landes nie richtig sein kann.«

Völlig fassungslos starrte Martin Peter an, schüttelte den Kopf, als könnte er danach besser verstehen, und riss das Formular zurück.

»Wissen Sie, Döbler, vielleicht ist das alles zu viel auf einmal. Die Bereitschaftsdienste, all die neuen Eindrücke. Die Verantwortung. Und Sie müssen verstehen, dass nur gefördert werden kann, wer mit uns konform geht. Je schneller Sie das verstehen, desto besser für uns alle.« Martin stand auf und reichte Peter die Hand.

»Lassen Sie uns in sechs Monaten wieder sprechen.«

Das Gespräch war beendet und Peter verließ mit rotem Kopf das Arbeitszimmer.

* * *

Leipzig hatte sich herausgeputzt. Historische Bauten wurden instandgesetzt, neue Springbrunnen errichtet und repräsentative Blumenbeete mit gelb-blauen Stiefmütterchen, in den Farben der FDJ, angelegt. Weltoffen und wunderschön präsentierte sich die Stadt den vielen Tausend Besuchern und war während der Messetage das Zentrum des Ost-West-Handels. Hier traf die sozialistische Politik-Elite auf die kapitalistische Geschaftswelt. Und dank der Universalmessen war Leipzig neben Ostberlin Vorzeigestadt der DDR. Dieses Jahr, 1969, glänzte die Stadt noch etwas heller als sonst, was an dem unmittelbar bevorstehenden 20. Republik-Geburtstag der DDR im Oktober lag.

Hinzu kam eine relative wirtschaftliche Stabilität in der zweiten Hälfte der 1960er Jahre, die der Partei Möglichkeiten eröffnete, mehr auf die Konsumwünsche der Menschen einzugehen. Neue Kaufhäuser und Kaufhallen luden sie, statt, wie bisher nur durch das Schaufenster blicken zu können, nun auch zu einem Einkauf mit größerer Auswahl an Produkten in das Geschäft ein. Das Konsument-Warenhaus am Brühl, wegen der fensterlosen Aluminium-Fassade auch liebevoll »Blechbüchse« genannt, wurde zum größten Konsumtempel der DDR umgebaut. Am Leipziger Hauptbahnhof wiesen Plakate auf »50.000 Artikel auf fünf Geschossen« hin. Und nicht nur das. Hier konnte auch »Mutti ungestört ihren Sprössling einer Kindergärtnerin im Spielraum überlassen.«

Von so viel Fortschritt konnte das 430 Kilometer entfernte Rostock nur träumen. Peter freute sich, wieder hier zu sein, und fuhr mit dem Bus vom Hauptbahnhof zum Messegelände.

In Halle 15 fand er ihn schließlich. Wie immer hatte Werner seinen Pumpenstand in der hinteren Ecke neben Hildes Würstchen-Imbiss. Peter erkannte sofort Werners Statur, der gerade mit dem Rücken zu ihm stand und etwas aus dem Schrank zu holen versuchte.

»Entschuldigen Sie bitte«, begann Peter mit leicht verstellter Stimme. »Haben Sie auch blaue Pumpen mit Fisch-Motiven?«

»Mit Fisch-Motiven?«, wiederholte Werner und drehte sich verdutzt um.

»Mensch, Peter! Ich glaub's ja nicht«, rief Werner mit einem Stapel Katalogen im Arm. »Ich dachte schon, welcher Idiot will blaue Pumpen mit Fisch-Motiven?«

Beide lachten.

»Was führt dich nach Leipzig?« Brauchste schon wieder 'nen Nebenjob?«, fragte Werner und legte die Kataloge auf dem Messetisch ab. »Und nun komm' her und lass' dich erst mal umarmen.«

Peter zuckte vielsagend mit den Schultern, ließ sich herzen und fragte: »Willst du die lange oder die kurze Geschichte?«

»Sei so gut und gib mir ein paar Minuten. Dann will ich bei Bockwurst mit Kartoffelsalat alles hören.« Werner zeigte auf den Imbissstand. »Bin gleich drüben!«

Bei Bockwurst aus Halberstadt und von Hilde selbstgemachtem Kartoffelsalat begann Peter zu erzählen, dass er seine große Liebe geheiratet habe, vor zwei Jahren Vater geworden sei und seit einem knappen halben Jahr als Arzt im Rostocker Bezirkskrankenhaus arbeite.

»Herzlichen Glückwunsch«, nuschelte Werner, während er ein Stück Bockwurst herunterschlang. Er war seit halb fünf auf den Beinen und hatte noch nichts außer drei Tassen Kaffee und einer halben Packung Zigaretten zu sich genommen. »Dann ist ja das junge Glück perfekt!«

Peter schaute auf seinen Teller und stocherte mit der Gabel im Salat herum.

»Willst du deiner Angebeteten wieder etwas Schönes bestellen? Habe im Auto den neuesten Neckermann-Katalog dabei. Such' dir etwas aus und sieh' es als nachträgliches Hochzeitsgeschenk an.«

Peter schaute hoch und hatte Tränen in den Augen. Doch es waren keine Tränen der Rührung.

»Ich glaube, so viel Zeit haben wir nicht mehr.«

Nun verstand Werner, dass Peter nicht von seiner Frau, sondern von seiner Noch-Ehefrau gesprochen hatte. Nach einiger Zeit des Schweigens ergriff er das Wort, wollte Peters Gedanken zerstreuen und fing von der Messe an.

»Vor zwei Tagen war sogar euer Staats-Chef Ulbricht hier, hat alles feierlich eröffnet, viele Hände geschüttelt und sich bei einigen Industriezweigen nach der nächsten technischen Revolution erkundigt. Er hat den unverzüglichen Einsatz hochproduktiver Geräte für alle Staatsbetriebe gefordert.« Werner schaute Peter fragend an.

»Hast du gehört? Nächste, unverzügliche technische Revolution!«

Doch Peter reagierte nicht, stocherte auch noch die letzten Kartoffelscheiben in kleinste Stücke bis es so unappetitlich aussah, dass er ihn beiseiteschob. Beim Abschied reichte ihm Werner einen blauen Schein.

»Keine Widerrede. Ist nicht für dich, sondern für deine Frau.«

* * *

Ingrid hatte sich bereits zu Dirk gelegt und demonstrierte, dass sie ihre Ruhe haben wolle, als Peter am nächsten Abend mit zwei großen Einkaufstüten in der Hand zurückkehrte. Er war voller Vorfreude auf ihr Gesicht, wenn sie in die Tüten schauen würde. Dort wartete der neueste Schick auf einen neuen Besitzer. Eine Jacke mit Karomuster und üppigem Kragen in eleganter Länge bis zu den Oberschenkeln. Den dazugehörigen Gürtel zierte eine überdimensional große Schnalle in Gold. Die Schlaghose aus der zweiten Tüte, nicht weniger spektakulär, nahm den 1970er-Trend vorweg.

Doch Ingrid ignorierte ihn und seine Tüten. Alles schien ihr eine Last, sie konnte sich an den gemeinsamen Momenten nicht mehr erfreuen. Immer häufiger verlor sie ihr Gefühl für sich und Peter. Sie litt und fühlte sich als Opfer. Und das Acht-Quadratmeter große Zimmer in der Wohnung ihrer Eltern wurde vom Schloss zum Sarg ihrer Ehe.

»Wollen wir überhaupt verheiratet bleiben?«, fragte Peter nach einem erneuten Wortgefecht. Eigentlich war er zu müde, wieder in der Fritz-Reuter-Straße unterzutauchen, und versuchte stattdessen, den Streit im Keim zu ersticken. Doch es war Ingrids Antwort, die ihn zu ersticken drohte.

»Wenn du willst.«

Peter griff sich verzweifelt seine Jacke und sagte, bevor er die Tür ins Schloss warf:

»Ja, ich will, Ingrid. Aber nicht so!«

12

»Wenn Sie sich bitte beide einmal kurz vorstellen wollen?«, fragte Richterin Peggy Kremer, eher so der mütterliche Typ mit blonden kurzen Haaren und Nickelbrille auf der breiten Nase, als Peter und Ingrid zwei Monate später zu einem offiziellen Versöhnungstermin ins Familiengericht geladen wurden. Alle Versuche, ihre Ehe zu retten, waren gescheitert, eine Scheidung stand im Raum und Peter war zurück in die Fritz-Reuter-Straße gezogen.

»Mein Name ist Ingrid Döbler, geborene Frommhold. Und seit sechsundsechzig mit meinem Mann verheiratet«, begann Ingrid und schaute nach Beendigung ihrer Vorstellung auffordernd zu Peter.

»Guten Tag. Ich bin der dazugehörige Ehemann, Peter Döbler.

»Gut. Dann nehmen Sie doch Platz und erzählen sie der Reihe nach.« Peggy Kremer zeigte auf die beiden freien Stühle.

»Was meinen Sie? Wo sollen wir anfangen?«, fragte Ingrid nervös.

»Wie wäre es zum Beispiel mit Ihrem Entschluss, die Scheidung einzureichen?« Die Richterin zog sich die Döbler-Akte hervor und blätterte. »Und das nach so wenigen Jahren? Mich würden Ihre Beweggründe interessieren. Was bringt sie zu diesem Entschluss?« Sie blätterte erneut in der Akte und stockte. »Ich sehe, Sie haben einen gemeinsamen Sohn, Dirk, zwei Jahre alt. Besonders für ihn wäre es schwer, wenn Sie ihre Ehe nicht fortsetzen würden. Gibt es denn gar keine *Möglichkeit* mehr für sie als Familie?«

Ingrid schaute zu Peter, der nur auf diese Vorlage gewartet hatte.

»Viel bräuchte es gar nicht, Richterin Kremer.« Peter beugte sich vor und stützte sich auf dem Tisch ab. »Wir bräuchten nur eine kleine Zwei-Raum-Wohnung.«

»Ein Wohnung?«, fragte Kremer belustigt und lehnte sich voller Vorfreude auf ihre nächste Frage zurück. »Ein Tauschgeschäft? Wohnung gegen Scheidung? So in etwa?«

»Schauen Sie«, begann Peter kontrolliert und langsam. »Meine Frau und ich sind seit neun Jahren ein Paar und seit zweieinhalb Jahren eine Familie. Seitdem teilen wir uns zu dritt ein acht Quadratmeter kleines Zimmer bei meinen Schwiegereltern. Das ist doch kein Leben. Es heißt, dass die DDR junge Familien fördert, auch mit Wohnraum. Aber aus irgendeinem Grunde kommt dieser Raum, oder wie Sie es vorhin formuliert haben, kommt diese *Möglichkeit* nicht bei uns an. Seit letztem Jahr arbeiten wir beide als Assistenzärzte im Bezirkskrankenhaus Rostock-Südstadt und leisten unseren Beitrag für die Gesellschaft. Dennoch wurden wir von der Wohnungsstelle immer wieder vertröstet. Wir können einfach nicht mehr«, endete Peter und wischte sich ein paar verirrte Tränen von der Wange.

Peggy Kremer hörte aufmerksam zu und notierte etwas auf das Deckblatt der Akte. Dann schaute sie Ingrid an.

»Und Sie, Frau Döbler, sehen das genauso?«

Ingrid schaute von Peter zur Richterin und wieder zu Peter, der sie liebevoll anschaute und in festem Ton fragte:

»Möchtest du die Scheidung, Ingrid?«

Erneut sah Ingrid die Richterin an und wieder zu Peter.

»Ist mir egal!«, kam als niederschmetternde Antwort, die für ihn jeden Funken Hoffnung zerstörte.

Peggy Kremer schnellte aus ihrer entspannten Sitzposition nach vorne, richtete ihre Brille und fragte ungläubig:

»Das ist Ihnen egal, Frau Döbler?«

Ingrid nickte.

»Tja, dann beende ich nun diesen Termin«, sagte die Richterin. »Sie werden in den nächsten Tagen Post erhalten, der Sie Ihren Scheidungstermin entnehmen können mögen.«

Rumms!

***

Kaum waren der Termin und die Trennung beschlossene Sache, bekam Peter von Frau Schubert ein eigenes Zimmer in der Georg-Büchner-Straße am Hauptbahnhof zugewiesen. Doch diese Zuteilung war weder ein Trostpflaster noch eine lieb gemeinte Aufmerksamkeit von Frau Schubert oder Richterin Kremer gewesen, sondern lediglich ein Tauschgeschäft, da Peters Mutti Maria und Großmutter Laura ihre Drei-Zimmer-Wohnung in der Fritz-Reuter-Straße gegen eine kleinere Wohnung in der Südstadt tauschten. Und da Christian seit einigen Monaten bei seiner Verlobten im Schwesterwohnheim Zuflucht gefunden hatte, bekam Peter, geschieden und allein, sein erstes eigenes Zimmer zur Untermiete. Plus Toilette mit Waschbecken und Küche zur Mitbenutzung, aber ohne Badewanne. *Der real existierende Sozialismus ließ grüßen*, dachte Peter. Er, der als Chirurg besonders auf Körperpflege und Hygiene zu achten hatte, besaß kein Badezimmer. Irgendwie der nächste Witz! Trotzdem war Peter überglücklich, seinen eigenen Rückzugsraum zu haben und duschte fortan im Krankenhaus. Doch nun konnte er tun und lassen, was er wollte. War niemanden mehr Rechenschaft schuldig und konnte ungestört seinen Gedanken nachgehen. Auch darüber, ob er in diesem System wirklich auf Dauer leben wollte.

Damals, vor zwei Jahren als Schiffsarzt wäre es ein Leichtes gewesen, die Deutsche Demokratische Republik zu verlassen. Neufundland, Island New York, Er hätte nur dortbleiben müssen. Doch damals war er noch verheiratet gewesen. Er hätte seine junge Familie zurücklassen müssen – mit ungewisser Zukunft. Einen Umstand, den Peter für den Rest seines Lebens belastet hätte. Außerdem hatte er noch Hoffnung gehabt, dass sich das Blatt seiner Ehe wenden könnte. Später, als er wieder bei seiner Mutti eingezogen war, hätte man, im Falle seiner Flucht, zwangsläufig sie und seine Großmutter unter Druck gesetzt, festgenommen und ausgefragt, nach Mitwissen und Komplizen. Auch ein unmöglicher Gedanke. Doch nun lebte er allein und brachte niemanden mehr in Gefahr. Ein Gedanke, der viele Optionen öffnete.

* * *

»Kommen Sie, Döbler, setzen Sie sich zu mir«, forderte Professor Martin Peter auf, der den nächsten Gesprächstermin nicht vergessen hatte. »So schnell vergehen hier auf Station sechs Monate. Erzählen Sie, wie geht es Ihnen und Ihrer Frau?«

Gerade zwei Monate war es her, dass Peter die offizielle Scheidungsurkunde in der Post hatte.

Wie sollte es ihm schon gehen, dachte Peter. Und vor allem, was sollte er davon nach außen tragen? Tausende Gedanken irrten zugleich durch sein Hirn. Gedanken, die er gleich wieder verwarf. Er merkte, wie nervös er bei dieser einfachen Frage und wippte mit den Füßen. Schließlich folgte er seinem Instinkt.

»Sehr gut geht es, Professor«, war seine sich selbst überraschende Antwort. »Allerdings liegen immer noch zwei Steine schwer in meinem Rucksack. So bekomme ich immer noch sehr viele Bereitschaftsdienste und konnte bis heute nicht zu Ihnen in die Bauchchirurgie wechseln. Ich habe mittlerweile große Befürchtungen, dass ich in diesem Tempo meine Facharztausbildung nicht fristgerecht durchlaufen kann. Vor allem, weil alle meine Kollegen nach Plan die Abteilung gewechselt haben.«

Professor Martin musterte ihn und lehnte sich in seinem Sessel zurück.

»Verstehe«, grummelte er. »Haben Sie noch etwas auf dem Herzen? Oder in Ihrem *Rucksack*, das sich auszupacken lohnen würde? Dann wäre jetzt der richtige Moment.«

Peter wusste nur zu genau, dass ihm die so wichtige Bauchchirurgie zur Strafe verwehrt blieb. Zur Strafe für seine Unterschriftsverweigerung, die mit der Parteiführung und mit der Klinikführung nicht konform gingen. Dabei wollte Peter doch nur Verbesserungen und keinen Sturz des Regimes. Offene Kritik an Walter Ulbricht, und sei es nur in Form eines harmlosen Witzes wie der vom Unterschied zwischen Walter Ulbricht und einer Straßenbahn, war verboten und hätte sofort die Stasi auf den Plan gerufen. Doch Peter wurde mehr und mehr gezwungen, in zwei Welten zu agieren. Die öffentliche und die private. Doch konnte man ein Leben lang so leben? Wollte er das?

»Ja, in der Tat wäre da noch ein Stein, Professor«, antwortete Peter tollkühn, während er innerlich noch über den Ulbricht-Witz lächelte.

»Nur zu, Döbler! Raus damit!«

Peter ging über zum Thema Bezahlung und beschwerte sich über den zu niedrig gehaltenen Stundenlohn der ärztlichen Bereitschaftsdiente mit dem Hinweis, dass er ein ganzes Wochenende arbeiten müsse, um einem Maler einen halben Tag für die Renovierung eines Zimmers zu bezahlen.

»Das gleicht einer Ausbeutung, Professor Martin. Ich war immer der Meinung gewesen, und so habe ich es gelernt, dass genau das der Unterschied zwischen Kapitalismus und Sozialismus sei.«

Martin beugte sich gemächlich nach vorn und kam Peter dabei immer näher. Dann stoppte er, zog seine Brauen zusammen und antwortete trocken:

»Wenn Sie einen weißen Kittel tragen möchten, dann werden Sie doch Maler.«

Schweigen.

Ohnmächtige Wut schäumte in Peter auf und er erkannte, was er schon längst hätte wissen müssen. Die Klinikführung hatte ihn in der Hand. Er konnte nichts machen, und ihm das erneut zu demonstrieren, erfreute den Professor sichtlich. Durch die vielen Monate in der Unfallchirurgie war seine rechtzeitige Ausbildung zum Facharzt für Chirurgie gefährdet. Peter hätte sofort nach sechs Monaten auf die bauchchirurgische Station versetzt werden müssen, um den erforderlichen Katalog an Operationen erfüllen zu können. Doch darauf bestand keine Aussicht.

* * *

»Wenn Sie einen weißen Kittel tragen wollen, dann werden Sie doch Maler.« Jürgen trank einen Schluck Bier aus seinem Glas und zelebrierte jedes einzelne Wort. »Wenn … Sie … einen … weißen … Kittel …tragen … wollen, … dann … werden … Sie … doch … Maler. – Das hat Martin wirklich zu dir gesagt?«

Peter nickte.

»Also nix mit der gewünschten Lohnerhöhung?«

»Nee.«

»Und nun?«

Peter zuckte mit den Schultern.

»Willst kein Maler werden?«

»Nö. Aber wenn ich meine Ausbildung nicht fertig bekomme, dann wohl schon.«

Jürgen leerte sein Glas und gab Fiete ein Zeichen für die nächste Runde, indem er seinen Arm hoch streckte und seinen Zeigefinger im Kreis drehte.

»Kennst du den Unterschied zwischen Ulbricht und einer Straßenbahn?«, fragte Peter.

»Die Straßenbahn hat mehr Anhänger!«

Peter musste lachen und leerte ebenfalls sein Glas.

»So, und nun vergiss mal die blöde Straßenbahn ganz schnell, Peter. Du musst nochmal mit Martin sprechen. Das kannst du so nicht stehen lassen. Du musst wissen, woran du bist.«

»Aber was soll das bringen?«

»Peter, reiß' dich zusammen und spring über deinen Schatten. Zur Not unterschreibst du all die Scheiß-Formulare und beglückwünscht Breschnew persönlich zum Einmarsch in Prag.« Dann brachte Fiete die zwei Bier und Jürgen verstummte kurz. Artig bedankte er sich und wartete, bis der Einarmige wieder außer Hörweite war. Dann setzte er leiser als zuvor fort:

»Du musst dich ändern, sonst ändert dich das System!«

* * *

Doch bis zur nächsten Unterredung sollte es drei Monate dauern. Zeit genug für Peter, viel Frust anzusammeln, der sich in Martins Büro in

Auszug aus den Unterlagen des BStU zwischen 1971 und 1976

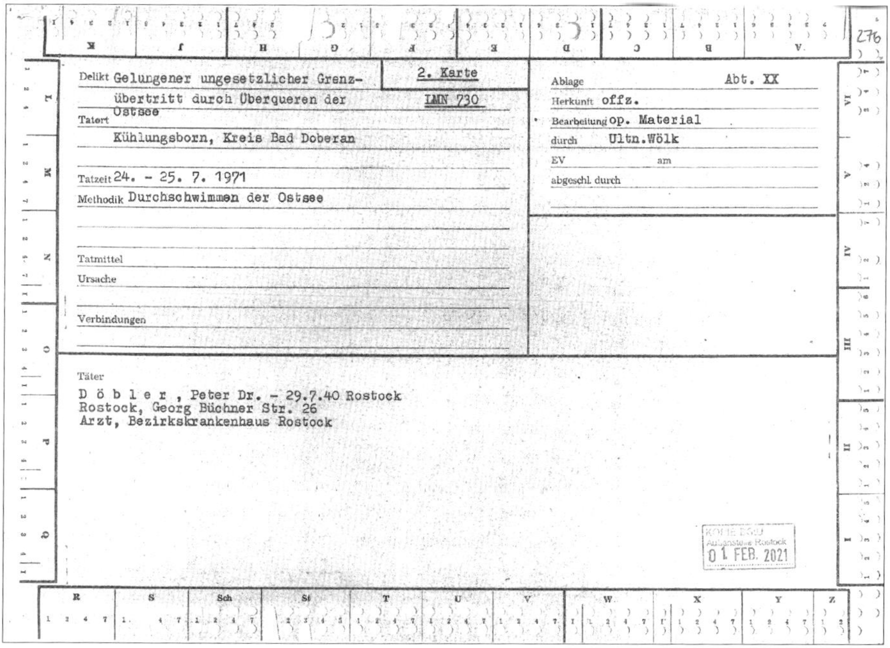

276

Delikt Gelungener ungesetzlicher Grenzübertritt durch Überqueren der Ostsee

2. Karte

IMN 730

Tatort Kühlungsborn, Kreis Bad Doberan

Tatzeit 24. - 25. 7. 1971

Methodik Durchschwimmen der Ostsee

Tatmittel

Ursache

Verbindungen

Ablage Abt. XX

Herkunft offz.

Bearbeitung op. Material

durch Ultn. Wölk

EV am

abgeschl. durch

Täter

D ö b l e r , Peter Dr. - 29.7.40 Rostock
Rostock, Georg Büchner Str. 26
Arzt, Bezirkskrankenhaus Rostock

KOPIE BStU
Außenstelle Rostock
01. FEB. 2021

XX

23

Rostock, den 29.7.1971

Abteilung XX

S p i t z e n m e l d u n g

Am 29.7.1971 gegen 16,00 Uhr teilte die Kaderleiterin des Bezirkskrankenhauses Rostock – Südstadt

[redacted]

wohnhaft: Rostock, [redacted]

telefonisch dem Mitarbeiter, Gen. A n t r a c k, Abtlg. XX mit, daß

Dr. D ö b l e r, Peter
geb. am 29.7.1940 in Rostock
wohnhaft: Rostock, G. Büchnerstr. 26
Arzt für Chirurgie am Bezirkskrankenhaus Rostock
Fam. Stand: geschieden
pol.org.: FDGB, DTSB
PA Nr.: I 0283820

die DDR verlassen hat.

Am 29.7.1971 gegen 16,00 Uhr erschien die Mutter des Dr. D.

D ö b l e r, Maria
Rostock, Lomonossowstr. 22
[redacted]

in der Kaderabteilung des BKH Rostock und teilte der Kaderleiterin mit, daß ihr Sohn die DDR verlassen hat. Sie ließ die Kaderleiterin Einsicht nehmen in einen Brief, den Dr. D ö b l e r aus Lübeck an seine Mutter geschrieben hatte und den sie am 29.7.1971 erhielt. Darin teilte Dr. D. mit, daß er im Bezirkskrankenhaus keine weitere fachliche Entwicklungsmöglichkeit habe und er nur Nackenschläge erhalten habe. Er sei ein Mensch der Freiheit und diese habe er in der DDR nicht gehabt. Er teilte seiner Mutter weiter mit, daß er diese Sache ein Jahr vorbereitet habe und eisern trainiert hätte.

Erste Ermittlungen ergaben, daß Dr. D ö b l e r enge Verbindung zu Dr. [redacted]

24

tätig als Röntgenarzt am Bezirkskrankenhaus Rostock unterhielt. Dr. [redacted] befindet sich gegenwärtig im Urlaub und soll sich bei seinen Eltern in [redacted] aufhalten.

[redacted]

Weitere operative Maßnahmen zur Ermittlung des Fluchtweges des Dr. D. werden durch die Abteilung XX eingeleitet.

Die Kaderleiterin des BKH Rostock informierte das VPKA Rostock, über die R- flucht des Dr. D ö b l e r.

A n t r a c k, Obltn.

Leiter der Abteilung XX

Scherwinski
Major.

XVIII 1.

Chefdienst: Hptm. Krase
O.v.D.: Oltn. Fretwurst

Dienstzeit:
vom 29.7.71, 19.00 Uhr
bis 30.7.71, 8.00 Uhr

M e l d u n g

Ungesetzlicher Grenzübertritt - Rostock

Quelle: Abt. XX
29.7.71, 18.30 Uhr
Oltn. [illegible]utrack

Personalien des Täters:

Dr. D ö b l e r, Peter
geb. am 29.7.1940 in Rostock
Arzt für Chirurgie, Bezirkskrankenhaus Rostock
geschieden
wohnhaft: Rostock, G.-Büchner-Str. 26

BV Rostock
KK erfaßt XVIII

Am 29.7.71 gegen 16.00 Uhr erschien die Mutter des Dr. D ö b l e r in der Kaderabteilung des Bezirkskrankenhauses Rostock und teilte mit, daß ihr Sohn die DDR verlassen hat. Sie ließ die Kaderleiterin Einsicht nehmen in einen Brief, den Dr. D ö b l e r aus Lübeck an seine Mutter geschrieben hatte, den sie am 29.7.71 erhielt. Darin teilte er mit, daß er im Bezirkskrankenhaus keine weitere fachliche Entwicklungsmöglichkeit habe und nur Nackenschläge erhalten habe. Er sei ein Mensch der Freiheit und diese habe er in der DDR nicht gehabt. Er teilte seiner Mutter weiter mit, daß er diese Sache ein Jahr vorbereitet habe und eisern trainiert hätte.

[redacted]

Ermittlungen führt die Abt. XX.

Maßnahmen:

1. Chefdienst, Hptm. Krase, wurde informiert.
2. Rapport an Abt. VII und Abt. XX.

O. v. D.

Fretwurst
F r e t w u r s t, Oltn.

27

Rostock, den 30.7.1971

XX/1

Maßnahmeplan

Zur Aufklärung des Fluchtweges des R-flüchtigen Dr. Döbler Arzt für Chirurgie am BKH Rostock, werden folgende Maßnahmen eingeleitet und durchgeführt:

1. Befragung der Kaderleiterin über den Besuch der Mutter des Dr. D. und über den wesentlichsten Inhalt des Briefes des Dr. D. an seine Mutter

   Termin: 30.7.1971

2. Fs an KD - Stralsund mit den Ermittlungsersuchen über den Aufenthaltsort des Dr. [redacted].

   Termin: 30.7.1971

3. [redacted]

   Termin: 30.7.1971

4. Überprüfung des Dr. [redacted] in der Abteilung XII und bei Vorhandensein von Archivmaterial (K - Akte) ist [redacted] neu zu registrieren.

   Termin: 30.7.1971

5. Verbindung mit dem VPKA Rostock, Abtlg. K aufnehmen und den Termin der Hausdurchsuchung in Erfahrung bringen. Teilnahme an der Hausdurchsuchung.

   Termin: 30.7.1971

6. Einleitung der M-Kontrolle über die Mutter des Dr. D. und [redacted] über Dr. [redacted]. Weiter werden die Personen [redacted] und [redacted] Rostock, [redacted] in der Abtlg. XII überprüft [redacted] und ebenfalls in Umleitung genommen.

   Termin: 30.7.1971

- 2 -

- 2 -

7. Einsatz, Befragung und Beauftragung der IM - Dr. Wolter, IMS - Seppel, IMS - Dr. Gerlach sowie IMS - Koch.

   Termin: 10.8.1971

8. Das Kontaktgespräch mit Dr. [redacted] ist zu nutzen, um näheres über das Persönlichkeitsbild und den Fluchtweg des D. in Erfahrung zu bringen.

   Termin: 10.8.1971

9. Mit der Leitung des BKH Rostock ist darüber zu sprechen, inwieweit es möglich ist, eine bessere Kontrolle über die Abwesenheit der Ärzte zu erreichen. (Abmeldungen beim jeweiligen vorgesetzten Arzt, Ausschaltung unkontrollierter Abwesenheit von Ärzten, u.a.)

   Termin: 30.8.1971

10. Beschaffung der Adresse des Dr. D. in Lübeck und Beantragung der M - Umleitung und Postzollfahndung.

Antrack, Oblt.

Leiter der Abteilung

Scherwinski
Major

45

Rostock, den 30.7.1971

Mündlicher Bericht des IMS Dr. Paul

Dr. D ö b l e r, Peter

Die R - flucht des Dr. D. war dem IMS durch den Prof. [redacted] bereits bekannt.

Dr. D. wurde dem IMS dadurch bekannt, da [redacted] als Ärztin in seiner Klinik arbeitet. Beide haben große fachliche und menschliche Schwächen. [redacted]

Daß Dr. D. nach seiner R-flucht Kontakt zu [redacted] aufsucht, hält der IM für unglaubhaft.

Der IMS wird [redacted] nach seinem Urlaub erneut in ein Gespräch verwickeln um nähere Angaben darüber zu erhalten, seit wann sie und wodurch Kenntnis von seiner R-flucht hatte.

57

Abtlg. XX/1 Rostock, den . 8.1971

Rel.

Beantragung der M - Umleitung

1. D ö b l e r, Maria
Rostock. Lomonossowstr. 22

2. [redacted]

kein Kontingent

3.

4.

5.

6.

7.

Begründung:

Der r-flüchtige Dr. D ö b l e r, Peter hatte vor seiner Flucht Verbindung zum obengenannten Personenkreis.
Zur Aufklärung der Zusammenhänge seiner Flucht ist die Kontrolle seiner Rückverbindungen notwendig.

A n g r a c k, Obltn.

1976 ~~1.26 Nov 8 1~~ G **E** ~~19. Aug 1971~~ 22028

Verfolgende Behörde:	Steckbriefnachricht - Suchvermerk -	Aktenzeichen:
Der Staatsanwalt der Stadt Rostock	an das Strafregister zu Berlin	221-675-71
	Gleiche Nachricht erhielt das Strafregister zu	20. Aug. 1971

Familienname: (Bei Frauen nur Geburtsname): Döbler

Vornamen (Rufname unterstreichen): Peter

Familienstand: ledig verheiratet verwitwet geschieden

Vor- und Familien- (Geburts-) Name des (früheren) Ehegatten:

[redacted]

Geburtstag	Tag 29. Monat: 7. Jahr: 1940	Geburtsort	Gemeinde: Stadtteil: Rostock Straße:	Land: DDR

Wohnort: Rostock, Georg-Büchner-Str. 26 letzter Aufenthaltsort: Rostock

Stand (Beruf, Gewerbe): Arzt Stand des Ehemanns:

Vorbestraft durch registerpflichtige Verurteilungen — nein — ja, letztes Jahr —

Bemerkungen

ungesetzlicher Grenzübertritt

Gegen die vorstehende Person ist am
Steckbrief erlassen worden — Niederlegung des Suchvermerks verfügt worden —

Rostock, den 10.8.1971

Der Staatsanwalt Stadt Rostock

Garbe
Unterschrift und Dienstsiegel

Auskunft des Strafregisters

Die verfolgte Person ist nach Mitteilung d

am	durch	wegen	auf Grund von	zu

rechtskräftig verurteilt worden und ist, wie hiernach anzunehmen ist, zur Zeit in Haft.

Die verfolgte Person ist

Ort und Datum: Unterschrift und Dienstsiegel:

Best.-Nr. AF. Str. 30 Steckbriefnachricht (G). (§ 30 Strafreg. VO. v. 17. 2. 1934 (RGBl. I S. 140)
Vordruck-Leitverlag Erfurt W-V-30-15 5 Ag 309-56 DDR 116-5 4 68 000 8 5

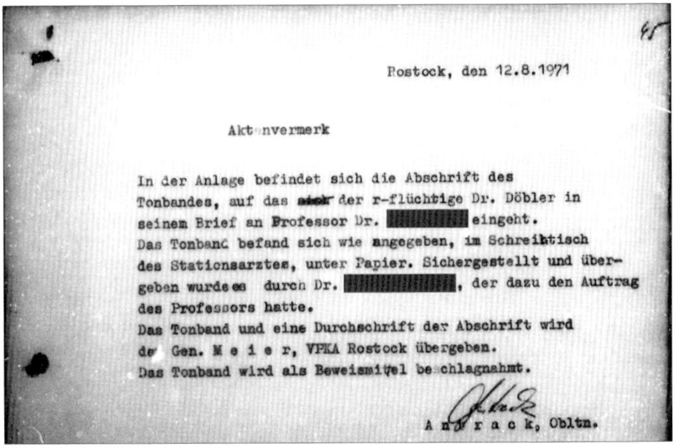

45

Rostock, den 12.8.1971

Aktenvermerk

In der Anlage befindet sich die Abschrift des Tonbandes, auf das ~~sich~~ der r-flüchtige Dr. Döbler in seinem Brief an Professor Dr. [redacted] eingeht.
Das Tonband befand sich wie angegeben, im Schreibtisch des Stationsarztes, unter Papier. Sichergestellt und übergeben wurde es durch Dr. [redacted], der dazu den Auftrag des Professors hatte.
Das Tonband und eine Durchschrift der Abschrift wird de Gen. M e i e r, VPKA Rostock übergeben.
Das Tonband wird als Beweismittel beschlagnahmt.

A n d r a c k, Obltn.

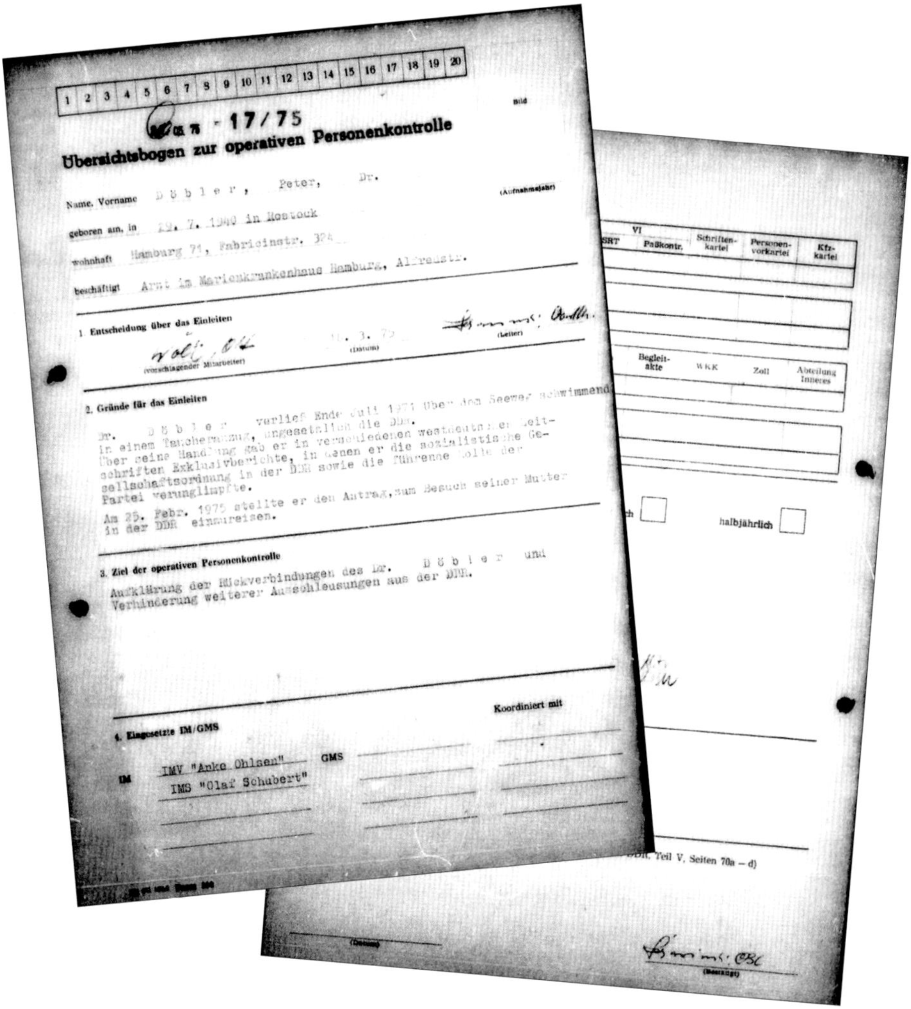

1	2	3	4	5	6	7	8	9	10	11	12	13	14	15	16	17	18	19	20

Bild

OPK 75 - 17/75

Übersichtsbogen zur operativen Personenkontrolle

Name, Vorname: D ö b l e r, Peter, Dr. (Aufnahmejahr)

geboren am, in: 19. 7. 1940 in Rostock

wohnhaft: Hamburg 71, Fabricinstr. 324

beschäftigt: Arzt im Marienkrankenhaus Hamburg, Alfredstr.

1. Entscheidung über das Einleiten

Voll, Oltn (vorschlagender Mitarbeiter) — 11. 3. 75 (Datum) — Bruns, Obstlt. (Leiter)

2. Gründe für das Einleiten

Dr. D ö b l e r verließ Ende Juli 1971 über den Seeweg schwimmend in einem Taucheranzug, ungesetzlich die DDR.
Über seine Handlung gab er in verschiedenen westdeutschen Zeitschriften Exklusivberichte, in denen er die sozialistische Gesellschaftsordnung in der DDR sowie die führende Rolle der Partei verunglimpfte.
Am 25. Febr. 1975 stellte er den Antrag, zum Besuch seiner Mutter in der DDR einzureisen.

3. Ziel der operativen Personenkontrolle

Aufklärung der Rückverbindungen des Dr. D ö b l e r und Verhinderung weiterer Ausschleusungen aus der DDR.

4. Eingesetzte IM/GMS — Koordiniert mit

IM: IMV "Anke Ohlsen", IMS "Olaf Schubert" — GMS

VI					
SRT	Paßkontr.	Schriften-kartei	Personen-vorkartei	Kfz-kartei	

Begleit-akte	WKK	Zoll	Abteilung Inneres

halbjährlich

DDR, Teil V, Seiten 70a – d)

(Datum) — Bruns, Obstlt. (bestätigt)

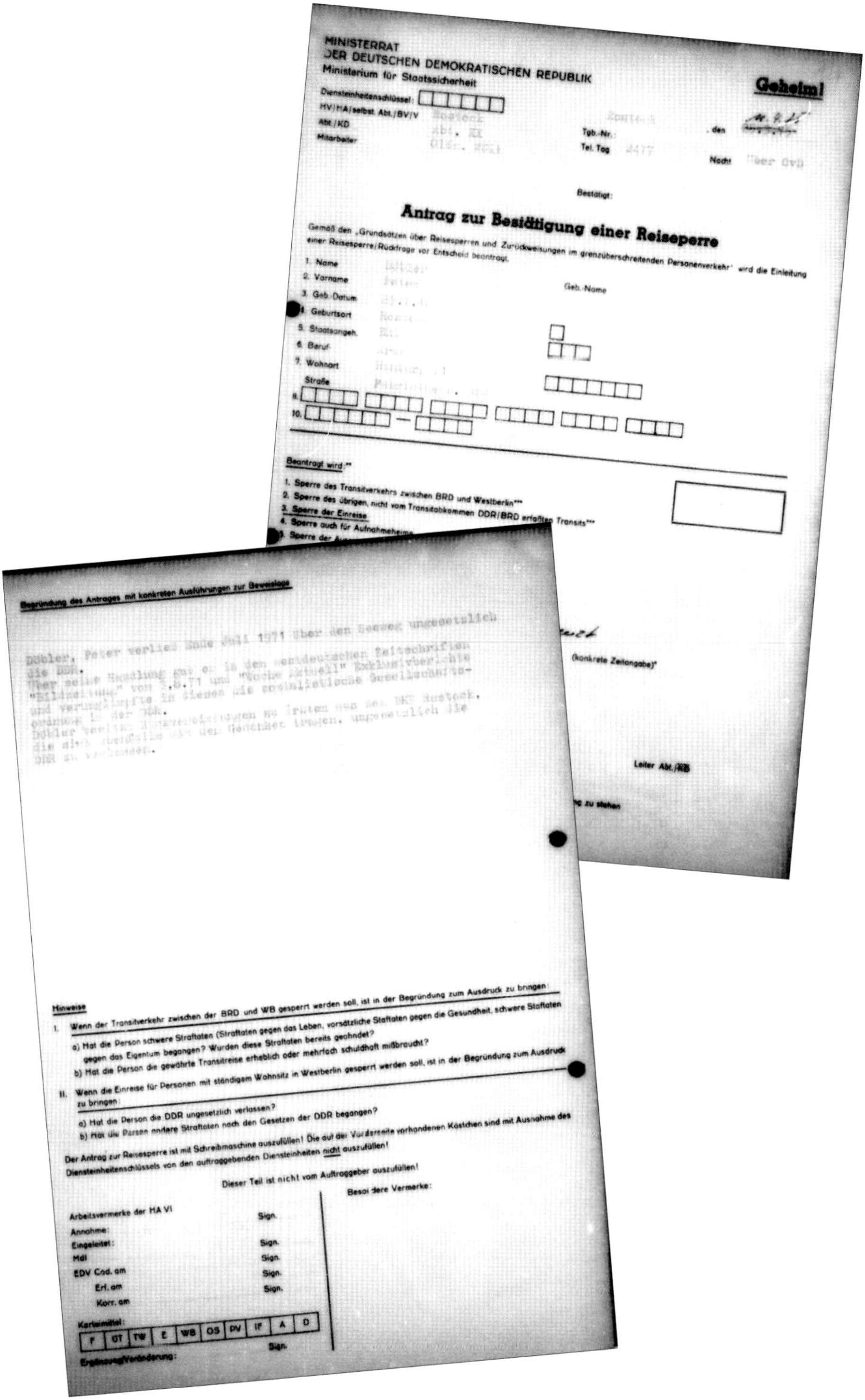

MINISTERRAT
DER DEUTSCHEN DEMOKRATISCHEN REPUBLIK
Ministerium für Staatssicherheit

Geheim!

Diensteinheitenschlüssel:
HV/HA/selbst. Abt./BV/V Rostock
Abt./KD Abt. XX
Mitarbeiter [illegible]

[illegible], den [illegible]
Tgb.-Nr.:
Tel. Tag 2477
Nacht über OvD

Bestätigt:

Antrag zur Bestätigung einer Reisesperre

Gemäß den „Grundsätzen über Reisesperren und Zurückweisungen im grenzüberschreitenden Personenverkehr" wird die Einleitung einer Reisesperre/Rückfrage vor Entscheid beantragt.

1. Name [illegible]
2. Vorname Peter
3. Geb.-Datum [illegible]
4. Geburtsort [illegible]
5. Staatsangeh. [illegible]
6. Beruf [illegible]
7. Wohnort Hamburg [illegible]
Straße [illegible]
8.
10.

Geb.-Name

Beantragt wird:**

1. Sperre des Transitverkehrs zwischen BRD und Westberlin***
2. Sperre des übrigen, nicht vom Transitabkommen DDR/BRD erfaßten Transits***
3. Sperre der Einreise
4. Sperre auch für Aufnahmeheime
5. Sperre der Au[...]

(konkrete Zeitangabe)*

Leiter Abt./KD

[...]ng zu stehen

Begründung des Antrages mit konkreten Ausführungen zur Beweislage

Dübler, Peter verließ Ende Juli 1971 über den Seeweg ungesetzlich die DDR.
Über seine Handlung gab er in den westdeutschen Zeitschriften "Bildzeitung" vom [illegible].8.71 und "Woche Aktuell" Exklusivberichte und verunglimpfte in diesen die sozialistische Gesellschaftsordnung in der DDR.
Dübler [illegible] [illegible] zu [illegible] aus dem [illegible] Rostock, die sich [illegible] mit dem Gedanken tragen, ungesetzlich die DDR zu verlassen.

Hinweise

I. Wenn der Transitverkehr zwischen der BRD und WB gesperrt werden soll, ist in der Begründung zum Ausdruck zu bringen:
a) Hat die Person schwere Straftaten (Straftaten gegen das Leben, vorsätzliche Straftaten gegen die Gesundheit, schwere Straftaten gegen das Eigentum begangen? Wurden diese Straftaten bereits geahndet?
b) Hat die Person die gewährte Transitreise erheblich oder mehrfach schuldhaft mißbraucht?

II. Wenn die Einreise für Personen mit ständigem Wohnsitz in Westberlin gesperrt werden soll, ist in der Begründung zum Ausdruck zu bringen:
a) Hat die Person die DDR ungesetzlich verlassen?
b) Hat die Person andere Straftaten nach den Gesetzen der DDR begangen?

Der Antrag zur Reisesperre ist mit Schreibmaschine auszufüllen! Die auf der Vorderseite vorhandenen Kästchen sind mit Ausnahme des Diensteinheitenschlüssels von den auftraggebenden Diensteinheiten nicht auszufüllen!

Dieser Teil ist nicht vom Auftraggeber auszufüllen!

Arbeitsvermerke der HA VI — Sign.
Annahme:
Eingeleitet: — Sign.
MdI — Sign.
EDV Cod. am — Sign.
Erl. am — Sign.
Korr. am

Kartelmittel:

F	OT	TW	E	WB	OS	PV	IF	A	D

Sign.

Ergänzung/Veränderung:

Besondere Vermerke:

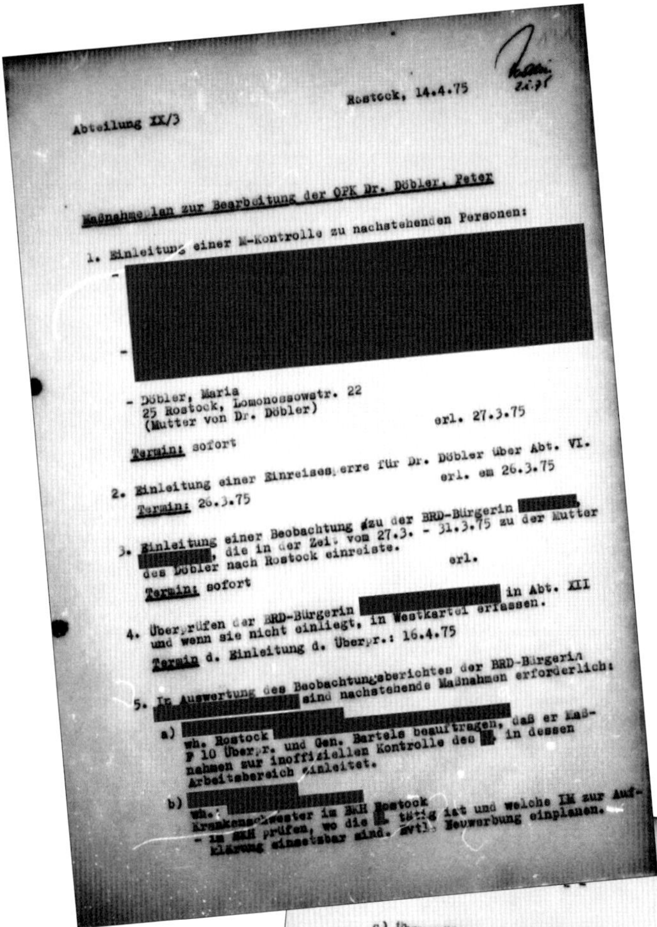

Rostock, 14.4.75

Abteilung XX/3

Maßnahmeplan zur Bearbeitung der OPK Dr. Döbler, Peter

1. Einleitung einer M-Kontrolle zu nachstehenden Personen:
   - [redacted]
   - Döbler, Maria
     25 Rostock, Lomonossowstr. 22
     (Mutter von Dr. Döbler)

     erl. 27.3.75

   Termin: sofort
2. Einleitung einer Einreisesperre für Dr. Döbler über Abt. VI.

   erl. am 26.3.75

   Termin: 26.3.75
3. Einleitung einer Beobachtung zu der BRD-Bürgerin [redacted], die in der Zeit vom 27.3. - 31.3.75 zu der Mutter des Döbler nach Rostock einreiste.

   erl.

   Termin: sofort
4. Überprüfen der BRD-Bürgerin [redacted] in Abt. XII und wenn sie nicht einliegt, in Westkartei erfassen.

   Termin d. Einleitung d. Überpr.: 16.4.75
5. In Auswertung des Beobachtungsberichtes der BRD-Bürgerin [redacted] sind nachstehende Maßnahmen erforderlich:

   a) [redacted] wh. Rostock [redacted] F 10 Überpr. und Gen. Bartels beauftragen, daß er Maßnahmen zur inoffiziellen Kontrolle des [redacted] in dessen Arbeitsbereich einleitet.

   b) [redacted]
   wh. [redacted]
   Krankenschwester im BKH Rostock
   - im BKH prüfen, wo die [redacted] tätig ist und welche IM zur Aufklärung einsetzbar sind. Evtl. Neuwerbung einplanen.

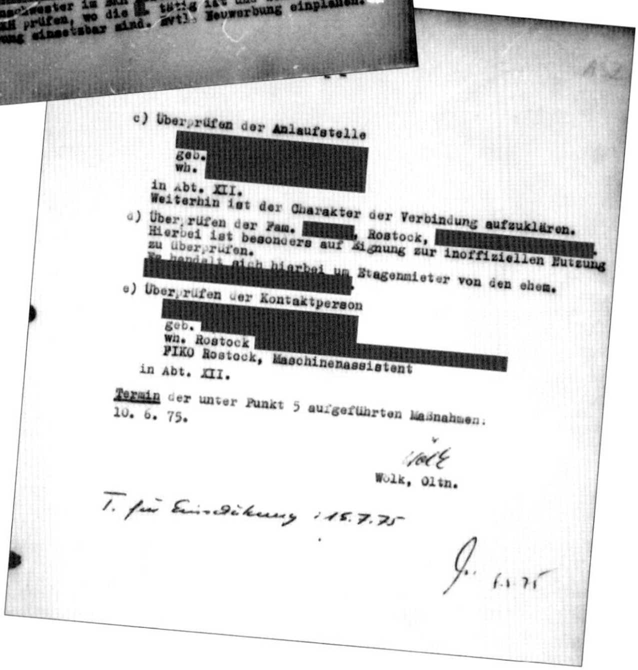

c) Überprüfen der Anlaufstelle
[redacted]
geb. [redacted]
wh. [redacted]
in Abt. XII.
Weiterhin ist der Charakter der Verbindung aufzuklären.

d) Überprüfen der Fam. [redacted], Rostock, [redacted].
Hierbei ist besonders auf Eignung zur inoffiziellen Nutzung zu überprüfen.
Es handelt sich hierbei um Etagenmieter von den ehem. [redacted].

e) Überprüfen der Kontaktperson
[redacted]
geb.
wh. Rostock [redacted]
PIKO Rostock, Maschinenassistent
in Abt. XII.

Termin der unter Punkt 5 aufgeführten Maßnahmen: 10. 6. 75.

Wolk, Oltn.

Ministerium für Staatssicherheit
HA VI/Linie Paßkontrolle
Abteilung 3

Berlin, den 24. 4. 75

~~HA~~ / BV Rostock
~~Abt.~~ XX
Mitarbeiter Wölk

Auftrag / Ihre Tgb.Nr.: Döbler, Peter

Die ~~Fahndung~~/Sperre wurde entsprechend Ihres Auftrages eingeleitet.
Alle Benachrichtigungen erfolgen unter der

Fahndungsnummer:. 302 536

Laufzeit bis: ständig

Anträge zur Verlängerung müssen bis spätestens 14 Tage vor Ablauf schriftlich bei der HA VI vorliegen.

i. A. [illegible]
Thoß
Major

Ministerrat
der Deutschen Demokratischen Republik
Ministerium für Staatssicherheit
Hauptabteilung VI
Bereich Fahndung
Leiter

Berlin, den 11.10.1976
HA VI / F./ 2375 /76

MfS/Ro
18 OKT 1976
5265
XX/1/3

Bezirksverwaltung
für Staatssicherheit
Abteilung XX

R o s t o c k

D ö b l e r, Peter - 29.7.1940 in Rostock
Eingabe der DDR-Bürgerin D ö b l e r, Maria - wohnh.: Rostock

Die obengenannte DDR-Bürgerin wandte sich in einer Eingabe an den Minister des Innern, Gen. Generaloberst Dickel, hinsichtlich der verfügten Einreisesperre gegen ihren Sohn Peter.

Entsprechend der Dienstanweisung 6/75 Ziff.3.5. des Genossen Minister wird gebeten, eine vom Leiter der Bezirksverwaltung oder dessen Stellvertreter bestätigte Entscheidung herbeizuführen. Bei der weiteren Aufrechterhaltung der Reisesperre sind die Gründe mitzuteilen, die dem MdI zur Beantwortung der Eingabe übermittelt werden können.

Wir bitten um Mitteilung an die Abteilung Fahndung bis zum 25.10.1976, um die gesetzlich festgelegte Frist der Eingabenbearbeitung einzuhalten.

Anlage: 1 Abschrift der Eingabe

Dr. Heyer
Oberstleutnant

767

Ministerrat
der Deutschen Demokratischen Republik
Ministerium für Staatssicherheit
Zentrale Koordinierungsgruppe
Leiter

Berlin, 3. Nov. 1976
ZKG/Ltr./ 919 /76

1 ? NOV 1976
5739

PERSÖNLICH

Bezirksverwaltung
für Staatssicherheit
Stellvertreter Operativ
Genossen Oberst Henschel

R o s t o c k

Veränderung der Fahndung zu Dr. D ö b l e r , Peter

Der beantragten Veränderung der Fahndung zu Dr. D ö b l e r wird nach Prüfung durch die HA IX mit Ihrer Abt. IX nicht zugestimmt.

Nach Rücksprache mit Genossen Generalleutnant Beater wird empfohlen, den Dr. D ö b l e r bei erneuter Einreise unter Verstoß gegen das Transitabkommen der Untersuchungsabteilung zuzuführen, notwendige Prüfungshandlungen und in deren Ergebnis Sanktionen durchzuführen.

Anlage
Antrag Dr. Döbler
auf Veränderung der
Fahndung

Woythe
Oberst

Material Dr. Döbler bis zum 30.11.76 [illegible] u. [illegible]

[illegible]
26.11.76

Auszug aus der Presse

Bilka-Knacker machten Picknick im Kaufhaus

Kohlrouladen vor dem großen Coup

Von WOLF-PETER ENKE und ULF SCHNEIDER

Berlin, 3. August

Einen perfekt geplanten Einbruch in das Kaufhaus bilka in der Hauptstraße (Schöneberg) verübten Unbekannte am Wochenende. Bei dem größten Kaufhauseinbruch seit dem 28. Mai 1965 — damals hatten Günter Paschel und Udo Herndl am Tage des Besuchs der englischen Königin in Berlin das Kaufhaus Hertie in der Wilmersdorfer Straße um 470 000 Mark Lohngelder „erleichtert". — erbeuteten Unbekannte aus zwei Stahlschränken rund 130 000 Mark.

Wie die „Hertie-Knacker" ließen sie sich Zeit: Die Unbekannten — die Kripo vermutet, daß es drei Täter waren — kochten sich vor der Tat Kaffee und machten sich Kohlrouladen warm. Die Tatzeit steht bisher noch nicht fest: Die Einbrecher hatten von Sonnabend 14 Uhr bis zur Entdeckung der Tat am Sonntag um 23.30 Uhr Zeit für ihr „Unternehmen".

Fortsetzung Seite 2

Ein froher Tag beginnt mit florex Feinfrottier

Dienstag, 3. August 1971 – 20 Pf

Nr. 177/32. W. • BERLIN-AUSGABE • C 8534 A ***

Bild

BERLIN

UNABHÄNGIG · ÜBERPARTEILICH

Deutsche Sporthilfe · Noch 389 Tage · OLYMPIA 1972 · Postscheck Frankfurt 620

Arzt schwamm 45 km in die Freiheit

Das ist länger als eine Kanalüberquerung. Und niemand begleitete ihn während der 24 Stunden – nur die Angst.

Von RAINER GRABOWSKI

Hamburg, 3. August

45 Kilometer schwamm ein Arzt aus der Zone durch die Ostsee, um endlich in der Freiheit leben zu können!

Während der 24 Stunden langen Flucht von Rostock in Richtung Fehmarn war der 31jährige Dr. Peter D. ganz allein. Ihn begleitete nur die Angst, von den Zonen-Grenzern gestellt zu werden oder zu ertrinken.

Der Junggeselle, der mit einem [illegible] bekleidet war, schaffte es: kurz vor der Ostsee-Insel wurde er von einem Jachteigner aus Hildesheim gesichtet und an Bord genommen.

Der erste Wunsch des Akademikers: Ich habe Durst. Hätten Sie bitte eine Brause für mich?

Obwohl er Tag und Nacht geschwommen war, zeigte der Arzt nach Aussagen des Jachtbesitzers kaum Spuren von Erschöpfung.

Denn: Dr. Peter D. hatte seine Flucht gut vorbereitet. Zwei Jahre lang schwamm er vorwiegend nachts in der Ostsee. Er unterbrach sein Training auch dann nicht, wenn der Sturm die See aufwühlte.

Als der Junggeselle sich den Fluchtstrapazen gewachsen fühlte, stieg er nachmittags an der mecklenburgischen Küste in die Ostsee.

Seinen Proviant trug er in einer Plastiktüte bei sich. Selbst gegen die Folgen von geschlucktem Seewasser [illegible]. Er nahm Spezialtabletten mit.

Die große Gefahr sah der Arzt jedoch darin, daß er durch die anstrengende Tour mit den Schwimmflossen Wadenkrämpfe bekommen könne. Aus diesem Grunde legte er immer wieder Pausen ein, während der er seine Füße in einen aufblasbaren Kinder-Gummiring steckte.

Dr. Peter D. nach seiner Marathon-Schwimmtour: Alle Einzelheiten hatte ich vorher genau überlegt und mein Schwimmtraining auf rein medizinisches Wissen aufgebaut. Sonst hätte ich die Strapazen und natürlich auch die seelischen Ängste nicht überstanden.

Der Mann, der mit seinem Fluchtweg die Ärmel-Kanal-Schwimmer um Längen geschlagen hat, konnte seit Jahren nur einen Gedanken: Du mußt nach drüben.

In seiner Vorsicht entschied er sich darum ganz bewußt für die lange Strecke von Rostock nach Fehmarn. Der Doktor: Der kürzere Fluchtweg nach Travemünde wird von den Zonen-Grenzern zu gut bewacht. Dort hätten sie mich leichter schnappen können.

Mit dem Jachteigner, der ihn südostwärts vom Leuchtfeuer Staberhuk (auf Fehmarn) auffischte, schloß der Arzt schnell Freundschaft: Er bekam einen warmen Trainingsanzug, ein Paar Gummistiefel und einen Fünf[illegible].

Nachdem er an Land war, versprach der Flüchtling: Das Geld gebe ich Ihnen bald wieder. Ich hoffe, daß ich hier schnell Fuß fassen werde.

Der Arzt wurde von Verwandten in Kiel aufgenommen. Er möchte in Schleswig-Holstein leben.

DÄNEMARK · FEHMARN · Leuchtfeuer Staberhuk · Rostock · Wismar · Lübeck · ZONE

24 Stunden schwamm der Arzt von Rostock nach Fehmarn (gestrichelte Linie)

Rückstart zur Erde geglückt

Auf dem Mond sagt man GUTEN MORGEN auf deutsch

sad. Houston, 3. August

3 — 2 — 1 — 0. Doch erst nach bangen Sekunden bei Millionen Fernsehzuschauern stieg „Apollo 15" gestern um 18.11 Uhr MEZ wie von Geisterhand gehoben tatsächlich von der Mondoberfläche auf!

So sauber wie der Start war, koppelte das Mondboot um 20.09 Uhr auch an die Kommando-Kapsel.

Doch die Apollo-Astronauten haben den Versuch, die Mondfähre abzutrennen und auf Kollisionskurs zum Mond zu schicken, gegen Mitternacht nicht verwirklichen können. Überraschend hatte sich ergeben, daß die Lukenabdichtung zum Tunnel offenbar nicht perfekt ist. Damit verschob sich das Abstoßen der Fähre um rund zwei Stunden — einen Mondumlauf.

Ein bißchen Heimweh hatte Kommandant Scott beim letzten Weckruf von Houston mit einer deutschen Antwort verraten:

„[illegible] geht's."

Scott war als US-Luftwaffenoffizier auch einmal in Deutschland.

Lesen Sie weiter auf Seite 4.

Deutsche Urlauber verjagen Contergan-Kinder vom Strand

Fürs Herz gibt es keinen Platz an der Sonne

Von H. GEHLEN, H. W. LENHARD und H. [illegible] (sod)

Köln/Montpellier, 3. August

Millionen machen Urlaub — doch einige Menschen scheinen ihr Herz zu Hause gelassen zu haben.

● **In Bibione an der italienischen Adria boykottierten deutsche Touristen 18 Contergan-Kinder. So lange, bis der Hotelbesitzer sich entschloß, den nächsten 36 Contergan-Kindern die Tür zu weisen.**

● **In Palavas-les-Flots (Frankreich) verhinderten Urlauber eine halbe Stunde lang, daß ein Rettungshubschrauber eine leblose Schwimmerin ins Krankenhaus bringen konnte.**

200 Contergan-Kinder hatten sich schon lange auf ihren Urlaub in Italien gefreut. Sie hatten gehofft, daß sie dort nicht nur neugierig begafft, sondern so behandelt werden wie andere Kinder auch. Doch für die erste Gruppe von 18 Contergan-Kindern wurde der Urlaub eine bittere Enttäuschung.

Drei Wochen lang wurden sie von den anderen Hotelgästen gemieden. Eltern verboten ihren Söhnen und Töchtern, mit den Contergan-Kindern am Strand zu spielen. Einige kamen erst zum Essen, wenn die Kinder wieder fort waren.

Jetzt kündigte der Besitzer des Hotels in Bibione [illegible] seinen Vertrag mit einem Kölner Reiseunternehmen, obwohl noch zwei weitere Gruppen von jeweils 18 geschädigten Kindern bei ihm untergebracht werden sollten.

Fast zur gleichen Zeit hätte Herzlosigkeit im Urlaub beinahe das Leben der 20jährigen Josette Tremolieres gekostet. Sie war beim Baden am Strand von Palavas-les-Flots untergegangen. Ein Bademeister zog sie an Land und nahm sofort Mund-zu-Mund-Beatmung vor. Doch das Herz des Mädchens drohte zu versagen. Deshalb forderte er einen Rettungshubschrauber aus Montpellier an.

Eine halbe Stunde lang hinderten jedoch Touristen den Helikopter an der Landung. Sie waren gerade beim Picknick und fürchteten, der Wind der Rotorblätter könne ihr Essen und ihre Sonnenschirme wegwehen.

Gendarmen, die schließlich mit Gewalt einen Landeplatz frei machten, berichten: Das Mädchen drohte zu sterben, aber die Leute beschimpften uns nur.

Buchstäblich in letzter Sekunde konnte Josette Tremolieres im Krankenhaus gerettet werden.

Peking in die UN? USA sagt JA

Washington, 3. 8.

Wenn für National-China keine Nachteile entstehen, ist die US-Regierung bereit, jetzt für die Aufnahme Rotchinas in die UNO zu stimmen. Um über die Beziehungen Peking—Washington zu beraten, trafen sich die Ostblock-KP-Chefs auf der Krim.

Kein Stahl mehr aus der Zone

Berlin, 3. August

Die Bundesrepublik hat ab sofort alle Stahlimporte aus der „DDR" gestoppt. Grund: In der letzten Woche hat der Zoll auf drei Frachtschiffen festgestellt, daß die Stahllieferungen nicht aus der „DDR", sondern aus anderen Ostblockstaaten stammten.

„SOS" in den Sand getreten

SAD **Juneau** (Alaska), 3. August

Ein 23jähriger Amerikaner, der mit seinem Flugboot in Alaska notlanden mußte, trat mit Fußabdrücken „SOS" in den Sand eines Flußufers. Ein Flugzeugpilot entdeckte das Signal und rettete den Mann. Er war seit 38 Tagen durch die Einöde geirrt.

Hier sitzt der Charcoal-Filter

Endlich ein Cigarillo mit Filter!

tabatip leicht jung modern

FILTER-CIGARILLOS

10 Stück DM 1,40

Winkel und Sterne — das haben wir gerne

Tarnkappe auf dem Kopf, Pistole in der Hand, Militärabzeichen auf der Badehose — und oben ohne alles: Das ist der neue Strandanzug, in dem englische Mädchen ihre friedlichen Spiele im Bad treiben. So viel Charme entwaffnet jeden Mann. Und sogar ausgesprochene Kriegsgegner machen diesen „Kleinkrieg" gern mit. Denn Winkel und Sterne haben alle gerne, und jeder weiß: Natürlich sind die Waffen nicht geladen.

Offene Feindschaft zwischen Duzfreunden Strauß und Ehmke

Der „Krieg" wird per Fernschreiben geführt

raw. **Bonn, 3. August**

CSU-Chef Strauß und Kanzleramtsminister Ehmke — sonst Duzfreunde — sind sich wegen der Veröffentlichung von Geheimpapieren über die Berlin-Verhandlungen in die Haare geraten. Strauß zu Ehmke: „Sie sind fehl am Platz." Ehmke zu Strauß: „Rüpelhafter Ton."

Hintergrund: Der „SPIEGEL" hatte in seiner jüngsten Ausgabe berichtet, Bruno Bandulet, bis vor kurzem außenpolitischer Mitarbeiter des „Bayernkurier", jetzt „Quick"-Redakteur, habe die Dokumente herausgeschafft. Sein Lieferant sei, so vermutet das Kanzleramt, der Herausgeber des „Bayernkurier", CSU-Chef Franz Josef Strauß.

Darüber kam es zu einem regelrechten „Fernschreibkrieg". Strauß an Ehmke:

„Das Ganze ist ein typischer Fall von Brunnenvergiftung, der sich offensichtlich gewisse Kreise zum Schutz ihrer Ostpolitik bedienen müssen. Sie (Ehmke) wissen ganz genau, daß ich mit diesen Vorgängen n i c h t s zu tun habe. Wenn Sie es nicht wissen, sind Sie fehl am Platz."

Ehmke antwortete fernschriftlich:

„Ich will trotz des rüpelhaften Tones Ihres Fernschreibens antworten. Die in Bonn kursierenden Gerüchte, die natürlich auch dem Kanzleramt zu Ohren gekommen sind, bedürfen keines Kommentars meinerseits. Es wäre der natürliche Weg, wenn Sie (Strauß) von sich aus den Gerüchten entgegentreten würden. Das gäbe Ihnen gleichzeitig Gelegenheit, sich von Machenschaften zu distanzieren, die unserem Staat Schaden zufügen."

Strauß erwiderte fernschriftlich: „Sie drücken sich um jede klare Antwort. Das bestärkt meine Vermutung, daß das Kanzleramt in sattsam bekannter Methode im Trüben zu fischen sucht."

Ehmke tickerte zurück: „Sie wollen offenbar nicht Klarheit schaffen."

Fortsetzung (des Fernschreibverkehrs) möglich.

Strauß hat sich sowohl gerichtliche Schritte als auch eine parlamentarische Aktion zur Klärung der Anschuldigungen vorbehalten.

Die Bonner Staatsanwaltschaft prüft inzwischen, ob im Zusammenhang mit der Veröffentlichung der Geheimpapiere strafbare Handlungen begangen seien.

Nach einem Bericht der „New York Times" haben die Sowjets angedeutet, sie würden eingreifen, falls Ost-Berlin eine mögliche Verantwortung auf den Zugangswegen nach Berlin zu Schikanen ausnutzen würde.

Kanzleramtsminister Ehmke

CSU-Chef Franz Josef Strauß

Ein Stückchen Frühling auf der Zunge

atemgold mit Vitamin C

Sie wagten alles für die
FREIHEIT

Über 30 Stunden schwamm der Arzt Peter Döbler (31) mutterseelenallein durch die Ostsee. Mehrmals litt der DDR-Flüchtling auf der 48 Kilometer langen Strecke an Wadenkrämpfen – doch er erreichte sein Ziel

Der Arzt, der 30 Stunden durch die Ostsee schwamm: „Ich nahm Tabletten gegen meine Angst…"

Von einem Finnklipper wurde Peter Döbler kurz vor Fehmarn aus der Ostsee gezogen und gerettet

„Mutter, verzeih, ich bin in den Westen geflohen. Ich h… stock nicht mehr ausgehalten", schrieb der Arzt …

Brustkorb und mein Bauch waren mit insgesamt sieben Kilogramm Blei beschwert."

Diese Vorsichtsmaßnahme hätte dem Arzt aber auch leicht zum Verhängnis werden können. Zwischen Warnemünde und Kühlungsborn hat die DDR-Marine einen dichten Sperrkordon gezogen. Schnellboote fahren hier bei Tag und Nacht die Drei-Meilen-Zone entlang. Sie sind mit hochempfindlichen Radar- und Ortungsgeräten ausgerüstet. Sie signalisieren sogar einen im Wasser schwimmenden Ring, für sie waren die Bleigewichte am Körper des flüchtenden Arztes so deutlich wie Leuchtsignale zu erkennen.

Peter Döbler aber hatte Glück. Er kam unentdeckt durch diese Hindernisse. Der Arzt wa… Wasserwüste der O… ste Mensch auf d… ternahm er dageg…

Seine Antwort: … keine Einsamkeit… sen. Natürlich h… Ziel vielleicht n… natürlich stellte… Stunden auch o… Einsatz nicht z…

Am Tage seiner … Ostsee bei Kühlungsborn 16 Grad, der Wind kam von Südsüdost. Durst begann ihn zu quälen. Peter Döbler hatte sich aber auch darauf eingestellt. Er sagte: „Den Hunger und die Angst bekämpfte ich mit Obesin-Tabletten. Die haben die angenehme Wirkung, daß sie mich in Hoch-

Peter Döbler sprach in Detmold

Flucht in die Bundesrepublik

Gefährlicher Alleingang durch die Ostsee

Detmold (ali). Die Zerrissenheit des Menschen zwischen Befehl und Gewissen, die Paradoxie eines Systems, das den Sozialismus predigt und dessen Funktionäre einen Mercedes fahren, schilderte Peter Döbler, ein DDR-Flüchtling, den Angehörigen der Landsmannschaft Mecklenburg, auf einer Sitzung im „Lippischen Hof".

Am 25. Juli 1971 setzte der 32-jährige seinen riskanten Plan durch die Ostsee in die Bundesrepublik zu fliehen, in die Tat um. Ein Jahr gründlichster Vorbereitung war vorausgegangen, ein Jahr genauen Studiums der Grenzpostenstellungen, ein Jahr harten Schwimmtrainings, ein Jahr seelischer Vorbereitung. Ein Jahr, um eigentlich etwas ganz Normales zu tun, um von einem Land in ein anderes zu gehen, oder besser von einem Deutschland in das andere.

48 Kilometer hatte Peter Döbler durch die Ostsee zurückzulegen, beleuchtet von den Suchscheinwerfern, der Grenzposten, stetig in der Gefahr von einem patroullierenden Küstenbbot aufgegriffen zu werden.

Die Gründe, die Peter Döbler zu seiner lebensgefährlichen Flucht veranlaßt hatten, umriß er in seinem Vortrag: „Dreieinhalb Jahre suchte ich in der DDR eine Wohnung, mein Studium konnte ich nur unter größten Schwierigkeiten abschließen, die Altersversorgung der Ärzte wurde in der DDR gestrichen, und in den letzten Jahren versuchte das System über die Ärzte, die Patienten zu beeinflussen."

Die Verhältnisse in der Bundesrepublik scheinen ihn nicht enttäuscht zu haben. „Auch hier ist nicht alles Gold was glänzt", erklärte Peter Döbler. „Demokratie ist jedoch nur gewährleistet, wenn man ständig um sie kämpft. Freiheit sollte so viel wie möglich gewährt und Ordnung so viel wie notwendig gehalten werden."

Peter Döbler während seines Vortrages im Lippischen Hof.

East German Doctor Peter Doebler, 31, swam the Baltic Sea for 24 hours before a West German yacht picked him up about 28 miles from the port of Rostock, East Germany. The marathon swimmer trained for two years before trying to escape East Germany. (AP Wirephoto)

…flüchteter Arzt erhielt Anstellung

…seit gestern im Kieler Krankenhaus – Spontane Hilfe für den 31jährigen Flüchtling

Kiel (lno). **Eine sichere Existenz und ein ansehnliches Startgeld sind dem 31jährigen Rostocker Arzt Peter Döbler sicher, der durch eine abenteuerliche Flucht über die Ostsee in den Westen gelangte. Die Gesundheitsabteilung des schleswig-holsteinischen Sozialministeriums hat ihm die Erlaubnis erteilt, sich vorübergehend ärztlich zu betätigen.**

Daraufhin hat Döbler nach eigenen Angaben gestern eine Anstellung in einem Kieler Krankenhaus gefunden. Für das Opprobationsverfahren ist allerdings noch die Beschaffung von Unterlagen notwendig.

Eine Illustrierte hat dem 31jährigen die Geschichte seiner waghalsigen Flucht zu einem fünfstelligen Betrag exklusiv abgekauft.

Die Flucht des jungen Arztes war erst am Montagabend bekannt geworden. Nach zweijähriger harter Vorbereitungszeit — ohne jemandem etwas von seinem Plan zu verraten — war der Chirurg, der seit mehreren Jahren im Rostocker Südstadt-Krankenhaus beschäftigt war, am Nachmittag des 24. Juli am Mecklenburger Strand in die Ostsee gestiegen. Mit einem Gummianzug zum Schutz gegen Unterkühlung bekleidet, Schwimmflossen, Schnorchel sowie einigen Tafeln Schokolade und mehreren Medikamenten legte er in 24 Stunden die 45 Kilometer lange Strecke bis zur Insel Fehmarn zurück. Am 25. Juli wurde der kühne Schwimmer von einer vor Fehmarn kreuzenden Hildesheimer Jacht an Bord genommen.

Die Bootsbesitzer statteten den in gutem körperlichen Zustand befindlichen Arzt mit warmer Bekleidung aus und überreichten ihm 50 Mark für erste Anschaffungen im Westen. Von Fehmarn, wo Döbler die Behörden um politisches Asyl ersuchte, gelangte er nach kurzem Aufenthalt in Lübeck am nächsten Tag nach Kiel, wo Bekannte bereits auf ihn warteten. Als diese ihn auf dem Kieler Bahnhof abholten, hatte er sich gerade von seinem ersten Geld Bananen gekauft, auf die er, wie er sagte, schon lange Zeit Heißhunger verspürt hatte.

Zwei Tage verbrachte er im Notaufnahmelager Gießen, ehe er am Donnerstag nach Kiel zurückkehrte, um hier im Kreise seiner Bekannten seinen 31. Geburtstag zu feiern.

Tödlich verunglückt

Pinneberg (lno). **Ein fünfjähriges Mädchen aus Appen-Etz und ein zweijähriger Junge aus Egenbüttel (Kreis Pinneberg) sind nach Mitteilung der Polizei am Montag beim Spielen tödlich verunglückt.**

Das Mädchen stürzte in einen rund 400 Quadratmeter großen, aber nur etwa 80 Zentimeter tiefen Teich und ertrank. Vermutlich hatte das Kind an dem Gewässer gespielt und war dabei vom Ufer abgerutscht.

Beim Spielen an einer Schaukel …t sich der zwei Jahre alte Junge …mutlich selbst stranguliert. Nach …aben der Polizei war der Junge …dem Kopf in eine der Seiten…ten geraten, die das Sitzbrett … In die Ermittlungen nach …ücksursachen hat sich die …er Kriminalpolizei einge-

…rkte

…n ohne Gewähr.

…om 1. August

…–240, C (100 bis

deutschen Eiern nach wie vor reichlich. Auf Grund der rückläufigen Erzeugung wird angenommen, daß die gegenwärtige Preisschwäche nicht lange anhält. Bei Abgabe an den Großhandel erzielten die einheimischen Erzeuger für unsortierte mittelschwere Eier durchschnittlich 10,65 Pfennig.

Viehmärkte der Woche

Auf dem Zuchtviehmarkt im Bereich der Landwirtschaftskammer Weser-Ems zeigten die Preise in der vergangenen

Flucht: Rostocker Arzt schwamm in 25 Stunden 48 Kilometer

Zeichnung: Theodor Schmulke

Ausweg — aber nur für Sportler

Was sonst als Energieleistung eines Athleten in knappen Worten im Sportteil der Zeitungen verzeichnet worden wäre, war für den Rostocker Mediziner Peter Döbler eine Flucht auf Leben und Tod. Angesichts der fast unüberwindlichen Zonengrenze war sein Fluchtweg der einzige, der ein Gelingen versprach. Vermutlich wird die „DDR" mit verstärkten Kontrollen auf die zunehmende Flucht ihrer Bürger über das Meer reagieren. Lenins Wort von der „Abstimmung mit den Füßen" — das einst für kriegsmüde Muschiks galt — bekommt eine neue Bedeutung.

Foto: José Rodriguez, „Woche aktuell"

Training und Planung bahnten den nassen Weg in die Freiheit

Die zunehmend verschärften Überwachungsmaßnahmen der „DDR-Sicherheitsorgane" entlang der Zonengrenze zwingen Mitteldeutsche, die in die Bundesrepublik fliehen wollen, zu immer gewagteren Unternehmen. Bisher einmalig ist jedoch die Flucht des jungen Rostocker Mediziners Peter Döbler, die jetzt erst bekannt wurde. „Ich mußte, ich wollte . . . entweder schaffe ich es, oder ich gehe unter" war das Motto des „Republikflüchtlings". Sein nächstes Ziel: Die von der SED vereitelte Promotion an einer Universität der Bundesrepublik nachholen.

Von MANFRED R. BEER
z. Zt. Burg auf Fehmarn

Als der Rostocker Chirurg Peter Döbler, gerade 31 Jahre alt, einen Kilometer vor der Südküste Fehmarns an Bord der Segeljacht des Hildesheimer Urlaubers Bruhn gehievt wurde, machte er einen frischen Eindruck. Dies war erstaunlich, denn der mitteldeutsche Arzt hatte, um von Mecklenburg aus an ein bundesdeutsches Gestade zu gelangen, beinahe einen Europarekord im Dauerschwimmen aufgestellt. Er übertrumpfte sogar die Kanalschwimmer, die von Calais bis Dover 40,7 Kilometer zu bewältigen haben: Zonenflüchtling Döbler aber legte 48 Kilometer zurück, und er war mehr als 25 Stunden im Wasser der Ostsee.

Bisher kamen Bürger der „DDR" mit selbstgefertigten Mini-U-Booten über See in den Westen, sie ruderten auf Luftmatratzen, oder sie klammerten sich ganz einfach an Autoreifen fest. Der Flüchtling Peter Döbler aber verzichtete auf solch „technisches Beiwerk"; er trug lediglich einen Schwimmanzug aus Gummi mit Flossen an Händen und Füßen, darunter einen Pullover, lange Unterhosen. Und unter dem Sweater hatte er sein einziges Fluchtgepäck, das er heute, wo das Abenteuer überstanden ist, als wichtigstes Requisit bezeichnet, das er über See in die Bundesrepublik retten konnte: das Diplom seines medizinischen Staatsexamens.

Döbler, 1,80 m groß und blond, ist Rostocker. Schon als Kind war er ein begeisterter Schwimmer. Er kennt die mecklenburgische Küste wie seine „eigene Hosentasche". Lange Schwimmtouren brachten ihm den Respekt seiner Kollegen im Rostocker Bezirkskrankenhaus ein. Er war FDJ-Mitglied, aber der SED stand er kritisch gegenüber. Er weigerte sich, ihr Mitglied zu werden — ein Umstand, der seine Karriere negativ beeinflußte. Seine der Partei ergebenen Kollegen konnten längst promovieren. Döbler aber, der von den Patienten und Vorgesetzten im Rostokker Bezirkskrankenhaus als ausgezeichneter Arzt geschätzt wurde und der seine letzte Staatsprüfung mit dem Prädikat „gut" bestanden hatte, mußte warten. Darüber zerbrach seine Ehe. Seit einem Jahr ist er geschieden.

Sicherheit im längeren Weg

„Was hielt mich noch in Rostock — ich hatte kein Ziel vor Augen." Seit einigen Jahren schon registrierte der plattdeutschsprechende Mann „politische Schwierigkeiten". Die allgemeine Devise „Die Partei hat immer recht" konnte und wollte er nicht akzeptieren. So entschloß er sich zur Flucht.

Mit Akribie bereitete er sie vor. Die Landgrenze mit ihren Sperrzonen und Minenfeldern schien ihm unüberwindlich zu sein, ebenso die viel kürzere Flucht über die See an die ostholsteinische Küste. So wählte er den längsten Weg, den es von Rostock an ein westdeutsches Ufer gab: Er wollte von der mecklenburgischen Küste direkt bis nach der größten Insel der Bundesrepublik schwimmen, nach Fehmarn.

Döbler studierte die Strömungsverhältnisse der Ostsee, er verschaffte sich Seekarten, er trainierte mit einem Kompaß; er machte — und das war nicht schwer für ihn — die Position der in See liegenden Wachtboote der „Volksmarine" aus. Und: Er wartete auf gutes Wetter und nicht allzu niedrige Temperaturen.

Am Nachmittag des 24. Juli schien alles klar zu sein. Feuchte Schwüle lastete über der mecklenburgischen Küste, 18 Grad im Wasser wurden gemessen. Der Rostocker Arzt hatte sich nach Kühlungsborn begeben, dem alten berühmten Seebadeort unweit von Rostock. Hier „stach" er in See. Verabschiedet hatte er sich von keinem, auch von seiner Mutter nicht. Sentimentalitäten wären schlecht am Platze gewesen, sagt er heute: „Ich mußte, ich wollte . . . entweder schaffe ich es, oder ich gehe unter."

Der Arzt Döbler ist nicht untergegangen. Er schwamm dahin, er hatte, um knapp unter der Wasseroberfläche zu bleiben, wenn Gefahr von einem Wachtboot drohte, sich sieben Kilogramm Blei umgeschnallt. Nur der Schnorchel war dann zu sehen.

In einem kleinen Plastikbeutel befand sich Proviant. Gegen eventuell eintretende Krämpfe in den Beinen hatte der Fluchtschwimmer einen kleinen bunten Gummiring bei sich; ab und zu blies er ihn auf, um sich zu entspannen.

Sein Kurs ging zuerst nach Norden. Etwa 15 Kilometer von der Küste entfernt — schon außerhalb der Dreimeilenzone —, scherte der Fluchtschwimmer westwärts ein: Kurs Fehmarn. In der Nacht wurde der Seegang [illegible] [illegible] Arzt Tabletten ein — mit Meerwasser. Er wußte, daß der Salzgehalt der Ostsee sich zusehends verringert, je weiter man westwärts kommt. Dennoch plagte ihn großer Durst.

Auf seinem Kompaß, den er an Stelle einer Uhr am Armgelenk trug, konnte sich Döbler genau verlassen. Fehmarn war schon in Sicht, die Freiheit also nahe. Doch da kam die große Krise. Zehn Stunden lang kam er nicht vorwärts. Ein Gewitter hatte eingesetzt, die See quirlte, die Wellen schlugen hoch.

Doch dann kam, am zweiten Tag dieser waghalsigen Flucht, endlich wieder ruhiges Wetter. Knapp vor Staberhuk (siehe Karte) fischte ein Hildesheimer Segler den tollkühnen Schwimmer aus dem Meer. 48 Kilometer waren zurückgelegt, das Fluchtziel Fehrmarn endlich erreicht.

Das sei einfach unmöglich, 25 Stunden lang zu schwimmen, meinten mißtrauische Beamte des Bundesgrenzschutzes und der Wasserschutzpolizei, die den jungen Arzt aus Rostock in Empfang nahmen. „Wenn Sie wollen", entgegnete etwas gekränkt Peter Döbler, „dann schwimme ich jetzt noch einmal zwanzig Kilometer — aber nur nicht ostwärts."

Jetzt schnell promovieren — das ist das Ziel des waghalsigen Schwimmers, der übrigens einige Jahre als Arzt auf einem „DDR"-Schiff fuhr. In Kiel hat Döbler Verwandte. Und er möchte sich an der Küste Norddeutschlands niederlassen, an der Waterkant, gegenüber seiner mecklenburgischen Heimat, die er auf Nimmerwiedersehen verlassen hat.

Sekundenschnelle entladen konnte. Irgendwelche Formulare unterzeichnen und sich dem System anpassen, bevor er ihn änderte? Undenkbar. Das wollte er nicht. Er wollte etwas anderes. Vielleicht war es ein wenig verrückt, aber es fühlte sich gut an. Er wollte die Zusage zur Bauchchirurgie oder die Kündigung.

»Können Sie das bitte nochmal wiederholen, Döbler?«, forderte Professor Martin ihn in einem leicht belustigten Ton auf.

»Ich brauche jetzt Ihre Zusage, eine Garantie, dass ich in absehbarer Zeit auf die Bauchchirurgie wechseln kann, um meine Ausbildung innerhalb der vorgegebenen Zeit beenden zu können. Anderenfalls muss ich demnächst kündigen.«

Doch statt verschreckt zu reagieren, blieb Martin entspannt sitzen und setzte sein mitleidiges Lächeln auf. Nur zu genau wusste der Professor, dass es in der DDR nicht möglich war, den Arbeitsplatz ohne Zustimmung des Bezirksarztes zu wechseln. Der war ebenfalls Genosse und dem Staatsapparat verpflichtet. Ein Anruf vom Professor hätte genügt, um Peter nach seiner Kündigung für immer auf der Straße zu setzen.

»Wir brauchen nicht nur fabelhafte Ärzte, was Sie zweifelsohne sind, Döbler, wir benötigen auch solche, die den Sozialismus verteidigen. Denken Sie mal darüber nach.«

Professor Martin verkaufte sozialistische Werte und Überzeugungen. Nicht nur für das Bezirkskrankenhaus Rostock-Südstadt, sondern für das Vaterland. Doch er konnte nur helfen, wenn Döbler bald auch kaufte. Doch der wollte nicht und schwieg.

Martin griff sich den Telefonhörer und wählte die Nummer der Verwaltung. Es meldete sich eine Frauenstimme am anderen Ende der Leitung.

»Verwaltung Greta Sinnflut. Was kann ich für Sie tun?«

»Professor Martin hier. Bringen Sie mir den Arbeitsvertrag von Peter Döbler in mein Zimmer.«

Peter erschrak und leckte über seine trockenen Lippen. Er hatte zu hoch gepokert! Zu viel in kurzer Zeit gewollt! Wartete nun schon die

Malerkarriere auf ihn? Andererseits hatte er durch die unmittelbar bevorstehende fristlose Kündigung nun Gewissheit, dass er in seiner Vermutung richtig lag und hier nie seine Ausbildung zum Facharzt würde beenden können. Dennoch, oder gerade deswegen, fühlte er sich momentan wie ein Todeskandidat, der den Kräften der Krankenhausführung ausgeliefert auf seinen Henker wartete.

Dann riss Martins Sekretärin, Ruth Peperkorn, die Tür auf und überreichte ihrem Chef den dreiseitigen Arbeitsvertrag. Martin blätterte zur zweiten Seite und reichte ihn Peter.

»Lesen Sie bitte den Paragraphen 3, Absatz 1 laut und deutlich vor«, forderte er ihn auf.

Peter tat, wie ihm sein Henker aufgetragen hatte, und begann laut vorzulesen:

»Paragraph 3, Absatz 1

1) Mit der Aufnahme der Tätigkeit im staatlichen Gesundheits- und Sozialwesen ergeben sich für Herrn Döbler insbesondere folgende Pflichten:
- *a) die Beschlüsse der Partei der Arbeiterklasse, die gesetzlichen Bestimmungen und die erteilten Weisungen konsequent zu verwirklichen,*
- *b) die sozialistische Gemeinschaftsarbeit und gegenseitige Hilfe zu achten und zu fördern, die fortgeschrittensten Erkenntnisse und Erfahrungen der Wissenschaft und Praxis zu studieren, anzuwenden und zu verbreiten, den wissenschaftlich-technischen Höchststand durchzusetzen und das Neue zu fördern,*
- *c) die übertragenden Arbeitsaufgaben in hohem Verantwortungsbewusstsein gegenüber der Deutschen Demokratischen Republik in hoher Qualität zuverlässig, ordnungs- und fristgemäß zu erfüllen und sich ständig fortzubilden,*
- *d) die Verbindung zu den Bürgern ständig zu festigen, ihnen die sozialistische Gesundheitspolitik unseres Staates zu erläutern, ihre Wünsche und*

Bedürfnisse zu beachten, die Bürger zur Mitarbeit zu gewinnen und sie zur gesunden Lebensführung anzuhalten,

e) *das sozialistische Eigentum zweckmäßig zu verwenden und es vor Beschädigung und Verlust zu schützen, die Bestimmungen über den Gesundheits- und Arbeitsschutz sowie Brandschutz einzuhalten.«*

»Das reicht, Döbler! Das sollte Ihnen hoffentlich reichen«, unterbrach der Professor den vortragenden *Assistenzarzt in Facharztausbildung*, der den Arbeitsvertrag zurück auf den Schreibtisch legte. »Haben Sie nun verstanden, was es heißt, hier bei uns als Arzt tätig zu sein?« Und ohne eine Antwort abzuwarten, streckte er ihm die Hand entgegen.

»Wir sehen uns in drei Monaten!«

ZWEITER TEIL

Gib nie etwas auf, an das du jeden Tag
denken musst.

13

Die Amseln sangen schon den ganzen Tag, als Peter mittags aus seinem Bett kroch. Heute war sein freier Tag, doch geschlafen hatte er nur wenig. Wachgehalten hatte ihn Professor Martins selbstverliebtes Lächeln. Peter hatte immer an die DDR und das sozialistische Kollektiv geglaubt, wie auch schon sein Vater. Doch nun verspürte er nur noch tiefe Enttäuschung darüber, wie sich die Staatsmacht, wie sich der Sozialismus und letztlich das Land entwickelte. Ja klar, in Leipzig und Ostberlin entstanden viele schöne neue Bauten, Kaufhäuser und Kaufhallen. Doch die Bewegungsfreiheit wurde weiter eingeschränkt. Auf der Ostsee durfte man in Rostock nur noch mit einer PM 18 segeln, einer befristeten Genehmigung zum Befahren der DDR-Hoheitsgewässer mit strengen Auflagen. Selbst das Benutzen einfacher Luftmatratzen und Schwimmringe waren am Strand verboten worden. Keiner sollte das »DDR-Paradies« verlassen können. Spätestens nach der letzten Begegnung mit Martin im Krankenhaus war Peter überzeugt, dass es bei der Diktatur des Proletariats bleiben würde. Denn die Menschen, die das DDR-Regime für das Erreichen seiner Ziele benötigte, gab es nicht. Er dachte an Rousseau, der gesagt hatte, die Freiheit des Menschen liege nicht darin zu tun, was er wolle, sondern nicht tun zu müssen, was er nicht wolle.

Peter riss das Fenster auf. Er brauchte frische Luft und ließ sich für einen Moment von zwei frechen Amseln ablenken, die sich versuchten, einander das Futter wegzunehmen. Dann ging er zur Toilette, wusch sich am Waschbecken spärlich Gesicht und Achselhöhlen, zog sich an und verließ mit zwei Scheiben Brot die Wohnung. Er wollte auf andere Gedanken kommen und ging zum Angeln an die Warnow. Doch Rousseaus Freiheitsbegriff ließ ihn nicht los. Er musste ihm weiter folgen. Für Peter bedeutete Freiheit, selbst über sein Leben entscheiden zu können. Doch hier schien sein ganzes Leben von der DDR verplant zu sein. Das war ihm zu viel Planwirtschaft. Fast schlimmer noch fühlte es sich an, eine von der Partei vorgegebene politische Meinung unreflektiert übernehmen und nach außen vertreten zu müssen. Das alles war für Peter nicht tragbar. Es fühlte sich falsch an. Warum nur konnte er mit seiner Meinung nicht einfach akzeptiert werden? Freiheit hieß, auch die Meinung des anderen zu akzeptieren. Denn die eine Wahrheit, wie vom Regime vorgegeben, gab es nicht. Die Kunst der Demokratie aber war es, für so viel Freiheit wie möglich und so viel Ordnung wie nötig zu sorgen. Auch könnte man sich einer absoluten Wahrheit nur nähern. Niemals erreichen.

Aus Peters morgendlicher Enttäuschung wurde blanke Verzweiflung. Und bis er 30 Minuten später an seinem Angelplatz bei der Herrenwiese angekommen war, traf er eine Entscheidung: Für die Freiheit. Für die Demokratie. Für den Westen.

Es konnte doch kein Zufall sein, dass er zurzeit Single war, allein in einem WG-Zimmer wohnte und niemandem Rechenschaft schuldig war. Das war kein Zufall, das war Schicksal. Eigentlich glaubte Peter nicht an Schicksal, denn damit würde das Ende feststehen. Er glaubte an die Zukunft, denn die war veränderlich. Und seine Zukunft bedeutete Flucht. Er würde es wie Achim und einige Arztkollegen versuchen und alles diesem Ziel unterordnen. Keine Frauengeschichten oder andere Verlockungen würden ihn aufhalten können. Es ging nur noch um das Wie, Wo und Wann.

* * *

Gerd warf seine halbgerauchte Zigarette auf den Boden, als er den Führungsoffizier vor der Haustür stehen sah. Er konnte sich nicht erinnern, dass sie heute einen Termin hatten, aber das hieß nichts, denn mit seinen Gedanken war er in letzter Zeit ausschließlich bei Ingrid. Seit ihrer Scheidung hatte er bereits viermal bei ihr übernachten können.

»Da sind Sie ja, Biber«, sprach der Führungsoffizier, als ihn Gerd endlich erreicht hatte. »Seien Sie nicht verwundert. Aber ich war gerade in der Nähe und dachte, ich schau' mal spontan vorbei. Wenn es passt.«

»Aber natürlich, Genosse Führungsoffizier«, erwiderte Gerd, beruhigt, keinen Termin verschwitzt zu haben. Dennoch beschlich ihn das Gefühl, dass der Besuch nicht ganz so spontan war wie behauptet. Er öffnete die Haustür und ging voraus. Er wollte Bruch seine Sportlichkeit demonstrieren und flog die Stufen hinauf.

In der Wohnung ohne Namensschild angekommen, ließ sich Bruch in den grünen Sessel fallen, Gerd setzte sich gegenüber auf die Couch. Er beobachte den Führungsoffizier, der in seiner braunen Ledertasche wühlte, bis er ein leeres DIN A4-Blatt fand. Es folgten der schwarze Füllfederhalter, eine Schachtel Club sowie eine Packung Streichhölzer, die er wie immer parallel zueinander auf den Tisch legte. Er lächelte zufrieden und begann dann leise:

»Was gibt es Neues, Genosse Biber?«

Gerd schaute ihn nachdenklich an. Er verstand die Frage nicht. Gäbe es etwas Neues, hätte er einen Verdächtigen ausfindig gemacht, hätte er einen entsprechenden Bericht verfasst und ihm umgehend zukommen lassen. Aber da war nichts gewesen in den letzten Wochen. Andererseits kannte er den Führungsoffizier bereits gut genug, um zu wissen, dass er nie ohne Grund Fragen stellte. Ihm wurde heiß und kalt unter Bruchs durchdringendem Blick. Doch er war sich keiner Schuld bewusst und antwortete:

»Nichts, was ich nicht schon in meinen Berichten notiert hätte.«

»So, so«, resümierte Bruch und zündete sich eine Club an. Nach einem genüsslichen ersten Zug stieß er den Rauch aus, der sich schnell im Raum verteilte.

»Also nichts, Biber?«, fragte er doppeldeutig und zog erneut genüsslich an der Zigarette.

Die Nachfrage ließ Gerd zusammenzucken. Er fuhr sich mit den Fingern durch die Haare und kratzte auf seiner Kopfhaut herum.

»Nein?«, entwich es kaum hörbar seinem Mund.

»Wie bitte?«

Gerd ließ von Haut und Haaren ab, schlug die Beine übereinander und verkrampfte sich zusehends.

»Nein.«

»So, so.« Wieder stieß Bruch den Rauch aus, verfolgte ihn dieses Mal aber, bis er sich komplett verflüchtigt hatte. Dann hielt er den Kopf schräg und fokussierte Gerd.

»Sie haben eine neue Freundin?«

Gerds Gedanken rasten. Er war erleichtert, dass er nichts verbrochen hatte, was den Führungsoffizier oder die gesamte SED gegen ihn hätte aufbringen können, doch andererseits war er schockiert, dass dem Ministerium anscheinend nichts verborgen blieb. Gerds Mund war trocken, er hätte gern etwas getrunken, doch er stellte die Beine auf den Fußboden und nickte.

»Ja, Genosse Führungsoffizier. Es ist zwar noch nicht ganz offiziell, aber es sieht gut aus.«

»Schön, schön«, bescheinigte ihm Bruch kurz und knapp, der natürlich auf etwas anderes hinauswollte. Dass Gerd und Ingrid ein Verhältnis hatten, wusste er bereits. Und er war nicht hier, um Altbekanntes zu hören. Er war hier, um Aufgaben zu verteilen.

»Sie wissen, dass Sie mir noch einen Gefallen schuldig sind?«, fragte Bruch.

Gerd fiel sofort die vorzeitige Entlassung Achims ein, die der Führungsoffizier auf sein Bitten und Flehen ermöglicht hatte, und nickte dementsprechend tief.

»Gut, gut.« Der Führungsoffizier drückte seine Zigarette im Aschenbecher aus. »Was ist mit dem Ex-Mann, diesem Arzt Peter Döbler? Wie nimmt er die Trennung auf, auch die von seinem kleinen Sohn Dirk? Was macht er, was denkt er, welche Pläne verfolgt er?«

Die wussten ja alles, dachte Gerd und durchlebte ein Wechselbad der Gefühle. *Selbst der Name des Jungen war ihnen geläufig*. Er wischte sich mit dem Unterarm über die Stirn. Langsam wurde ihm bewusst, mit wem er sich für seine Wohnung ins Bett gelegt hatte. Mit niemand Geringerem als dem Teufel persönlich.

»Ich mag ihn nicht besonders. Und Ingrid geht es nicht anders.«

»So schlimm? Aus heiterem Himmel? Einfach so?«

Gerd nickte.

»Was hat er denn angestellt?«

»Das ist eher so eine private Geschichte zwischen den beiden.«

»Aber Genosse Biber?« Bruch zog verwundert die Brauen hoch. »Wir sind eine Familie. Wir sind immer privat. Privat ist unser Geschäft«, referierte Bruch und band seine Krawatte ab, um Privatheit zu demonstrieren.

Dann bot er Gerd eine Zigarette an. Das hatte etwas Einfangendes und lud Gerd dazu ein, sich sämtlichen Frust von der Seele zu reden. Er redete davon, dass Peter schon immer privilegiert gewesen sei als Steuerberatersohn und das schon in der Schulzeit allen unter die Nase gerieben habe.

»Und als ihm nach dem Abitur das Medizinstudium verweigert wurde, starb sein Vater und er durfte doch studieren. – Und im großen Hörsaal habe er sich dann seinen Schwarm Ingrid gegriffen.«

Der Führungsoffizier war bemüht, seiner Überraschung über den plötzlichen Redefluss Herr zu werden und die wichtigsten Informationen festzuhalten.

»Und dann«, sprach sich Gerd in Rage, »das müssen Sie sich mal vorstellen, Genosse Führungsoffizier, schenkte sie ihm das größte aller Geschenke, ein Kind, einen Sohn, einen Stammhalter. Mein Gott, was hätte ich dafür gegeben, mit Ingrid ein Kind zu haben. Doch statt sich zu freuen, ließ der Scheißkerl sie einfach im Stich und fuhr stattdessen zur See. Nach Kanada, nach Amerika … Was für ein Idiot!«

Spätestens an diesem Punkt fühlte sich der Führungsoffizier in seiner Vermutung bestätigt. Doch der Aspekt mit Übersee war ihm nicht bekannt, er fragte nach, während er den Füllfederhalter mit Mittelfinger und Zeigefinger im Kreis drehen ließ.

»Peter Döbler war in Übersee?«

»Ja, in seiner Zeit als Schiffsarzt«, erwiderte Gerd. »Zwei oder drei Mal, denke ich.«

»Hat er dort Kontakte geknüpft?«

»Ich denke schon, Genosse Oberst. Ganz sicher.«

Schweigen.

Dann, nach einer zweiminütigen Pause, in der sich der Führungsoffizier eine weitere Club angezündet und die Schachtel zu Gerd rübergeschoben hatte, fuhr er fort:

»Die Menschen haben ein altes Sprichwort, das ich mir vor vielen Jahren zu eigen gemacht habe. ›*Sei deinen Freunden nah, doch deinen Feinden noch näher.*‹ Verstehen Sie? Bleiben Sie dran, Biber, denn dem Feind muss man nah sein.«

Das saß! Der Führungsoffizier konnte es am Gesichtsausdruck seines Gegenübers ablesen. Doch er ging noch weiter.

»Suchen Sie den Kontakt zu ihm, irgendwie. Glauben Sie mir, der *Scheißkerl*, wie Sie ihn bezeichnen, hat etwas vor. Jetzt, wo er Weib und Sohn in einer so niederträchtigen Art und Weise verlassen hat. Das habe ich im Urin.«

Gerd nickte.

»Nur gut, dass Sie sich um Ingrid und den Kleinen kümmern. Solche Menschen brauchen wir im Sozialismus. Menschen mit Seele, Menschen mit Herz, Menschen, auf die man sich auch in schwierigen Situationen verlassen kann. Und wenn ich etwas für Ingrid und Dirk tun kann, wie eine eigene Wohnung, dann lassen Sie es mich wissen, Biber.«

Doch Gerd schüttelte den Kopf und deutete nach oben.

»Verstehe. Sie wollen sich in Ihrer Wohnung ein Nest bauen. Sehr gute Idee«, sagte Bruch und reichte ihm einen *Konsum*-Gutschein. »Kaufen Sie ihrer Freundin und Dirk etwas Schönes.«

* * *

Als Peter am nächsten Morgen zum Frühdienst das Krankenhaus betrat, empfing ihn tiefe Stille. Lautlos lag der Neubau im morgendlichen Nebel. Keine laute Begrüßung am Empfang oder in den Fluren trotz vieler Kollegen, die unterwegs waren. Doch Peter befand sich, seit er mit dem Kapitel DDR abgeschlossen hatte, an einem anderen Ort. Einem Ort, die keine Nebengeräusche zuließ, weil sie nicht mehr wichtig waren. Er hätte sich wahrlich einen anderen Weg gewünscht, aber dieser sollte sich ihm nicht eröffnen.

Von nun an würde er nur noch funktionieren und seinen Dienst verrichten. Kritische Bemerkungen, Anregungen oder einen aktiven Austausch wie noch vor zweieinhalb Wochen, als er Oberarzt Nölke zu dessen Meinung über die Sehnennaht nach Bunnell befragt hatte, würde er unterlassen. Peter hatte einen Artikel in der Zeitschrift ›*Der Chirurg*‹ gelesen, die im Westen erschien und in der Bibliothek auslag.

»Wo haben Sie das denn schon wieder her, Döbler?«, war Nölkes schlichte Gegenfrage, um es im nächsten Satz als Hexenwerk abzutun. Oberarzt Nölke war wie alle Chef- und Oberärzte Mitglied der SED und verurteilte alles Westliche.

Punkt zwei auf Peters Liste war es, Jürgen von seinem Entschluss zu berichten, denn er war sich sicher, dass er einen Fluchthelfer brauchte. Vielleicht würde er ja sogar mitkommen? Er wollte ihn nachher in der Kantine aufsuchen. Bei Punkt drei ging es bereits um konkrete Vorbereitung. So wollte Peter nach dem Frühdienst seinen Atlas aus dem Keller seiner Mutter holen, sich den Grenzverlauf genau ansehen und nach einer Fluchtmöglichkeit absuchen. Hoffentlich hatte sie ihn bei ihrem Umzug nicht entsorgt. Doch nun galt es erst einmal die Station zu versorgen und sich seinen Patienten zu widmen.

* * *

Zehn Stunden später ging Peter nach seinem Dienst, in dem er sieben Patienten operiert hatte, zu seiner Mutti in die neue Zwei-Raum-Wohnung in der Lomonossowstraße 22, nur einen Steinwurf vom Krankenhaus entfernt. Seit seinem Auszug hatte er ganz bewusst seine Kontakte zu Maria und Laura reduziert, um sie nicht versehentlich zu Mitwisserinnen zu machen. Umso mehr freute er sich, die beiden endlich wieder einmal zu sehen. Er wollte einfach nur einen schönen Abend im Kreise seiner Familie verleben, etwas essen und seinen Atlas suchen.

Er klingelte und Maria öffnete die Tür.

»Du kommst wie gerufen, Peter. Gerade ist uns in der Küche eine Glühbirne entzweigegangen, und ich klettere nicht so gern auf die Leiter. Könntest du vielleicht?«

»Aber natürlich, Mutti.« Peter gab ihr zur Begrüßung einen Kuss auf die Wange. »Hast du eine da? Oder soll ich zum *Konsum* rüber?«

»Sei so gut und schau kurz im Keller nach. Da müssten noch ein paar in einem der vollen Umzugskartons sein. Steht groß Keller drauf.«

Maria holte den Kellerschlüssel und reichte ihn Peter. Nach einer halben Ewigkeit, seine Mutter erwartete ihn schon ungeduldig, kam er mit einer 40-Watt-Glühbirne in der Hand und zwei Büchern unterm Arm wieder zurück.

»Hab' sie gefunden«, rief er in Richtung Küche und legte die Bücher auf den Tisch an der Wohnungstür. Neben seinem alten Atlas hatte er noch das Buch ›*Allein über den Ozean*‹ gefunden, das ihm der Elektrooffizier und *Anästhesist* Thomas von der Bertolt Brecht überlassen hatte. Dieses Buch erzählte, wie Hannes Lindemann im Jahr 1955 in einem fünf Meter zwanzig langen Faltboot von Ost nach West den Atlantik überquert hatte. Thomas hatte es ihm wärmstens ans Herz gelegt. Mehr aus Höflichkeit denn aus Interesse hatte es Peter damals mitgenommen, sich bedankt, aber in Rostock beiseitegelegt. Er hatte es längst vergessen, doch jetzt kam es wie gerufen. Es schien eine perfekte Vorbereitungslektüre für sein Vorhaben zu sein. Noch heute Nacht wollte er mit dem Lesen beginnen.

* * *

»Lass' mich für euch da sein, für euch sorgen!«, sagte Gerd fast flehend, als er am nächsten Tag – es regnete nach vielen Tagen Sonne mal wieder – mit durchnässten Haaren bei Ingrid auftauchte. Er sagte das, obwohl er mit der Zeit immer unsicherer wurde, ob es wirklich die große Liebe zwischen ihnen war. Er war sich ihrer Zuneigung unsicher. Vielleicht war es ja nur der Wunsch, Peter zu demütigen, indem Ingrid und Dirk zu ihm zogen? Vielleicht dachte sie ähnlich? Verband sie nur der gemeinsame Hass?

Er konnte sich das nicht beantworten, als er sich mit einem Handtuch den Kopf trocken rubbelte. Was er aber wusste, war: Sie war eine wunderschöne Frau, die nun in der Küche saß und ihren Tee trank. Süß. Lecker. Heiß. Und dass er es gewesen war, der sich als Einziger für Achims Freilassung eingesetzt hatte. Dafür wollte er endlich für jeden sichtbar die Lorbeeren ernten.

»Warum zieht ihr nicht endlich zu mir, Ingrid? Unten sind einige Geschäfte, und die Kinderkrippe ist nur wenige Hundert Meter entfernt«, setzte Gerd fort und schüttete ihr Tee nach.

Doch Ingrid zweifelte noch und nippte weiter an ihrer Tasse. Was sollte sie Gerd antworten? War seine Geschichte auch die ihrige? Gehörte sie wirklich zu ihm? Gehörte sie überhaupt irgendwohin? Sie war mittlerweile 30 Jahre alt, Ärztin, Mutter, geschieden und verwirrt. Eine passende Antwort auf all' diese Fragen hatte sie immer noch nicht gefunden. Sie mochte Gerd, hatte ihn immer gemocht, schon als Kind. Er war ein süßer Junge mit blonden Locken gewesen und nun zu einem gutaussehenden braven Mann gereift. Allerdings träumte sie eher von den bösen Jungs.

Andererseits brauchte sie Gerd. Das wurde ihr in letzter Zeit immer klarer. Sie war fest davon überzeugt, dass der Himmel ihn geschickt hatte, um etwas gut zu machen, das man ihr angetan hatte. Es war eine schöne Zeit, doch musste man das öffentlich machen? Es ging doch niemanden etwas an. Sie zuckte mit den Schultern, schaute ihn an und antwortete leise:

»Ich überlege es mir, versprochen!«

Sie war sich weiter bewusst, dass sie sich eine innere Veränderung wünschte, und kam diesem Ziel auch immer näher. Doch das musste sie alleine tun und brauchte noch etwas Zeit. Sie erzählte ihm von ihrem immer wiederkehrenden Traum, in dem sie an einem herrlichen Sommertag mit ihm zum Eiffelturm spazierte, in einem schrecklich teuren romantischen Café an der Seine Kaffee trank, um im Anschluss auf der Champs-Élysées noch etwas Hübsches einzukaufen. Vielleicht eine Kette und ein helles Sommerkleid mit passenden Schuhen? Gerd hörte ihr aufmerksam zu und interpretierte diesen Traum als ein Versprechen.

* * *

Am nächsten Tag blätterte Peter nach seinem Dienst durch die Seiten seines Atlasses. Gleich zu Beginn stieß er auf eine Doppelseite mit der Überschrift ›*Das sozialistische Weltsystem*‹, das die gesamte Welt in vier Farbkategorien unterteilte. Dunkelblau stand für die imperialistischen Hauptmächte wie die Bundesrepublik Deutschland, Frankreich, Großbritannien oder die USA. Hellblau präsentierten sich die übrigen kapitalistischen Staaten wie Spanien, Norwegen oder Kanada. Pink galt den sozialistischen Staaten wie der DDR, der UdSSR, Polen oder Kuba. Die restliche Gruppe war gelb, das waren die jungen Nationalstaaten Afrikas, Asiens und Lateinamerikas, wie beispielsweise Tschad, Niger, Algerien, Nordkorea oder Guyana.

Die Welt in vier Farben, dachte Peter, und blätterte weiter, bis er wenig später auf das geteilte Deutschland stieß. Ebenfalls auf einer Doppelseite. Hier nun war es großformatig abgebildet, samt seiner knapp 1.400 Kilometer langen Grenze zwischen dem dunkelblauen Westen und dem pinkfarbenen Osten. Der Grenzverlauf, den er mit seinem Zeigefinger abfuhr, begann in der Lübecker Bucht auf der Halbinsel Priwall und ging bis zum Dreiländer-Eck Bayern, Sachsen, Böhmen. Als er zur Schule ging, war diese Linie in seinem Atlas noch eine grüne Grenze gewesen. Doch jetzt – im Jahr 1970 – war sie durch Grenzsoldaten, Minenfelder, Selbstschussanlagen, Beobachtungstürme, Hundeauslaufanlagen und durch ein fünf Kilometer breites Sperrgebiet samt Schießbefehl hermetisch abgeriegelt.

Für Peter glich eine Flucht über Land einem Himmelfahrtskommando. Ähnlich gering, ohne Genaues zu wissen, schätzte Peter die Aussicht auf Erfolg einer Flucht über die Tschechoslowakei nach Bayern oder über Ungarn Richtung Österreich ein. Selbst wenn die Grenzen dort vielleicht nicht so abgesichert wären wie die innerdeutsche Grenze. Dennoch hatten sich die sozialistischen Bruderstaaten gegenseitige Unterstützung zugesagt. Auch die tschechischen oder ungarischen Grenzsoldaten würden alles dafür tun, Fluchtversuche in den Westen zu unterbinden.

Nach längerem Überlegen wurde es für Peter zur Gewissheit, was er schon gleich geahnt hatte: Der Landweg war zu riskant. Für ihn konnte es nur einen Weg in die Freiheit geben, den über das Wasser. Wasser klang gut! Seitdem ihn sein Vati als Kind zum Angeln mitgenommen hatte, liebte er das Wasser und alles, was darin lebte. Es war sein Element und für ihn so lebenswichtig wie der Sauerstoff zum Atmen. Im Wasser fühlte er sich sicher und geborgen. Seine Augen wanderten im Atlas vom Dreiländer-Eck in Richtung Norden zur Ostsee. Sofort spürte er, wie ein Adrenalinschub seinen Körper belebte. Ja, die Flucht musste über die Ostsee gehen. Am sichersten mit einem Schlauch-, Paddel- oder Faltboot. Ähnlich wie Hannes Lindemann, der 13 Jahre zuvor in 72 Tagen mit einem Faltboot den Atlantik überquert hatte, wollte er die innerdeutsche Grenze in der Ostsee überqueren.

* * *

Es war ein verregneter, grauer Tag, als Ingrid am Freitag gegen eins bei Gerd klingelte. Sie hatte sich entschieden und war entschlossen, bis an ihre Grenzen zu gehen. Sie wollte es mit ihm probieren, in kleinen Schritten, ohne ihm von ihrer Entscheidung etwas zu sagen. Um dreiviertel zwei wollten sie Dirk aus der Kinderkrippe abholen und, wenn das Wetter mitspielte, zu dritt zum Spielplatz.

»Bist du fertig?«, fragte Ingrid, als Gerd ihr die Wohnungstür öffnete.

Gerd schaute verwundert an sich herunter und fragte augenzwinkernd: »Sieht man das denn nicht?«

»Dann komm' jetzt auch.« Ingrid war aufgeregt. Zum ersten Mal würden sie Dirk gemeinsam von der Krippe abholen. Wenn auch nicht als Paar, so doch zu zweit. Und Ingrid versuchte dabei, ihre soeben im Treppenhaus aufgestellten Regeln zu befolgen: kein Flirten, keine unnötigen Berührungen und auch sonst nichts, das für Außenstehende auf eine mögliche Beziehung hinweisen könnte. Sie redete sich ein, damit nicht sich, sondern Dirk zu schützen. So jedenfalls war ihr Plan kurz vor eins.

Nachdem sie Dirk pünktlich abgeholt hatten, ohne dass die Erzieherin überhaupt Notiz von Ingrids Begleitung genommen hätte, gingen sie wie verabredet weiter Richtung Park. Ingrids Aufregung hatte sich mittlerweile verzogen – so wie die Regenwolken am Himmel. Freundliches Nachmittagslicht lag über dem Kinderspielplatz, während hier und da noch ein paar letzte Regentropfen auf den Spielgerüsten glitzerten.

»Ist schön hier, Ingrid«, keuchte Gerd lächelnd, als er die achte Runde hinter Dirk um die Schaukel herlief. Und auch Dirk hatte sichtlich Spaß. Er lachte viel und laut. Als Gerd bei Runde 14 die Puste ausging, setzte er den Kleinen mit letzter Kraft auf die Schaukel und schwang ihn sachte vor und zurück. Dirk gluckste vor Glück. Und Ingrid bemerkte, wie sich Gerd Stück um Stück weiter in ihr Herz schaukelte.

»Wollen wir nachher bei dir noch etwas essen?«, fragte Ingrid plötzlich. »Jägerschnitzel mit Feuerwehrsauce?«

Dirk reagierte als Erster und plapperte:

»Feuawär. Feuawär. Feuawär.«

Sie lachten und Gerd gab Ingrid einen Kuss auf die Stirn.

»Na dann, lass uns noch einkaufen gehen. Ich habe nichts zu Hause, aber noch einen beträchtlichen *Konsum*-Gutschein.«

Der Kuss ließ Ingrid kurz stocken. Doch die Tatsache, dass Gerd in letzter Zeit aus unerfindlichen Gründen immer wieder größere Gutscheine zur Verfügung hatte, hatte etwas *Böses.* Das gefiel ihr. Sie lächelte zufrieden, weil ihr Plan aufging.

* * *

Peter öffnete das Fenster im Schwesternzimmer, ein Schwall warmer Luft strömte herein und er atmete tief durch. Nach der morgendlichen Visite standen vier Frakturen an. Damit würde die Kantinenverabredung mit Jürgen sicherlich ausfallen, aber er hoffte, ihn am Abend im *Krug* zu treffen.

Kurz vor acht steuerte Peter in der Schleuse auf den Schrank mit den OP-Kitteln zu. Er griff einen in seiner Größe und streifte sich ihn routiniert über. Er schnürte die Bänder hinterm Rücken zu und merkte, dass er gedanklich bei seiner Flucht angekommen war. Er benötigte dafür ein Auto, vielleicht mit einem Bootsanhänger. Geld hatte er genügend gespart, doch wo sollte er sich auf die Schnelle ein Boot besorgen? Ideal wäre ein Schnellboot mit Außenmotor. 60 PS sollten reichen, überschlug er. Dann bräuchte er von Warnemünde nach Gedser etwa eine dreiviertel Stunde. Er müsste es allerdings in der Dunkelheit zu Wasser bringen und mit Höchstgeschwindigkeit am Kontrollpunkt vorbeirasen. Bis die Grenzsoldaten reagieren und Alarm geben konnten, wäre er schon fast in Dänemark. Mit Sicherheit aber außerhalb der Drei-Meilen-Zone. *Das klingt nach einem guten Plan,* dachte er und betrat mit großer innerer Ruhe den OP-Saal IV, wo ihn bereits der erste Leistenbruch erwartete. Der Anästhesist hatte den Patienten, einen 46-jährigen Mann aus Bad Doberan, bereits in Narkose versetzt, er konnte beginnen.

Nach seinem letzten Eingriff kehrte Peter am frühen Nachmittag in die Schleuse zurück. Er war froh, die heutigen Operationen alle gut hinter sich gebracht zu haben, und setzte sich vor seinen Spind, als eine vertraute Stimme fragte:

»Wie viel?«

Es war Jürgen, der aus allem ein Spiel machen musste. Sei es beim Angeln, bei den Frauen oder bei den Operationen.

Peter hob seine rechte Hand und streckte vier Finger zur Decke.

»Dann geht die erste Runde wohl auf dich, Peter. Bei mir waren es fünf.«

Nur anderthalb Stunden später, nachdem alle Arztbriefe geschrieben waren, verließen die beiden hungrigen Nachwuchsärzte das Krankenhaus, um bei Gabis Imbiss-Stube am Kringelgraben einzukehren. Hier war es zwischen vergilbten Gardinen und Vasen mit Kunstblumen deutlich ruhiger als in Fietes Krug.

Sie bestellten sich Fassbrause, Bockwurst und Kartoffelsalat. Gabi war bekannt für ihren leckeren Kartoffelsalat und ihre extra großen Portionen, die sie direkt aus dem Eimer schöpfte und auftischte. Hungrig hatte noch nie jemand die Imbiss-Stube verlassen müssen. Als sie ihr Essen hatten, fragte Peter:

»Weißt du, wo ich ein Auto herbekomme?«

»Wieso, willst du rübermachen?«, fragte Jürgen entwaffnend ehrlich, während er sich gerade der Bockwurst widmete.

»Nee. Ach was, Blödsinn«, wehrte Peter abrupt ab und bemühte noch beide Hände, die vor seiner Brust im Gleichtakt von links nach rechts wedelten. Eigentlich wollte Peter ihn ja heute in seine Fluchtpläne einweihen, mit einem Boot über die Ostsee zu fliehen. Mehr noch: Er wollte ihn fragen, ob er mitkommen wolle. Eine feste Bindung hatte auch Jürgen zurzeit nicht. Doch seine treffende Gegenfrage brachte ihn durcheinander.

»Ich dachte nur, dass wir auch mal andere Angelplätze außer der Warnow ausprobieren könnten. Früher bei den Bezirksmeisterschaften bin ich auch immer herumgekommen. Das vermisse ich inzwischen«, flunkerte er sich zurecht.

Jürgen nickte, verstand und wischte sich mit der Serviette den Mund sauber.

»Gute Idee, Peter. Musst du mal in der Zeitung nach Annoncen Ausschau halten. Oder du schaust mal auf die Aushänge im Krankenhaus am schwarzen Brett.«

So saßen sie da und aßen, tranken, lachten und ließen Fiete Fiete sein. Als es dunkel wurde, standen sie auf, bezahlten bei Gabi, die schon ungeduldig mit dem Schlüssel klapperte, und gingen. Sie waren beseelt und erschöpft. Doch Peter hatte auch ein schlechtes Gewissen, Jürgen nicht die Wahrheit gesagt zu haben. Das wollte er noch nachholen, doch jetzt warteten erst einmal sein Bett und ein paar Seiten aus dem Buch von Hannes Lindemann.

* * *

Als Ausdruck des Dankes fand Gerd am nächsten Tag einen Umschlag in seinem Briefkasten. Er war von seinem Führungsoffizier. Das nahm er zumindest an, denn es fehlten Anrede und Absender. Aber es lagen 50 Mark im Kuvert. Gerd verstand es als erneute Honorierung seiner guten und diskreten Arbeit, aber auch als Erinnerung, an Peter dranzubleiben. Doch dafür hätte er das Kuvert nicht gebraucht, Gerd war bis in die Haarspitzen motiviert. Dennoch war es schön, das Geld erhalten zu haben, so waren auch die nächsten Jäger-Schnitzel mit Feuerwehr-Sauce für seine neue Familie gesichert.

Doch nun musste er sich erst mal um andere DDR-Bürger kümmern und ging zum Haus gegenüber. Dort war ihm seit Längerem eine Familie aufgefallen, die sich verdächtigt verhielt. Vor genau zwei Wochen wurden am frühen Abend, es muss wohl so gegen 17 Uhr gewesen sein, sämtliche Gardinen zugezogen. Das war nicht ungewöhnlich, doch seitdem waren sie nicht mehr geöffnet worden. Nun stand er mit seiner leeren Tasse vor der Wohnungstür in der zweiten Etage und klingelte.

Vergebens. Niemand öffnete. Es waren auch keine Geräusche zu hören, obwohl er vom Balkon aus Licht hinter den Vorhängen gesehen hatte. Als auch beim zweiten Versuch niemand öffnete, steckte er die Tasse in seine Tasche und ging die Treppe hinunter zu den Briefkästen. Beim Namen Wolgram klappte er den Briefkasten auf und fasste mit seinen Fingerspitzen hinein. Vergebens. Keine Post.

Unverrichteter Dinge ging er zur Arbeit und dachte auf dem belebten Gehweg über sein Leben nach – wie er überhaupt zu diesem glücklichen Leben gekommen war. Mit einer schönen Wohnung, einer guten Arbeit und einer noch wichtigeren Nebentätigkeit. Bald sogar noch mit einer hübschen Frau und einem Kind an seiner Seite. *Bewegten die Menschen die Zeit? Oder war es die Zeit, die Menschen bewegte?*, fragte er sich und verzog sein Gesicht zu einem teuflischen Lächeln.

* * *

Es war Freitag, kurz nach 16 Uhr. Der Tag hatte nichts von seinem Glanz verloren und Peter freute sich auf sein Wochenende mit Dirk. Seit der Scheidung durfte er ihn nur noch alle vier Wochen sehen. Hatte Peter an diesen Wochenenden Bereitschaftsdienst, musste er weitere vier Wochen warten. Mittlerweile waren es durch einen unglücklichen Dienstplan zwölf Wochen gewesen, in denen er den Jungen nicht mehr gesehen hatte. Ingrid war nach der Scheidung zu keinem Kompromiss bereit.

Der Stachel ihrer Verletzung, weil er sie nach Dirks Geburt so lange allein gelassen hatte, saß tief und Peter verspürte den Anflug eines Schuldgefühls. Das ärgerte ihn. Denn er war nicht allein für das Scheitern ihrer Ehe verantwortlich. Heute aber wollte er sich nicht ärgern und schuldig fühlen. Dieses Wochenende stand Dirk im Mittelpunkt. Und so fuhr er mit einer Holzlokomotive unter dem Arm nach Dienstschluss mit dem Bus von der Rostocker Südstadt zu Ingrid und klingelte voller Vorfreude in der Rudolf-Breitscheid-Straße.

Doch statt Ingrid öffnete Gerd die Wohnungstür.

»Hallo Peter, komm' doch rein.«

Peter schwieg.

»Ingrid ist mit dem Kleinen noch kurz beim Nachbarn. Komm' doch einfach kurz rein, bis sie wieder da ist. Wir können ja in der Küche warten.«

Peter folgte Gerd wortlos in die Küche und setzte ein interessiertes Gesicht auf. Jedenfalls so gut es ging. Aber es schien zu reichen, denn Gerd redete weiter, während sie sich setzten.

»Wie lange ist es her, dass wir uns gesehen haben?«

»Nicht lange genug«, antworte Peter knapp. Er schaute sich um und begriff sofort. Sie schienen allein in der Wohnung zu sein. Das konnte kein Zufall sein. Doch was sollte er tun, gehen? Weitere vier Wochen auf das nächste Wochenende mit Dirk warten? Mindestens? Das war keine Option. Also versuchte er das Beste aus der Situation zu machen und fragte zurück:

»Was machst du hier?«

Gerd war überrascht und auch etwas enttäuscht über Peters Frage, war er doch davon ausgegangen, dass ganz Rostock schon von ihm und Ingrid wusste. Entsprechend ungestüm antwortete er:

»Na was wohl? Aber keine Angst, ich habe nicht vor, deinen Platz als Vater einzunehmen. Dirk ist dein Sohn und soll es auch bleiben.«

Plötzlich hörte Peter eine Kinderstimme vor der Tür. *Das mussten sie sein*, dachte er, stand auf und war froh, endlich die Küche verlassen zu können. Jede Minute ohne dieses Scheusal war ein Geschenk.

Ingrid hingegen hatte offensichtlich einen guten Tag erwischt. Sie begrüßte ihn mit einem Lächeln.

»Hallo Peter!«

Dann gab sie ihm eine Tasche mit Wechselsachen, freute sich, dass Peter seinen Sohn mit einer Holzlokomotive überraschte und reichte sie an Dirk weiter. Der konnte es kaum erwarten, damit zu spielen.

»Tüt tüt. Tüt tüt. Tüt tüt.«

Minuten später verließ Peter, immer noch irritiert über Gerds Anwesenheit, mit Dirk die Wohnung.

Als der Kleine am Freitag erschöpft vom Tag mit der Holzlokomotive in seinen kleinen Ärmchen in den Schlaf fiel, legte Peter sich umgehend zu ihm, lauschte seinem gleichmäßigem Atem und schlief wenig später darüber ein. Samstag früh, nach einem *Männerfrühstück* in Form eines leckeren Kinder-Omeletts mit einem Gesicht aus Apfelscheiben und einem Glas Milch dazu, fuhren sie zu Peters Mutter und Großmutter in die Südstadt. Da sie Dirk auch schon ganze drei Monate nicht mehr gesehen hatten, entschied Peter spontan, heute bei ihnen zu übernachten. Liebevoll bauten sich Vater und Sohn am Abend ein großes Kuschelbett aus Decken und Kissen und tauften es »Drachenburg«. Dirk fand es toll und schlief erneut mit Lokomotive im Arm ein. Am Sonntag ging es auf den nahegelegenen Spielplatz und am Nachmittag wieder zurück nach Reutershagen. Peter klingelte und war erleichtert, als Ingrid die Tür öffnete. Doch das lang herbeigesehnte Wochenende war viel zu schnell vergangen, obwohl Peter jede einzelne Sekunde auskostet hatte.

* * *

Seit seiner Abheuerung von der Bertolt Brecht Ende 1968 hatte Peter auch zu Hause weiter täglich mit seinem Expander und seinen Hanteln trainiert. Im Sommer ging er bei Markgrafenheide, Börgerende oder Kühlungsborn mit seinem Neckermann-Nassanzug tauchen. Auch war er mehrfach in der Warnow geschwommen. Dies alles hatte er getan, um sich fit zu halten. Doch jetzt musste er sein Trainingsprogramm ausbauen und ergänzen, um die Flucht – wie auch immer sie aussehen würde – problemlos meistern zu können. Zur Abhärtung entschied er deshalb, ab sofort nur noch in kurzen Hosen mit dem Fahrrad zum Bezirkskrankenhaus zu fahren. Mindestens bis Anfang Dezember wollte er das durchhalten.

Dennoch benötigte er ein Auto. In den letzten Tagen hatte er die Annoncen des »Neuen Deutschlands«, das in den Wartezimmern auslag, durchgesehen. Ein Skoda Octavia, beige, zehn Jahre alt, mit Anhängerkupplung stand zum Verkauf. Peter fuhr noch am Sonntag zum Verkäufer, sie wurde sich schnell einig und Peter zahlte 8.000 Mark in bar. Er war nun stolzer Besitzer eines eigenen Autos. Dass der Skoda diese Bezeichnung nicht mehr verdient hatte und großflächige Roststellen an den Kotflügeln lediglich oberflächlich mit Gips und Farbe überdeckt waren, sollte dem Auto-Laien Peter Döbler erst einige Monate später, unmittelbar vor seinem ersten Fluchtversuch, auffallen.

Nachdem ihn sein neues Gefährt sicher nach Hause gebracht hatte, wollte er mithilfe seines Atlas neben der Warnemünde-Gedser-Route, die ihm spontan als einfachste erschien, weitere alternative Fluchtrouten zusammenpuzzeln. Er schien allein in der Wohnung zu sein und ging nach der Toilette direkt in sein Zimmer. Hier holte er seinen Atlas unterm Bett hervor, schlug ihn auf, ließ seinen Finger von Warnemünde nach Osten wandern und landete schließlich auf der Insel Rügen. Von hier aus könnte man mit einem einfachen Paddelboot nach Bornholm übersetzen. Er nahm sein Lineal und maß. Entfernung etwa 80 Kilometer. Bei einer durchschnittlichen Geschwindigkeit von vier bis fünf Stundenkilometern musste er hier mit Puffer rund zwanzig Stunden Paddeln rechnen. Doch sein Finger wanderte weiter Richtung Osten, überquerte die Grenze nach Polen und stoppte in der Hafenstadt Kolberg, dem Geburtsort seiner Mutter. Entfernung von hier zur dänischen Insel Bornholm etwa 85 Kilometer, was ähnlich langes Paddeln bedeutete. Peter legte sein Lineal beiseite, ging erneut zur Toilette, kam zurück und ließ seinen Finger konsequent nach Südosten wandern, bis er in Bulgarien ankam. Von hier aus könnte er über das Schwarze Meer in die Türkei gelangen. Natürlich nicht auf dem kürzesten Weg, sondern er müsste etwa fünf Kilometer von der Grenze entfernt aus lospaddeln. Aber dennoch wäre die Strecke mit etwa 35 Kilometern die kürzeste seiner vier Routen. Zufrieden klappte er den Atlas zu und löschte das Licht. Kurze Zeit später schlief er ein.

* * *

Gerd musste an Peter denken, daran, wie aalglatt er war und immer und überall damit durchkam. In der Schule, in der Uni und nun bei Ingrid. Warum gab sie ihm Dirk für ein ganzes Wochenende? Doch vor allem nervte ihn, wie Ingrid Peter bei der Begrüßung am Freitagnachmittag angeschaut hatte. Irgendwie liebevoll, noch immer. Ihn jedenfalls schaute sie nie so an. Er griff zu seiner Teekanne, schenkte seine Tasse noch mal voll und nahm sie mit ins Zimmer, wo er sich hinter seinen Schreibtisch setzte und den Bericht über die Familie Wolgram schreiben wollte. Er hatte nichts Handfestes vorzuweisen, musste Bruch aber etwas liefern. Also schrieb er über zugezogene Vorhänge, verdächtige Schattenbewegungen und leere Briefkästen. Dann folgten routinemäßige Ergänzungen zu älteren Berichten wie der Witwe Fink aus der vierten Etage und Herrn Kleinschmidt von nebenan. Bei beiden hatte er ebenso wenig Erhellendes beizutragen. Aber sein immer hungriger Führungsoffizier gierte nach Lesestoff und er produzierte ihn. Frau Kling dichtete er eine Affäre mit einem vietnamesischen Mann an, während sein direkter Nachbar Kleinschmidt jüngst bei Gesprächen im Flur seine Augen weder fixieren noch einem ins Gesicht mehr schauen konnte, dabei aber immer aufdringlich lächelte. Auch zeigte Kleinschmidt neuerdings eine verstärkte Verzögerung in Rede und Antwort… *Das ist gut*, dachte Gerd, war ganz trunken von seiner Fantasie und fragte sich, ob die anderen Informanten der Staatsicherheit ähnlich kreativ agierten. Nach 60 Minuten brach er die Märchenstunde ab, bevor es noch absurder wurde. Er stand auf, ging in die Küche und kochte sich eine Suppentüte Fleischklößchen. Dann machte er sich auf den Weg zur Georg-Büchner-Straße 26, um bei Peter vorbeizuschauen.

14

Es war eine milde Nacht, die sich Peter für seine Flucht ausgesucht hatte. Er beobachtete mit einem Feldstecher, gut versteckt hinter Büschen, wie die Grenzsoldaten mit ihren Schäferhunden im Schatten der Wachtürme, beim Stacheldraht patrouillierten. Angst, entdeckt zu werden, hatte er nicht. Der Skoda war in einer Seitenstraße abgestellt, die Nummernschilder abgeschraubt, sein Puls normal. Doch nun erst begann das eigentliche Geduldsspiel. Er musste warten, bis die Streife Pause machte. Ruhig bleiben. Wachsam bleiben. Er dachte an den Moment, in dem er begreifen würde, dass er es rüber geschafft hätte. Geschafft hätte dem Regime zu entfliehen und daran, dass er endlich mal eine frische Ananas essen wollte.

Gegen eins schien der ideale Moment gekommen. Die beiden Grenzer machten wohl Pause und der Mond war hinter einer Wolkenwand verschwunden. Es war stockdunkel. *Jetzt oder nie!*, dachte Peter und brachte das Boot zu Wasser, legte sich vorsichtig bäuchlings hinein und begann zu paddeln. Langsam, bloß keine großen Wellenbewegungen produzieren. Erst mit den Armen, später, nach etwa 800 Metern, mit dem Paddel. Doch entgegen der Wettervorhersage spielte das Wasser plötzlich verrückt, hoher Wellengang erschwerte das Vorankommen. Schlimmer noch, Peter hatte das Gefühl, zurück zur Küste, zurück in den Sozialismus getrieben zu werden.

Dabei waren es doch nur 35 Kilometer von Bulgarien in die Türkei. Aber Peter hatte die Launen des Schwarzen Meeres unterschätzt. Kein Vergleich zur ruhigeren Ostsee. Warum nur hatte er sich für diese kürzere und vermeintlich einfachere Route entschieden? Denn mit Anfahrt und allem Drumherum hatte es natürlich viel länger gedauert. Er war ungeduldig gewesen, hatte aufs falsche Pferd gesetzt. Ein Fehler. Besser 85 Kilometer über die Ostsee als 35 über das temperamentvolle Schwarze Nass. Er war frustriert, sein Puls hielt sich auf Rekordhöhe, ebenso wie die Wellen.

Nach weiteren zehn Minuten, in denen er sich unter größter Kraftanstrengung parallel zur Küste bewegt hatte, hörte er Stimmen und sah mehrere Lichtkegel, die zuerst den Strand, später das Meer in helles Licht tauchten. Soldaten suchten aufgeregt das Ufer ab, während sich Armeefahrzeuge dem Strand näherten. Auch die ersten Patrouillenboote starteten ihre Motoren. Sie suchten ihn. Er schaute wieder nach vorn und paddelte, was das Zeug hielt, doch die Geräusche wurden lauter, die Stimmen kamen näher. Als Sekunden später noch der erste Kampfhubschrauber am Horizont zu erkennen war, wusste er, dass seine letzte Chance darin bestand, ins Wasser zu springen und abzutauchen. Doch irgendetwas hielt ihn davon ab. Hatte Peter erst mit den Wellen gekämpft, kämpfte er nun mit sich.

Dann war es zu spät.

»Bleiben Sie stehen und werfen Sie das Paddel über Bord!«, wurde er auf Bulgarisch, Englisch und Deutsch per Megafon aufgefordert. »Das ist unsere erste und letzte Warnung! Stellen Sie das Paddeln ein und ergeben Sie sich! Sofort!«

Peter wusste, was ihm bei einer Verhaftung blühen würde, und das war alles andere als rosig: viele Jahre Kerkerhaft, mit Pech sogar in einem fensterlosen, vom Schwamm befallenen Sammellager in Bulgarien. Er schüttelte angewidert den Kopf. Lieber würde er sterben. Er ignorierte die Drei-Sprachen-Warnung, während reinstes Adrenalin seinen Körper durchströmte und er weiter paddelte. Schneller als zuvor. Bis … ja, bis die ersten Geschosssalven aus den AK-47-Schnellfeuergewehren über das Wasser peitschten. Bis der erste Schuss ihn in die Schulter traf. Peter schrie laut auf, ließ das Paddel los und fiel seitlich ins Wasser. Rumms! Und wachte nassgebadet neben seinem Bett auf.

Er rieb sich die schmerzende Schulter und brauchte einen Moment, um zu realisieren, dass er alles nur geträumt hatte. Er richtete sich wieder auf, öffnete das Fenster und atmete tief durch. Der Morgen graute. Und er wusste, dass ihn die Flucht sehr viel mehr Kraft kosten würde als erahnt.

* * *

Seit seinem Alptraum am Morgen war Peter klargeworden, dass er seinen Weg in die Freiheit nur über die Ostsee nehmen konnte. Und sich fernhalten von Bulgarien und dem Schwarzen Meer. Dennoch fühlte er eine gewisse Traurigkeit bei dem Gedanken, diesen Schritt gehen, seine Heimat verlassen zu müssen. Doch dass es ein anderes, ein besseres Leben als das im »real existierenden Sozialismus« geben musste, zumindest für ihn, war nicht mehr zu übersehen. Darüber konnten auch Kaufhaus-Eröffnungen und bunt-fröhliche Plakate mit glücklichen Familien nicht hinwegtäuschen. Die Staatsmacht handelte gegen das Volk. In der Partei stiegen nicht die mit den besten Fachkenntnissen auf, sondern die mit der höchsten Parteihörigkeit.

Und genauso lief es im Bezirkskrankenhaus Rostock-Südstadt ab. Die Chance, seine Facharztausbildung erfolgreich beenden zu können, schwand von Woche zu Woche. Dennoch hatte Peter noch Hoffnung, trotz Fluchtüberlegungen, dass Professor Martin ihn eines Morgens mit der guten Kunde überraschen würde, er könne zur Bauchchirurgie wechseln. Doch warten wollte er darauf nicht mehr. Stattdessen wollte er seine Vorbereitungen weiter vorantreiben. Warnemünde, Lohme auf Rügen und Kolberg in Polen hatte Peter als mögliche Startpunkte entlang der Ostseeküste herausgesucht und wollte sie nun näher inspizieren. Er kannte die drei Orte und deren Strände, doch er hatte sie noch nie im Bewusstsein, die DDR mit einem Boot verlassen zu wollen, betrachtet. Hatte nie auf Grenzer, deren Routen, Kontrollpunkte, Wachtürme oder Scheinwerfer geachtet. Das musste er jetzt ändern. Er nahm seine Angelsachen, schloss die Wohnungstür und stieg in seinen alten neuen Skoda Octavia. Kolberg konnte kommen.

* * *

Gerd konnte sich gerade noch so verstecken, als Peter mit seinem Skoda aus der Parklücke rangierte und über das Kopfsteinpflaster losbrauste. Es wurde nichts aus seinem Besuch. *Den Überraschungseffekt für sich arbeiten lassen.* So oder ähnlich hatte Bruch ihm geraten. *Sie müssen die Leute überraschen. Klingeln Sie einfach mal an deren Tür. So erfahren Sie am meisten*, waren seine Worte gewesen. Das wollte er jetzt tun, doch es war Peter, der ihn überraschte. Gerd lief zu seinem Wagen zurück und wollte ihm nachfahren. Vorsichtig, in gebührendem Abstand folgte er dem Skoda und sah, wie sich dieser auf dem kürzesten Weg aus der Stadt schlängelte. Sein Tempo war dabei beachtlich und Gerd hatte alle Mühe dranzubleiben.

Plötzlich bog Peter auf die Landstraße Richtung Osten ab. Gerd schaute auf seine Tankanzeige, die weniger als die Hälfte anzeigte. Doch er hatte keine Wahl, durfte Peter nicht verlieren und fuhr ihm hinterher. Vorbei an den Abfahrten Neubrandenburg und Greifswald passierten sie Stunden später im Abstand von 400 Metern die polnische Grenze, nur wenig beachtet von den Grenzkontrolleuren, die sich kurz die Papiere zeigen ließen und dann beide durchwinkten. Immer wieder hatte Gerd auf seinen Tankanzeiger geschaut, der nun direkt auf der Null stand. Spätestens in Stettin, nahm er sich vor, müsste er tanken und hoffte, dass auch Peter spätestens dort anhalten würde. Doch Peter machte keine Anstalten, ihm den Wunsch zu erfüllen, sondern fuhr auch konstant an Stettin vorbei.

Was mache ich nur? Was mache ich nur? Was mache ich nur?, überlegte Gerd und drosselte das Tempo, um Zeit zum Überlegen zu gewinnen. *Abfahren? Nicht abfahren? Abfahren? Nicht abfahren?*, schrie es in seinem Kopf und er entschied sich für Stettin. Damit war das vorzeitige Ende seiner Verfolgungsfahrt besiegelt. Mit dem sprichwörtlich letzten Tropfen erreichte Gerd die Tankstelle, wo er zum Glück auch Geld tauschen konnte. Da eine weitere Verfolgung keinen Sinn hatte, ließ er davon ab und fuhr die

250 Kilometer zurück nach Rostock, während Peter zweieinhalb Stunden später wohlbehütet in Kolberg landete und hochmotiviert mit seiner Angelausrüstung aus dem Skoda stieg.

Hier war er während des Krieges ab 1943 für ein Jahr mit seinem Bruder bei seiner Großmutter untergekommen, als Maria Döbler Rostock nicht mehr sicher erschien. Als der Krieg 1944 an der Ostfront als verloren galt, wurden die beiden Jungs zurück nach Rostock geholt – und ihre Großmutter gleich mit. Seitdem fühlte sich Peter eng mit dem wunderschönen Kolberg verbunden. Er rannte zu dem über 100 Meter breiten und unendlich langen Strand aus feinstem weißen Sand. Solchen Sand hatte Peter sonst nur auf dem Darß gesehen. Auch fiel hier der Strand sanft ins Meer, was er schon als Kind geliebt hatte und was jetzt für einen Bootsausflug in den Westen vorteilhaft war. Er ging in Richtung der riesigen Baustelle, die mindestens 200 Meter ins Wasser reichte. Dort angekommen, sah er auf dem großformatigen Plakat eine Seebrücke aus Stahl. Das also sollte die neue Seebrücke werden. Ideal zum Angeln. Allerdings, wenn es gut liefe, würde er diese nicht mehr nutzen können.

Dann fielen ihm Kontrollboote auf der Ostsee unweit der Küste auf. Auch am Strand meinte Peter Grenzpolizisten in zivil ausfindig gemacht zu haben, die ihn und seine Angelausrüstung misstrauisch beäugten und verfolgten. Peter war verwundert, wie streng die Überwachungssituation hier in Polen war. Das hatte er nicht erwartet. Schließlich war das rettende Ufer etwa 85 Kilometer entfernt. Selbst für ein Boot mit einem kleinen Motor hieße das acht bis neun Stunden Fahrt. Und ohne Motor, etwa 20 Stunden zu paddeln. Seine Laune trübte sich mit jedem Schritt, denn wenn diese Grenzposten auch nachts patrouillierten, wovon auszugehen war, wäre diese Route nicht geeignet. Aber nun, da er nach all den Jahren wieder einmal hier war, an diesem schönen Fleckchen Erinnerung, konnte er auch das Beste daraus machen. Er suchte sich einen geeigneten Angelplatz und senkte seine Köder in die Ostsee.

Als die Nacht einsetzte, wurden Peters Vermutungen bestätigt. Die Grenzboote patrouillierten unverändert, und schließlich gelangte auch Peter in den Fokus der zivilen Grenzpolizisten, denen gegenüber er sich auszuweisen hatte. Nachdem er weder eine Wohnadresse noch ein Hotel angeben konnte, forderten ihn die beiden auf, umgehend wieder zurück in die DDR zu fahren, und begleiteten ihn zu seinem Skoda – ohne zu vergessen, sein Kennzeichen zu notieren.

Auf der Rückfahrt kamen Peter erste Zweifel an der Flucht mittels Schlauchboot, denn die Distanz von 80 bis 90 Kilometern barg viele unberechenbare Größen. Ähnlich kritisch fiel auch seine Einschätzung bezüglich einer Flucht von Rügen, seinem zweiten möglichen Startpunkt, nach Bornholm aus. Die Entfernung wäre fast identisch. Allerdings kam bei Rügen erschwerend hinzu, dass er in Lohme, am Fuße der Kreidefelssteilküste, ins Wasser müsste. Und er hatte keinen blassen Schimmer, wie er sein Boot samt Gepäck nachts, unentdeckt und unbeschadet dorthin transportieren sollte. Zum anderen bereitete ihm der Beobachtungsposten in unmittelbarer Nähe des Kaiserstuhls, des höchsten Punkts der Steilküste, Kopfzerbrechen. Ein großes Risiko. *Erst klingt es alles immer so einfach, Boot, Strand, Wasser, Paddeln, rüber, aber wenn man sich näher damit beschäftigt, trennt sich schnell die Spreu vom Weizen*, dachte Peter desillusioniert. Er zog verkrampft die Schultern hoch und rieb sich die Augen. Er wurde müde. Genau wie sein Tank. Er musste zu einer Tankstelle.

* * *

Gerd nutzte die Zeit, wissend dass Peter mindestens 250 Kilometer entfernt war, und klingelte in der Georg-Büchner-Straße 26. Ein desinteressierter Mittzwanziger mit roten Haaren und schwarzer Brille öffnete die Tür, hob zur Begrüßung kurz die Hand und ging über die Dielen im Flur zurück, die bei jedem Schritt knarrten. Gerd, der sich sämtliche Begrüßungsszenarien zurechtgelegt hatte, die nun nicht zum Einsatz kamen, schaute ihm irritiert hinterher. Doch welches Zimmer gehörte Peter?

»T'schuldigung, warte mal«, rief er dem Rotschopf hinterher. »Wo ist eigentlich Peters Zimmer? Ich soll was für ihn holen.«

»Zweite Tür rechts«, antwortete der andere, ohne sich umzudrehen, und verschwand hinten links.

Peters Zimmer ging direkt von der Diele ab. Zwölf Quadratmeter groß. Stickig und ein einziges Durcheinander. Sein Bett war nicht gemacht, Klamotten stapelten sich auf dem Biedermeier-Sessel. Ansonsten überall Platten, Bücher, zwei Hanteln, ein Expander. Von der Decke baumelte eine verwaiste Glühbirne. Gerd schüttelte den Kopf und begann als erstes damit, die Schubladen der Kommode zu durchsuchen. Nicht nur einmal, mehrmals. Zeit hatte er ja genug. Unterwäsche, Socken, Hemden, alles. Dabei fragte er sich, wie man als Arzt nur in so einem Chaos leben konnte. Aber deshalb war er nicht hier, er suchte etwas. Was genau, würde er wissen, wenn er es gefunden hätte. Und dabei ging Gerd systematisch vor. Ließ keinen Winkel aus. Nach den Schubladen durchsuchte er Peters Kleidung. Jedes Futter und jede Tasche der Stücke, die über dem Sessel lagen und im Schrank hingen, fühlte er mit den Fingern ab, hob jeden Gegenstand an, inklusive des Bilderrahmens, der Peter mit Dirk auf Rügen zeigte, und klopfte sogar gegen die Wände. So hatte er es bei »Blaulicht« im Fernsehen gesehen. Zum Schluss seiner Durchsuchung, die für ihn eine Premiere war, kniete er sich auf den Boden und durchblätterte feinsäuberlich jedes von Peters Büchern:

- Wie werde ich ein guter Chirurg?
- Blinddarm-Operationen leicht erklärt
- Gefäßchirurgie
- Der Sozialismus – Deine Welt
- Allein über den Ozean
- Herz-Kreislauf-System
- Schnipp-Schnapp: Die Geschichte der Chirurgie
- Der Mensch – Anatomie und Physiologie

Nichts. Einfach nichts zu finden. Doch als Gerd unter dem Bett den aufgeschlagenen Atlas mit der Ostseeküste erspähte, begann es in seinem Kopf zu rattern. *Mooooment mal!* Hastig wühlte er sich zurück zu den bereits durchgeblätterten Werken und griff sich das Ozean-Buch von Lindemann. Er legte es neben den aufgeschlagenen Atlas und erhob sich. Im Stehen konnte er besser denken, das war schon immer so. Deshalb war er ja auch in der Schule nur Mittelfeld geblieben, denn Klassen-Arbeiten durfte er nur im Sitzen schreiben. Er ließ den Anblick von Ostseeküste in dem einen und Atlantik in dem anderen Buch auf sich wirken, während seine Augen Ping-Pong spielten. Rechts, links, rechts, links. Dann fiel der Groschen, laut und deutlich. Hörbar bis nach Kolberg: »Der Scheißkerl war auf dem Sprung.«

* * *

In der Nacht hatte Peter wieder keinen Schlaf gefunden, was weder an einem neuen Alptraum noch an dem Dauerregen lag, der seit drei Uhr früh ununterbrochen an sein Fenster klopfte, sondern an seiner Aufregung. Nachdem er auf der Rückfahrt von Kolberg auch noch Rügen von seiner Fluchtliste hatte streichen müssen, näherte er sich gedanklich wieder seiner ersten Idee, Startpunkt Warnemünde. Völlig übermüdet zog er sich am nächsten Morgen an, einem Sonntag, packte seine Sachen und sprang ins Auto. Nach einer knappen halben Stunde stand er am Warnemünder Strand und wurde von einem Schwarm krächzender Möwen begrüßt. Zufrieden sank er in den Sand und entspannte sich. Nach Beginn des neuen Schuljahrs, Anfang September, hatte man am breiten Strand endlich wieder Platz zum Durchatmen. Nur noch hier und da gingen vereinzelt Pärchen spazieren oder hielten nach Schiffen Ausschau.

Irgendwann stand er wieder auf und ging zum Leuchtturm auf der Mole. Dabei beobachtete er den Kontrollpunkt der Grenzposten auf der Mittelmole, den die Schiffe, Boote und Fähren in der alten engen Fahrrinne beim Auslaufen passieren mussten. Einen Passierschein, die sogenannte PM 18, hatte er nicht und würde er auch nicht ausgestellt bekommen. Ein

Problem! Denn ohne Passierschein kein Zugang zum Gewässer. Außer, ja außer er würde auf den Überraschungseffekt setzen und nachts mit einem Motorboot durchbrechen. Doch das müsste alles verdammt schnell gehen.

Peter ahnte ebenfalls, dass sich die DDR-Grenzpolizisten nicht immer an die Drei-Meilen-Zone hielten und er sich auch im Bereich dahinter noch in akuter Lebensgefahr befände. Besonders nachts. Er müsste schon mindestens die dänischen Hoheitsgewässer erreichen, besser noch dänischen Boden. Das wären 40 Kilometer. Mit einem schnellen Motor kein Problem, vielleicht 45 Minuten. Bis die Jungs vom Kontrollpunkt in den Grenz- und Marineschiffen säßen, wäre er schon drüben. Doch dann flog der Kampfhubschrauber aus seinem Traum in seine Gedanken und erinnerte ihn an die Hubschrauberstaffel im nahen Ribnitz-Damgarten. Gerade mal 25 Kilometer Luftlinie von Warnemünde entfernt, Flugzeit acht bis neun Minuten. Peter schüttelte den Kopf. Keine Chance, da bräuchte er in der Tat ein superschnelles Motorboot mit mindestens 60 PS. Andererseits, versuchte er sich Mut zu machen, stand auf seiner Habenseite der teilweise phlegmatische Entscheidungsapparat der DDR. Dort würde kein Grenzposten ohne Absicherung des direkten Vorgesetzten entscheiden. Niemals. Und bei Republikflucht ging Peter von mindestens vier eher fünf Entscheidungsträgern im Apparat aus. Grenzposten der Grenzbrigade Küste, Volksmarine, Volkspolizei, vielleicht Zoll, aber sicher zum Schluss die SED-Bezirksleitung der Staatssicherheit.

Peter ließ die Hubschrauberszene sekundenschnell vor seinem geistigen Auge ablaufen: Er würde nachts mit einem Motorboot den Kontrollpunkt an der Mittelmole durchbrechen. Nach 20 bis 30 Sekunden würde der Grenzposten bei seinem Vorgesetzten anrufen und mitteilen, dass soeben ein Boot ohne Abmeldung und PM 18 den Kontrollposten in erhöhter Geschwindigkeit passiert habe.

»Verdacht auf Grenzdurchbruch?«, würde ihn der Vorgesetzte fragen und vom Grenzer mit »Ja, sehr wahrscheinlich« bestätigt bekommen. Er würde den nächsthöheren Vorgesetzten anrufen, der wiederum seinen Vorgesetzten anriefe. Eventuell würde dieser sich sogar noch vom Ministerium für Staatssicherheit die Verfolgung absegnen lassen oder, wenn mutig, schon jetzt die Hubschrauberstaffel in Ribnitz-Damgarten alarmieren. Die Kampfhubschrauber gehörten allerdings den Russen. Aber um es nicht unnötig kompliziert zu machen, vernachlässigte Peter diesen Aspekt in seiner Modellrechnung und ging davon aus, dass der Leiter nicht die nächtliche Ruhe von Leonid Breschnew würde stören wollen, sondern die Verfolgung befahl. Der Leiter würde die militärischen Truppen in Bereitschaft setzen, die Hubschrauber wären nach acht bis neun Minuten über Warnemünde. Ob ihm 40 bis 50 Minuten blieben? *Verdammt knapp*, dachte Peter. *Aber durchaus machbar*. Seine Wangen glühten vor Aufregung, als ihm bewusst wurde, dass zwischen hier und der Freiheit nur ein schnelles Boot fehlte. Plötzlich musste er an seine Mutti, an Großmutter und an Dirk denken. Würde er wirklich alle drei hinter sich lassen können?

* * *

Gerd informierte währenddessen seinen Führungsoffizier über die neuesten Entwicklungen im Fall Peter Döbler. Nachdem seine letzten Berichte über Frau Fink und Herrn Kleinschmidt nur halbwegs gut im Ministerium angekommen waren, würde er heute einen Coup landen, da war er ganz sicher. Wie gewöhnlich trafen sich Bruch und Gerd in der Wohnung ohne Namensschild, wo sich der Führungsoffizier in die Kissen fallen ließ. Er holte seine rote Mappe, seinen schwarzen Füllfederhalter, eine Schachtel Club sowie Streichhölzer aus seiner Ledertasche und legte alles wie gewöhnlich parallel zueinander auf den Tisch, während Gerd etwas zu trinken aus der Küche holte.

Bruch hatte bereits Notiz von Gerds Berichten auf dem Tisch genommen, ließ sie aber unberührt und zündete sich stattdessen eine Zigarette an. Nach einem ersten Zug verfolgte er den Rauch durch den Raum und fragte leise, nachdem Gerd Platz genommen hatte:

»Und, Biber? Was haben Sie für das Ministerium?«

»Also, Genosse Führungsoffizier. Es geht um Peter Döbler. Es gibt Neuigkeiten.« Doch Gerd wusste gar nicht, wo er anfangen sollte. Er war so aufgeregt, Peter nun endlich zu haben, dass seine Gedanken Achterbahn fuhren. Georg-Büchner-Straße, Verfolgung nach Polen, Rückkehr und Durchsuchung von Peters Zimmer. Bücher-Fund, Ostsee, Atlantik, Atlas. Gerd verhedderte sich, weil er schneller dachte, als er sprechen konnte. Seine Schläfen pochten. Bruch legte seine Zigarette in den Aschenbecker und schenkte Gerd Limonade ein. Er hatte Befürchtungen, er könne überhitzen.

»Trinken Sie erst mal einen Schluck und atmen ganz tief durch«, sagte er. »Ich widme mich in Ruhe ihren Berichten. Wie ich Sie kenne, Biber, haben Sie dort bereits alles minutiös niedergeschrieben.« Der Führungsoffizier griff zu der Loseblattsammlung.

Gerd trank, nickte und wartete. Sein Blick ruhte nervös auf Bruchs Lippen. Nach der dritten Seite die Erlösung.

»Das ist ja mal ein starkes Stück, Biber. Gute Arbeit, wirklich gute Arbeit«, resümierte Bruch. »Aber wo in Polen er sich aufgehalten hat, wissen Sie nicht?«

Gerd, der sich entspannt hatte, schüttelte den Kopf.

»Nein, Genosse Führungsoffizier. Aber er hat in Stettin nicht Halt gemacht und ist sicher weiter Richtung Ostseeküste gefahren.« Gerd strich sich über die Schläfen. Das Pochen hatte aufgehört. »Das passt auch zu der aufgeschlagenen Atlasseite in seinem Zimmer.«

»Wahrscheinlich Kolberg«, sagte Bruch. »Vielleicht will er von da mit einem Boot nach Bornholm rüber.«

Gerd nickte und füllte das Glas noch einmal mit Limonade.

»Ich werde den Kollegen in Kolberg einen Tipp geben und zusätzlich einen Peilsender besorgen. Den können Sie an seinem Wagen befestigen. Wir können ja den Skoda Octavia nicht rund um die Uhr überwachen lassen. Fährt er Richtung Polen los, klingelt es bei uns.«

* * *

Sämtliche Versuche, einen leistungsfähigen Außenbordmotor mit 60 PS in Rostock oder Umgebung aufzutreiben, schlugen fehl. Weder in der Zeitung, noch am Hafen war auch nur ein einziges Angebot ausfindig zu machen. Selbst in der Schlosserei, bei einem ehemaligen Klienten seines Vaters, wo Peter früher mal Stechharpunen für Aale hergestellt hatte, war man nicht in der Lage, so einen Motor zu bauen oder einen leistungsschwächeren aufzurüsten. Keine Chance. Nicht mit dem Material, dass hier in der DDR zur Verfügung stand. Doch bevor ihn angesichts dieser Erkenntnis eine schmerzende Leere zu verschlingen drohte, versuchte er zu akzeptieren, dass ihm nichts anderes übrig blieb, als auch die letzte seiner vier Bootsrouten über Bord zu werfen. Es war ja schließlich nicht das erste Mal, dass er für seine Ziele Umwege gehen musste. Im Gegenteil, Umwege waren sein ständiger Begleiter und er besann sich urplötzlich auf etwas, das ihn seit jeher auszeichnet hatte: seine Willenskraft, seine Geisteskraft und seine Muskelkraft. Für seinen Fluchtgedanken konnte das nur eines bedeuten. Er musste schwimmen!

Bereits als Kind war er schon mehrfach von Rostock nach Kessin und wieder zurück geschwommen. Sieben Kilometer pro Strecke. Als Jugendlicher hatte er mehrfach die Müritz durchquert, zehn Kilometer pro Strecke. Und seit er von Werner den Nassanzug bekommen hatte, ging er regelmäßig schwimmen und tauchen. Doch wenn er es über die Ostsee schaffen wollte, musste er dieses jetzt vertiefen und verfeinern. Seinen Skoda Octavia ließ er von nun an – zum Leidwesen von Victor Bruch – nahezu unberührt.

Peter startete sein Schwimmprogramm umgehend. Bis Ende September 1970 unternahm er drei Schwimmtrips auf der Oberwarnow. Dafür fuhr er jeweils abends nach der Arbeit mit der alten Dampflok drei Stationen nach Pölchow, ging ein paar Hundert Meter über Felder und Wiesen zum Wasser, zog sich den Taucheranzug über, beschwerte seine Sachen mit einem Stein und versenkte sie auf ewig im Fluss. Bei seiner Flucht konnte er ohnehin nichts mitnehmen, deshalb konnte er auch schon jetzt mit dem Entrümpeln anfangen. 25 Kilometer reine Wasserstrecke, allerdings stromabwärts, schwamm er bis zu den Gaswiesen bei Rostock. Für diese Nachtstrecken, bei denen er immer wieder vorsichtig den Bleien diverser Nachtangler ausweichen musste, brauchte er sieben bis acht Stunden.

Bei den Gaswiesen hatte er vorher Kleidung versteckt, die er sich nun im Schutz der Dunkelheit anzog. Dann ging er, sozusagen als Auslaufen, die zwei Kilometer zu Fuß mit seinem Taucheranzug überm Arm zur Georg-Büchner-Straße, von wo er nur wenige Stunden später mit dem Fahrrad zum Dienst fuhr. Dieses Pensum konnte Peter nur durchhalten, weil er ein Ziel vor Augen hatte und sich bewusst war, dass nichts, was er im Leben für bedeutsam hielt, sich in der DDR jemals verwirklichen ließe. Freiheit, Unbeschwertheit, das Verwirklichen seiner Träume. Allen voran sein Jugendtraum, der in ihm gärte, seitdem er ›*Der alte Mann und das Meer*‹ von Hemingway gelesen und später im Kino gesehen hatte: Einmal im Leben einen Marlin fangen!

Dieser feste Wunsch, die DDR zu verlassen, verlieh ihm buchstäblich Zauberkräfte. Oder es lag an den Obesin-Dragees, die er bei diesen Extremtouren zum Austesten hin und wieder nahm. Sie enthielten ein Amphetamin-Derivat, was schon den Soldaten im Zweiten Weltkrieg verabreicht worden war und so euphorisierend wirkte, dass sie sich für unbesiegbar hielten. In der DDR diente Obesin als Appetitzügler und war in jeder Apotheke zu bekommen.

* * *

»Hallo, alles in Ordnung?«, fragte Jürgen am nächsten Morgen kurz vor acht in der OP-Schleuse und riss Peter aus seinen Gedanken. »Oder noch müde?«

Peter fühlte sich in der Tat erschöpft und ausgelaugt. Nichts mehr mit Zauberkräften. Die Wochen, die seit seinem Entschluss vergangenen waren, hatten ihn viel Kraft gekostet. Dabei fing die Sache gerade erst an. Doch Peter realisierte, dass seine Abkehr vom DDR-System, seine geplante Flucht ein Abschied für immer sein würde. Wollte er das wirklich? Seine Zweifel meldeten sich immer wieder schleichend. Sie quälten ihn und raubten ihm den Schlaf. Wollte er seine geliebte Heimat Rostock, in der er jeden Stein, jeden Baum, jede Welle kannte, seine Mutti, seine Großmutter und den kleinen Dirk einfach so zurücklassen?

»Peeeeter?«, fragte Jürgen erneut und versuchte die Aufmerksamkeit des Freundes zu erhaschen.

»Ja, äh … klar. Alles in Ordnung«, antwortete Peter. »Sag' mal, wollen wir am Freitag zu Fiete? Ich muss mal wieder raus, unter Leute. Haste Zeit?«

Jürgen hatte und verschwand in Richtung OP-Saal III, während Peter noch seinen Gedanken nachhing. Natürlich wollte er in den Westen. Seine Mutti dürfte ihn ab Vollendung ihres 60. Lebensjahrs im Westen besuchen, Großmutter Laura bereits jetzt. Und Dirk? Seinen Jungen sah Peter im Schnitt ohnehin dank unzähliger Bereitschaftsdienste und Ingrids Abwehrhaltung nur alle drei Monate, also viermal im Jahr für je ein Wochenende.

Er griff sich einen Kittel und ging in den OP-Saal IV. Nun galt es erneut, seine Gedanken ausschließlich den Patienten zu widmen. Und mit Martha Wentzel, 74 Jahre, aus Lütten Klein, wartete bereits der erste Oberschenkelhalsbruch.

Die nächsten fünf Tage gingen nach Stundenplan an Peter vorbei. Morgens Bezirkskrankenhaus, an zwei Abenden Bereitschaftsdienst, dann zu Hause mit Hanteln die Muskelkraft und mit dem abendlichen Laufen die Ausdauer trainieren. Peter war froh, dass endlich Freitagabend war. Kurz nach sieben betrat er den vollen *Krug* und steuerte auf Jürgen zu, der sich mit zwei Flaschen Bier in der hintersten Ecke bemerkbar machte. *Was für ein treuer Freund,* dachte Peter und bekam ein schlechtes Gewissen, weil er ihn noch immer nicht in seine Fluchtpläne eingeweiht hatte. Aber das Krankenhaus war der denkbar schlechteste Ort für so eine Unterredung. Dort hatten selbst die Wände Ohren.

»Spät kommt er, aber er kommt«, begrüßte ihn Jürgen und reichte ihm sein Bier, während der ganze Laden »Ich hab' Musik im Blut« von Bärbel Wachholz grölte.

Wo ich bin, da muss ich singen, irgendwie und irgendwas,
jeder Ton bringt mich zum Klingen, ob von Flöte oder Bass.
Ich hab Musik, Musik, Musik, Musik im Blut.

Seit Bärbel Wachholz' erstem Platz beim Internationalen Schlagerfestival der Ostseeländer 1962 in Rostock war sie eine feste Größe in der Stadt.

Ich brauch keine gold'nen Sachen
und kein Konto auf der Bank.
Willst du mir 'ne Freude machen,
schenk mir einen Plattenschrank.
Ich hab Musik, Musik, Musik, Musik im Blut.

Die Stimmung war ausgelassen. Wildfremde prosteten sich mit ihren Biergläsern zu. Und die Stammgäste waren ausgelassen. Sie liebten den Krug, die Stimmung und den einarmigen Fiete. Doch zum Reden war es zu laut, was Peter aber nicht störte. Er war froh, mal wieder rauszukommen und einen freien Kopf zu bekommen. Das ging bekanntlich immer, wenn man ihn mit lauter Musik *wachgeholzt* bekam. Dann stimmten sich die beiden Jungs in das Lied ein und schrien um die Wette. Bis eine junge Frau auftauchte, die Peter vom Sehen aus der Klinik kannte.

»Überraschung!«, schrie sie Jürgen ins Ohr. »Ich wollte gerade gehen, aber dann sah ich euch hier stehen. Kann ich euch Gesellschaft leisten?«

Jürgen, der nur die Hälfte verstanden hatte und sich die andere Hälfte zusammenreimen musste, nickte vielsagend und stellte die beiden einander vor.

»Das ist Peter«, brüllte er zurück. »Und das ist Angelika.«

Sie war Stationsschwester auf Jürgens Station und Peter reichte ihr zur Begrüßung die Hand. In ihren blauen Augen nahm er die schiere Lust am Leben wahr. Das gefiel ihm. Und er schien ihr zu gefallen. Kurzerhand stimmte sie mit ein:

Ich weiß genau, wie wunderbar die erste Liebe ist,
weil ich jung bin, weil ich jung bin.
Ich weiß auch, dass es glücklich macht,
wenn man sich zärtlich küsst,
weil ich jung bin, weil ich jung bin.

Ich bin verliebt in dich,
fühlst du genau wie ich,
frag' ich mich immerzu,
weil ich jung bin, weil ich jung bin,
so jung bin wie du.

Doch nach sechs weiteren Schlagern und zu viel Bier musste Angelika gehen. Ihr Frühdienst begann in fünf Stunden. Sie küsste Peter zum Abschied flüchtig auf die Wange, fuhr ihm durch die Haare und ging in Richtung Ausgang. Nur Sekunden später verließ auch Gerd den Alten Krug.

15

Förderte die DDR zwar den Spitzensport, so hörte beim Segelsport an der Ostsee der Enthusiasmus auf. Hier wich er der puren Angst. Ob Sportsegler oder Hobbysegler, wer sich auf die Ostsee begab, zog das Misstrauen der Partei auf sich. Das war Peter klar, der nun das *Wie* für seine Flucht geklärt hatte, aber auch das *Wo* konkretisieren wollte.

Lübecker Bucht? Konnte er vergessen. Diese Strecke mit der kürzesten Distanz von 20 Kilometern zur nahen holsteinischen Küste fiel als *Wo* wegen der engmaschigen Kontrollen diverser Grenzposten zu Wasser und zu Land samt der Grenzsicherungsanlagen aus. Peter musste Richtung Osten ausweichen, was einer Verlängerung seiner Schwimmroute gleichkam. Jeder Kilometer weiter konnte einer zu viel sein. Doch er musste bis zu dem Punkt ausweichen, von dem eine Flucht für die Grenzer nicht mehr vorstellbar erschien. Ob die Staatsmacht mit ihrer Einschätzung richtig lag, würde sich erst bei Peters Flucht zeigen. Ein riskantes Spiel, denn er musste etwas tun, das noch keiner vor ihm getan hatte. Vertieft in diese Gedanken, entschied sich Peter für *Kühlungsborn-Ost* als Startpunkt und begann das Grenzkontrollsystem vor Ort zu erforschen, indem er zur Tarnung mit Nachtangeln begann.

Im milden Licht des zunehmenden Mondes, etwa 800 Meter vom Ortsrand entfernt, warf er am Samstag in Kühlungsborn seine Angeln aus. Keine fünf Minuten später erschienen wie aus dem Nichts zwei Uniformierte, ausgestattet mit Fernglas, Funkgerät und AK-47-Kalaschnikow.

»Papiere bitte!«

»Was ist denn passiert?«, fragte Peter verdutzt.

»Ihre Papiere bitte!«

»Natürlich.« Peter griff in seine Jackentasche, während der beleibte Kollege nachsetzte: »Was kann man hier überhaupt angeln?«

Natürlich wusste der Grenzer, was man hier angeln konnte. Peter war nicht der erste Nachtangler hier, aber er wollte ihm wohl auf den Zahn fühlen.

Die beiden kamen Peter, wie sie da so nebeneinander standen, wie eine Ost-Kopie von *Dick und Doof* vor. Aber er wollte nicht unhöflich sein:

»Aale, Dorsche und Schollen. Mal sehen, was heute so beißt«, antwortete er brav und händigte dem schmalen Beamten seinen Ausweis aus.

Diese beiden Uniformierten bissen zumindest nicht und sprachen, nachdem sie den Ausweis überprüft hatten, im Duett:

»Alles klar und Petri Heil!« Sie gaben ihm den Ausweis zurück und überließen ihm die Fischgründe von Kühlungsborn.

Nach etwa vier Wochen ließen die Grenzposten von ihm ab. Es hatte sich herumgesprochen, dass der Döbler zweimal pro Woche für ein paar Stunden mit mehreren Ruten zum Nachtangeln auftauchte und stets mit fetter Beute wieder ging. Dabei hatte Peter nicht versäumt, den Grenzern ab und an ein paar Aale zu überlassen. Die freuten sich und er konnte in Ruhe agieren.

Er beobachtete den Rhythmus und die Routen der Patrouille. So fiel ihm auf, dass die Grenztruppen an dieser Stelle auch eine Fahrradstreife einsetzten, die mit einem Hund oberhalb der Böschung vorbeifuhr. Die militärisch organisierte Überwachung begann mitnichten erst bei der Küste. Etwa vier bis fünf Kilometer vom Strand entfernt im Ostseevorland lag der eigentliche, unsichtbare Grenzverlauf der DDR. Hinzu kam die Gefahr durch den Einsatz freiwilliger Grenzhelfer, die in jedem Dorf unterwegs waren. Ob ehrgeiziger FDJ-Emporkömmling oder Bürgermeister, jeder konnte auf Peter aufmerksam werden, Verdacht schöpfen und seine Aktivitäten melden. Das war ein Grund mehr, in Zukunft nur noch mit der Bahn herzukommen. Ein herrenloser alter Skoda würde nur unnötiges Interesse hervorrufen. Einen Grenzturm, und das sprach ganz eindeutig für Kühlungsborn, gab es zu dieser Zeit noch nicht.

Auch eine Suchscheinwerferanlage konnte Peter nicht entdecken. Die nächste Anlage war an der Steilküste Stoltera bei Warnemünde gelegen und somit keine 20 Kilometer Luftlinie entfernt. Doch was konnten die ausrichten? Wie stark war der von einem riesigen Generator betriebene Flugscheinwerfer wirklich? Wie waren die Sichtverhältnisse im unmittelbaren Bereich der Grenzscheinwerfer? Was war für die Grenzer zu erkennen? Um das alles herauszufinden, ging Peter eines Nachts zur Steilküste und legte sich 200 Meter neben dem Scheinwerfer unter die winterkahlen Ulmen und Buchen. Er wartete. Darin war er inzwischen Meister.

Plötzlich erklang ein lautes Geräusch und der riesige Generator sprang an. Es wurde taghell. Peter bildete sich sogar ein, dass es durch den Scheinwerfer wärmer wurde. Doch das war wahrscheinlich nur die Aufregung. Peter nahm seinen Feldstecher und folgte dem Lichtkegel aufs Meer. War der Scheinwerfer auf einen Punkt im Meer ausgerichtet, konnte man jeden schlafenden Fisch und jede Welle bestens erkennen. Doch sobald sich der Scheinwerfer drehte und sekundenschnell innerhalb seines Radius von knapp 20 Kilometern über die Ostsee wanderte, konnte man schon beim geringsten Wellengang nichts mehr erkennen. So hell es hier oben auch war, so unsichtbar wäre er im Wasser. Peter war mehr als erleichtert. Er war entschlossener denn je, seinem Freiheitsdrang mit all den damit verbundenen Risiken möglichst bald nachzugehen. Dann erlosch der Scheinwerfer mit einem lauten Geräusch und es wurde kälter. Diese Lichtfestspiele wiederholten sich im Laufe der Nacht in unregelmäßigen Abständen. Doch Peter hatte längst begriffen, dass der Flugscheinwerfer nur Angst verbreiten sollte. Und das Gegenteil bewirkte.

* * *

»Ist hier noch frei?«

Angelika hob den Kopf und strahlte Peter mit ihren blauen Augen an. Genau eine Woche war seit ihrer Begegnung im Krug vergangen, bis er sie nun in der Krankenhauskantine wiedersah.

»Klar, setz' dich gern zu mir.«

Peter stellte sein Tablett auf dem Tisch ab, nahm Platz und begann in seiner Suppe rumzustochern. Doch eigentlich stocherte er in sich herum. Er spürte Angelikas flüchtigen Kuss von neulich noch auf seiner Wange und hatte Lust, sich ihr mitzuteilen, ihr zu erzählen, was in ihm vorging. Andererseits wäre er in ein paar Monaten weg, in einem neuen Leben. So entschied er sich, nichts zu sagen und strahlte zurück.

»Seid ihr heute wieder bei Fiete?«, fragte sie.

»Ich habe Bereitschaft dieses Wochenende. Danach bin ich durch, dann will ich nur noch schlafen.«

»Dann nächste Woche? Ich komme nach dem Dienst vorbei und wir gehen etwas spazieren. Oder du kommst zu mir ins Wohnheim und ich koche etwas.« Sie zeigte auf seine fahle Suppe. »Also etwas, das dir schmeckt.«

Angelika war unkompliziert und konnte mit ihrer leichten Plauderei mühelos das Schweigen ihres Gegenübers überbrücken. Vielleicht könnte sie ja auch andere Sachen überbrücken?

»Und? Was meinst du?«, hakte sie nach.

Der Fuchs stiehlt nicht im eigenen Bau, dachte Peter. Ein Verhältnis zwischen Arzt und Schwester im selben Krankenhaus konnte zu unschönem Gerede führen, und das wollte er vermeiden. Er wollte unsichtbar werden und dann … Plink! … von einer Sekunde zur nächsten im Westen verschwunden sein. Doch leckeres Essen statt dem aus der Kantine war ein starkes Argument. Dazu diese blauen Augen, die ihn vermehrt an Monika aus Kiel erinnerten. *Was die jetzt wohl macht?*

Doch Angelika holte ihn aus Kiel zurück.

»Peter?«

Ein Schmunzeln lag auf seinen Lippen.

»Essen, das mir schmeckt, klingt gut. Montagabend um acht?«

Angelika nannte ihm ihre Zimmernummer, als Peter plötzlich grinsen musste.

»Du wohnst in Zimmer 13 auf Etage 2?«

»Bist du etwa abergläubisch? Soll ich besser zu dir kommen?«

»Nee, nee. Alles gut. Ich komme gern zu dir.«

Unglaublich, dachte Peter. Angelika wohnte gerade mal drei Zimmer neben der Verlobten seines Bruders. Die beiden Döbler-Brüder im selben Schwesternwohnheim. Er kam sich vor wie ein Achtklässler auf Klassenfahrt.

Punkt acht betrat Peter am Montag das Schwesternwohnheim, lief unerkannt durch die langen Gänge und klopfte schließlich an Angelikas Tür mit der Nummer 13. Sie öffnete, es roch gut nach Gebratenem, doch mit dem Essen hielten sie sich nicht lange auf. Er wollte sie, und sie wollte ihn.

* * *

Seit zehn Tagen waren die Temperaturen unter null. Doch während die meisten Rostocker mit ihren Gedanken bereits beim bevorstehenden Weihnachtsfest 1970 waren, überlegte sich Peter, wie er sein Training noch weiter ausbauen konnte. Neben Ausdauer, Kondition und Koordination kam noch die Abhärtung gegen Unterkühlung hinzu. Er wollte von nun an regelmäßig zum Eisbaden gehen. Jürgen, den er beim letzten Krug-Besuch in seine Fluchtpläne eingeweiht hatte, begleitete ihn. Doch für Jürgen stand wie immer der Spaßfaktor im Vordergrund, als sie an den freien Wochenenden in Warnemünde, unterhalb der Gaststätte »Teepott«, ins eiskalte Wasser sprangen und die Passanten an der Promenade in ihren dicken Pelzmänteln zu ungläubigem Kopfschütteln zwangen. Das Risiko, durch solche Aktionen das Interesse der Grenzer zu wecken, hatte Peter einkalkuliert, dachte sich aber, wenn zwei junge Ärzte so etwas Verrücktes tagsüber in aller Öffentlichkeit taten, konnte das nichts Verwerfliches sein. Verbotenes würde sich nur im Dunkeln abspielen. Dennoch blieb ein Restrisiko.

Nach drei bis vier Minuten *Eisplantschen* war das Schauspiel meist beendet. Zur Belohnung, weil sie den inneren Schweinhund besiegt und die

Pelzmäntel geschockt hatten, rannten Peter und Jürgen im Anschluss um die Wette in den Teepott. Der Verlierer musste den ersten Kaffee zahlen.

***

Dank Peter kam Gerd mittlerweile gar nicht mehr hinterher mit dem Berichteschreiben und informierte Bruch nun im festen 14-Tage-Takt. Mal ging es um Peters zusätzliche Trainingseinheiten in Form von nächtlichen Laufrunden um den Häuserblock, dann um die lebensfrohe, schlagerträllernde Stationsschwester Angelika. Und auch Peters nächtliche Besuche bei ihr hatte Gerd, so gut es eben ging, aufgelistet.

»So, so«, registrierte Bruch und fragte sich, wann Gerd dies alles neben seiner Arbeit als Feinmechaniker erledigt haben konnte? Schlief er nie? Dann wandte er sich wieder den schriftlichen Ausführungen und Gerd zu: »Da würde ich jetzt nicht so viel hineininterpretieren. Bei seinen nächtlichen Laufrunden sehe ich eher einen Zusammenhang mit der Stationsschwester Angelika Brandt.« Bruch lächelte väterlich und nahm einen Zug von seiner Zigarette. »Wissen Sie, Biber, ich bin nicht nur Offizier und Soldat. Ich bin auch ein Mann. Ein Mann, der auch mal frisch verliebt war.«

»Ja, Genosse Führungsoffizier.«

»Gönnen wir ihm doch einfach mal die neue Freundin, oder?«

»Ja schon. Aber…«

»Gut, gut. Haben wir es dann?«

»Nein. Döbler hat mittlerweile auch sein Auto wieder verkauft und dabei nur einen Bruchteil seiner 8.000 Mark erhalten. Das Auto war die reinste Rostlaube, was Peter damals nicht auffiel – dem neuen Käufer aber schon. Meines Wissen hat Peter noch 5.000 Mark bekommen.« Gerd strich sich durch die Haare. »Das müssen Sie sich mal vorstellen, Genosse Offizier«, triumphierte er mitleidslos. »3.000 Mark Verlust für vielleicht vier Autofahrten.« Gerd redete sich geradezu in Ekstase und rechnete nebenbei mit seinen zehn Fingern, was gar nicht so einfach war. Reden und rechnen. »Das sind ja dann – … so in etwa … naja … so um die 700 Mark pro Fahrt müssten das sein oder 800. Plus Tanken.«

Doch dem Führungsoffizier war nicht nach Triumphieren zumute. Hatte er zu Beginn des Berichts gedacht, der Anfangsverdacht einer geplanten Republikflucht Peter Döblers habe sich durch den Verkauf des Autos und einer neuen Liaison erledigt, realisierte er plötzlich, was der Verkauf des Autos bedeutete. Für ihn, den Führungsoffizier. Er bedeutete eine Menge Ärger. Geschockt fragte er zurück:

»Und der Sender? Was ist mit meinem Peilsender? Wurde der auch verkauft? Der allein kostet ja schon 5.000 Mark.«

Gerds Lachen wich einer ernsten Miene und er schnappte nach Luft.

»Ach ja, Genosse Führungsoffizier. Der müsste da noch dran kleben.«

»Dann würde ich jetzt mal behaupten, Sie kleben sich unverzüglich an das Auto und holen mir den Peilsender zurück. Das ist Volkseigentum.«

* * *

Gerd wollte und konnte den Worten seines Führungsoffiziers nicht folgen. Natürlich war das mit dem Peilsender dumm gelaufen. Aber es war doch eindeutig, dass Peters Trainingsrunden seiner Fluchtvorbereitung dienten. Natürlich wollte er die Republik verlassen. Und zwar bald. Gerd entschied sich, Peter mit seinem Verdacht zu konfrontieren. Nachdem er sich um den Peilsender gekümmert hatte, wollte er ihn in der Georg-Büchner-Straße aufsuchen.

Am Abend gegen sieben war es so weit. Mit Peilsender und verdreckten Händen stand er vor Peters Wohnungstür und klingelte.

»Kann ich mir bei euch kurz die Hände waschen?«, fragte Gerd, als ihm erneut der Rotschopf mit Brille öffnete.

»Vierte Tür links«, antworte dieser desinteressiert und verschwand in seinem Zimmer.

Gerd ging zur vierten Tür links und atmete langsam, während er sich mit dem kalten Wasser die Hände wusch und zusah, wie der Autodreck langsam im Abfluss verschwand. Es beruhigte ihn, das war gut, denn gleich würde es knallen. Um den Überraschungseffekt perfekt zu machen, verzichtete Gerd auf das Klopfen, sondern riss stattdessen Peters Zimmertür auf.

»Du willst rübermachen?«

Peter, der auf seinem Bett das Atlantikbuch las und Musik hörte, zuckte erschrocken zusammen und konnte nicht glauben, wer da in sein Zimmer hereingepoltert kam.

»Gerd!«, sagte er alarmiert. »Was willst du hier?« Langsam stand er auf. »Ist was mit Dirk?«

»Ich will nur wissen, warum du abhauen willst?« Gerd richtete seinen rechten Zeigefinger von oben herab direkt in Peters Gesicht.

»Was soll der Quatsch? Wer behauptet so was? Und was geht dich das überhaupt an?«

Gerd bildete sich ein, Peters Verzweiflung deutlich riechen zu können, und fühlte sich bestätigt. Das reichte für den Moment. Er nahm seinen Finger zurück, drehte ab und verschwand so schnell, wie er 30 Sekunden zuvor hereingekommen war. Er hatte einen Stich gemacht, da war sich Gerd sicher. Jetzt müsste er nur noch abwarten.

* * *

Peter musste in den nächsten Wochen viel über Gerds Besuch nachdenken. Er war nun doppelt auf der Hut. Doch direkte Auswirkungen hatte der Besuch nicht gehabt. Weder im Krankenhaus noch bei Dirk oder seiner Mutter. Und so arbeitete er akribisch weiter an seinem Plan zu Flucht und Freiheit.

Auch mit Angelika lief es gut. Sie genossen die gemeinsame Zeit und trafen sich regelmäßig im Schwesternwohnheim. Mit ihr konnte er seine Bedürfnisse ausleben und zumindest für einige Stunden der Trostlosigkeit des Systems entfliehen, in dem er sich mittlerweile als sozialistischer Leibeigner fühlte. In seine Fluchtgedanken weiht er sie aber nicht ein. Denn während Peter den Sozialismus kritisch sah, idealisiert Angelika dessen Ziele. Das wurde ihm mit jedem Treffen bewusster. Sie war eine gute Staatsbürgerin und es wunderte ihn nicht, dass sie SED-Mitglied war. Wahrscheinlich war sie deshalb auch bereits mit 20 Jahren zur Stationsschwester befördert worden. Er wusste, dass er die Liaison beenden musste, auch um Angelika zu schützen.

Hinzukam, dass er, je näher die Flucht heranrückte, vermehrt an Monika denken musste. Die junge Angelika bedeutete seine Vergangenheit in der DDR, während Monika, auch wenn sie bestimmt schon verheiratet war und Kinder hatte, für seine Zukunft in der BRD stand. Kiel sollte seine erste Anlaufstelle im Westen sein. Er musste mit Angelika sprechen.

»Duuuu?«

Angelika hörte sofort an seiner Stimme, dass etwas nicht stimmte, und schaute ihn mit erschrockenen Rehaugen an.

»Ich muss dir etwas sagen.«

Es wurde nicht besser. Ihre Augen begannen zu schwimmen.

»Es funktioniert nicht mehr!«

Nun wurden sie stumpf, ihre Lippen dünn.

»Hörst du mich?

Angelika schüttelte den Kopf, spürte einen Kloß im Hals und war unfähig, einen Ton herauszubringen. Ihr war immer klar gewesen, das Peter als Arzt bei einer jungen Krankenschwester nur eine gewisse Zeit hätte vorbeischauen wollen. Das war auch völlig in Ordnung für sie. Doch bisher war sie es immer gewesen, die den Start- und Stopp-Knopf gedrückt hatte. Dass ihr das jetzt abgenommen wurde, war neu. Das kannte sie nicht und gefiel ihr auch nicht.

Sie stand auf, holte einen Beutel aus dem Küchenregal und ging zum Kleiderschrank. Sie nahm seine Sachen heraus, die sich mittlerweile bei ihr angesammelt hatten, verstaute sie ordentlich zusammengefaltet in dem Beutel und reichte ihm alles.

»Sofort?«, fragte Peter überrascht, der nun auch den Tränen nahe war.

Angelika nickte.

»Willst du denn gar nichts dazu sagen?«

Sie schritt zur Wohnungstür, öffnete sie und flüsterte:

»Wir sehen uns im Krankenhaus.«

16

Ab Mitte März 1971 unternahm Peter mit seiner selbstgebauten Stechharpune mehrere Tauchtouren von Kühlungsborn nach Warnemünde. Das waren knapp 20 Kilometer. Peters Rechnung war dabei ziemlich simpel. Wenn er in der Lage sein würde, in einer entspannten Trainingssituation 20 Kilometer am Stück zu schwimmen, dann könnte er in einer Notsituation auch 45 Kilometer schaffen. Als es dann Ende Mai, Anfang Juni Sommer wurde, begann er die allgemeine Wettersituation in den Nachrichten zu verfolgen. Er hielt Ausschau nach einem Hochdruckgebiet, das nach Osten abwanderte. Er benötigte für seinen angepeilten Kurs Nordwest – von Kühlungsborn nach Fehmarn – einen unterstützenden Südostwind und erhoffte sich diesen auf der Rückseite des abgewanderten Hochdruckgebietes. Denn gegen den Wind anzuschwimmen war nicht möglich. Die meisten DDR-Fluchten, ganz gleich, ob mit Falt- und Schlauchboot, waren genau an dieser Ungeduld gescheitert. Nach stundenlangem Überlebenskampf, in dem sie kein Meter vorangekommen waren, fanden sich die Flüchtenden schließlich entkräftet an der DDR-Küste wieder.

Nach sechs Wochen war es so weit. Eine stabile Hochdruckzone bildete sich von den Azoren über Europa nach Nordosten aus und Peter konnte mit seinen letzten Vorbereitungen beginnen. Nun hatte er acht bis zwölf Tage Zeit und begriff, dass der nächste Tag, Freitag, der 16. Juli, sein letzter Arbeitstag im Krankenhaus sein würde. Ab Montag würde er sich eine Woche krankmelden, dann flüchten. Nun, nach all der Zeit des Wartens, musste alles schnell gehen. Mit frischem Kuchen, den er morgens in der Bäckerei Droste besorgt hatte, betrat er am nächsten Tag halb acht die Station.

Was folgte, war ein bittersüßer Tag. Alles war vertraut, alles wie immer und nichts mehr, wie es war. Ein seltsames Gefühl beschlich Peter, wohlwissend, dass er alles, was er heute tun würde, zum letzten Mal tat. Der erste Abschied galt seinem Team, das er vollständig ins Herz geschlossen hatte. Er wünschte sich, jeden Einzelnen mit Umarmung und persönlichen Dankesworten verabschieden zu können. Doch das war unmöglich. Gerade deshalb wollte er seinen letzten Tag mit allen genießen und ihnen eine Freude machen. Ähnlich erging es ihm mit den Kollegen im OP, auch wenn es dort keinen Kuchen gab.

Er nahm sich einen Kantinen-Stopp mit Jürgen vor. Doch gerade heute vergingen die Stunden wie im Flug und plötzlich war es bereits kurz vor vier. Alle Operationen und Visiten lagen hinter ihm. Arztbriefe und Akten waren geschrieben und abgelegt. Es war ruhig geworden. Er stand auf und ging eine Runde durch das Arztzimmer, setzte sich an seinen Schreibtisch, spannte ein leeres Blatt Papier ein und begann zu tippen. Er schrieb viel und verschrieb sich häufig, doch er schrieb weiter, spannte das zweite Blatt ein, schrieb weiter. Dann las er beide sorgsam durch, schüttelte den Kopf und zerknüllte sie. Er schob die Schreibmaschine beiseite und besprach ein Tonband, das er im Anschluss in die Schublade seines Schreibtisches legte. Dann schloss er das Zimmer ab und verabschiedete sich beim Spätdienst Richtung freies Wochenende, das er mit Dirk, seiner

Mutter und Großmutter verbringen wollte. Am darauffolgenden Montag meldete er sich bei Greta Sinnflut von der Verwaltung wegen eines Moped-Unfalls krank. Nun konnte er sich losgelöst von äußeren Störungen auf den Schlussakkord vorbereiten. Vier Tage noch.

* * *

ROSTOCK, DDR – FREITAG, 23. JULI 1971, BILDERBUCHWETTER

Nun war es endlich so weit. Die Hochdruckzone mit schönstem Wetter war eingetreten und es würde sich zeigen, ob sich Peters Strapazen, Vorbereitungen und sein Training gelohnt hätten. Dank einer Schlaftablette hatte er gut geschlafen und absolvierte nach dem Frühstück sein übliches Krafttraining mit Hanteln und Expander. *Sich nur nicht aus der Routine bringen lassen*, dachte er. Dann legte er die Schallplatte mit den ungarischen Tänzen von Johannes Brahms auf und genoss das virtuose Spiel des Orchesters in seinem geliebten Biedermeier-Sessel. Die Tänze brachten ihn in die richtige Stimmung und er ging in Gedanken alle Schritte seiner Flucht durch.

Nachdem er sich beide Seiten jeweils zweimal angehört hatte, packte er seine Sachen in einen großen Seesack. Zuerst verstaute er die wichtigsten Papiere, die er brauchte, um im Westen Fuß fassen zu können, Personalausweis, Fahrerlaubnis, Approbationsurkunde, das Zeugnis vom Staatsexamen sowie 100 Mark. All dies hatte er feinsäuberlich über einer Kerze in Cellophan eingeschweißt. Seine zweite Schicht im Seesack bestand aus Werners Nassanzug mit Brille, Schnorchel, Kopfhaube, Hand- und Fußflossen, einem Kinderschwimmring, Bindfaden, Bleigürtel, Kompass, vier Tafeln Bitterschokolade und mehreren Obesin-Dragees. Darüber kam sein Angelzeug, bestehend aus zwei Brandungsruten, zwei Angelrollen und einem Behälter für Rot- und Tauwürmer. Einen zusätzlichen Koffer, in den mit Geburtsurkunde, Schulzeugnissen, Fotos, Erinnerungsstücken und 4.700 Mark sein restliches Leben passte, hatte er bereits am Vorabend gepackt.

Ein letztes Mal drehte er sich wehmütig zu seiner Schallplattensammlung um, dann verließ er die Wohnung und ging zum nahen Bahnhof. Als er den Koffer bei der Gepäckaufbewahrung abgegeben hatte, steckte er Abholschein und Kofferschlüssel zu dem Brief an seine Mutter. Er überflog noch einmal die Zeilen, die er am Vorabend geschrieben hatte und in denen stand, was sie sicher längst ahnte. Sein grenzenloser Freiheitsdrang ließ ihm keine andere Wahl, als die DDR zu verlassen, das musste ihr klar sein. Und Peter glaubte, dass die Post innerhalb des Landes nicht von der Stasi mitgelesen wurde. Deshalb hielt er es für unbedenklich, seiner Mutter auch mitzuteilen, dass sie in den nächsten Tagen Post erhalten würde. In einem ersten Telegramm würde Peter seiner Nichte Kati zum Geburtstag gratulieren, was bedeutete, dass er unbeschadet im Westen angekommen war. Mit der zweiten Nachricht, einem ausführlichen Brief, sollte Maria zur Krankenhaus-Verwaltung gehen und ihn wegen Republikflucht anzeigen. Anzeigen, um sich selbst zu schützen.

Er atmete tief durch, faltete das Blatt entschlossen, steckte es in den Umschlag und befeuchtete den Kleberand. Der Geschmack ekelte ihn. Dann klebte er den Brief zu und steckte ihn in den Briefkasten. Nun gab es kein Zurück mehr.

Gegen 19 Uhr erreichte er mit dem Molli, einer Bimmelbahn mit schwarzer Dampflok und roten Wagen, seinen auserwählten Startpunkt: Kühlungsborn. Peter griff sich seinen Seesack und schlenderte über einen Imbiss Richtung Osten. Als er am Rande von Kühlungsborn-Ost noch eine kleine Eisdiele entdeckte, bestellte er sich ein großes Schoko-Vanille-Eis. *Kohlenhydrate kann ich jetzt gut gebrauchen*, dachte er und setzte sich auf eine Bank. Er versuchte, seine steigende Aufregung zu bekämpfen, sich zu entspannen und ruhig zu bleiben. Gegen halb zehn, die Dämmerung hatte bereits eingesetzt, ging er weiter und ging in Gedanken alle Abläufe durch. Denn nun begann seine Stunde.

»Halt. Grenzpolizei. Wo wollen Sie hin?«

Peter starb tausend Tode, als er die barsche Stimme direkt hinter sich vernahm, drehte sich um und sah direkt in den Lichtkegel einer Taschenlampe. Peter verlor kurz die Kontrolle, wurde nervös, hektisch und hob die Hände schützend vor seine geblendeten Augen. Er war auf alles vorbereitet gewesen, aber nicht, dass er auf der Promenade angehalten werde. Der Polizist, lang und dünn, senkte seine Taschenlampe und wiederholte:

»Wo wollen Sie hin?«

Peter konnte gerade noch einen Fluch unterdrücken und antwortete, so ruhig es eben mit einem Pulsschlag von 180 ging:

»Aal-Angeln. Ich will zum Nacht-Aal-Angeln.« Peter brauchte ein paar Sekunden, um seine Fassung wiederzuerlangen, dann setzte er fort. »Das mache ich schon seit vielen Monaten. Allerdings bin ich noch nie auf der Promenade kontrolliert worden.«

»Das tut jetzt nichts zur Sache. Zeigen Sie mal Ihren Ausweis.«

Ausweis? Gar nicht gut, dachte Peter geschockt und fühlte sich kurz vor dem Knock-Out. Den Ausweis hatte er mit seiner Fahrerlaubnis, den wichtigsten Urkunden und 100 Mark feinsäuberlich eingeschweißt. Und dieses Päckchen lag, wie sollte es auch anders sein, ganz unten im Seesack. Was sollte er tun? Weglaufen? Ins Wasser springen? Sich ergeben? Sein Puls war mittlerweile bei 200 angelangt, doch er versuchte sich auf das Cellophan-Päckchen zu konzentrieren und zwang sich ein Lächeln ab.

»Aber natürlich.«

Peter stellte den Seesack ab, öffnete ihn und legte demonstrativ sein Angelgerät auf die Promenade. Eins nach dem anderen. Brandungsruten, Angelrollen und den Behälter für Rot- und Tauwürmer. Dann griff er erneut in den Sack und tastete nach dem Päckchen in der ersten Schicht. Da war es! Er versuchte es mit Zeigefinger und Daumen aufzureißen und den Ausweis herauszufischen, als der Zweite ihn mit Fragen bombardierte:

»Wie sind Sie hergekommen? Sind Sie alleine hier? Warum Kühlungsborn? Mit welchem Zug sind Sie gefahren? Wann fährt morgen früh Ihr Zug zurück?«

Doch Peter dachte an sein Ziel, versuchte seine Nervosität unter Kontrolle zu bringen und nannte alle Ankunfts- und Abfahrtszeiten. Auch, dass er noch seine Fahrkarte bei sich hatte, half.

Endlich! Der Ausweis war befreit. Er zog ihn heraus und gab ihn den beiden. Die Polizisten schauten sich das Dokument im Licht der Taschenlampe an und leuchteten Peters erneut Gesicht, zum Abgleich. Es passte.

Umgehend ließen die beiden von ihm und dem restlichen Inhalt des Seesacks ab.

»Alles gut, Herr Döbler. Dann gehen Sie mal ihren Weg.«

Peter war erleichtert und packte seine Angelsachen zurück in den Sack, während er den beiden Polizisten nachschaute. Was hatte der eine gesagt? Er solle seinen Weg gehen? Das klang irgendwie doppeldeutig.

Als der Seesack wieder gefüllt war, ging Peter wie geplant an den Strand, zum Wasser. Er setzte sich in den Sand, stützte die Ellenbogen auf die Knie und den Kopf in die Hände. So schaute er minutenlang aufs Meer. Eigentlich hätte er sich längst umziehen, sich für das Wasser fertig machen müssen, doch der Abend war gelaufen. Sein Puls lag unverändert zwischen 180 und 200, Peter fühlte sich mit jedem Herzschlag leerer. Kopf leer, Akku leer, alles leer. Die Uniformierten hatten ihn aus der Bahn geworfen. Heute Nacht würde er nirgendwohin mehr schwimmen können. Gegen Mitternacht fuhr er unverrichteter Dinge mit einem Taxi nach Hause, nahm eine Schlaftablette und wachte erst am nächsten Vormittag wieder auf.

* * *

ROSTOCK, DDR – SAMSTAG, 24. JULI 1971

Am diesem Morgen wachte Gerd noch vor Dirk auf. Er drehte sich zu Ingrid und flüsterte ihr ins Ohr:

»Weißt du, wen ich gestern Abend gesehen habe?«

Ingrid reagierte nicht.

»Ich habe Peter gesehen.«

Doch sie sagte immer noch nichts. Ihr langes dunkles Haar lag wild um ihren Kopf verteilt und verdeckte halb ihr Gesicht.

»Schläfst du noch?« Gerd richtete sich auf und lehnte seinen Oberkörper an das Kopfgestell. »Ich glaube, er wird heute oder morgen über die Ostsee abhauen.«

»Was?« Ingrid schob sich das Haar aus dem Gesicht, rieb sich schlaftrunken die Augen und wandte sich nun Gerd zu. »Wer will abhauen?«

»Dein Peter!«

»Was soll der Quatsch?«

»Ist kein Quatsch. Vor zwei Tagen hat er einen Koffer in der Gepäckaufbewahrung am Bahnhof abgegeben und dann einen Brief eingeworfen. Und gestern Abend war er in Kühlungsborn am Strand. Er wurde allerdings von zwei Polizisten gestört.«

»Wahrscheinlich wollte er nur angeln. Du kennst ihn doch. Schon mal was von Nachtangeln gehört?«

»Dieses Mal nicht!«

»Was erzählst du da? Und woher willst du das alles überhaupt wissen?«

»Ich bin ihm gefolgt und wollte mit ihm sprechen.«

»Du bist ihm gefolgt?«

»Das ist korrekt«, antwortete Gerd grinsend.

»Aber warum?«

»Habe ich doch gerade gesagt, ich wollte mit ihm sprechen.«

»Und deswegen verfolgst du ihn nach Warnemünde?«

»Nicht nach Warnemünde, nach Kühlungsborn.«

»Dann eben Kühlungsborn, wo ist der Unterschied?«

»In der Entfernung.«

Ingrid verstand kein Wort.

»Und worüber wolltest du mit ihm sprechen, dass du ihn sogar bis Kühlungsborn verfolgt hast?«

»Über uns.«

»Über uns?«, fragte Ingrid ungläubig und zog die Augenbrauen zusammen. Dann drehte sie sich wieder um und beendete damit das Gespräch.

Gerd wartete noch ein paar Minuten, aber Ingrid sagte nichts mehr. Also stand er auf, zog die Gardinen beiseite und schaute auf die Häuserwand gegenüber in Richtung Küchenfester der Wohnung seiner Eltern. Er dachte an die Zeit zurück, als er von drüben sehnsüchtig zu Ingrids Haustür geschaut hatte, um sie morgens vor der Uni abzufangen. Damals, vor ihrem Wackelknie und bevor sie Peter kennengelernt hatte. Er ging leise ins Badezimmer, zog sich an und wollte aus der Wohnung schleichen, als Ingrid plötzlich, mit Dirk an der Hand, neben ihm stand. Sie schenkte ihm ein Grübchenlächeln und flehte ihn an:

»Was immer du denkst, was immer du auch vorhast. Tu' es bitte nicht! Bleib' heute Abend hier, bei mir, bei uns. Ich koche uns etwas Schönes. Lass' Peter doch machen, was er will. Es hat lange gedauert, aber nun haben wir uns doch gefunden. Wir haben jetzt unser eigenes Leben. Begib dich nicht unnötig in Gefahr. Und ihn auch nicht. Ich bitte dich, Gerd.«

Sie umarmte ihn innig, was in letzter Zeit nicht allzu oft vorkam. Zu sehr mit sich selbst oder mit Dirk beschäftigt war sie meist. Umso mehr genoss er es und versuchte zwischen den Zeilen zu lesen. Dann verschwand er im Treppenhaus.

Doch Ingrids Worte hingen Gerd den ganzen Tag an, auch wenn sie ihn von seinem Entschluss nicht abbringen konnte. Er war nach wie vor eifersüchtig. Diese Blicke, mit denen Ingrid Peter bedachte, wenn er Dirk abholte! Er wollte Peter nicht nur hochgehen lassen. Er wollte ihn persönlich hochnehmen und seine offene Rechnung mit ihm beim Führungsoffizier begleichen

* * *

Ein paar Stunden später erwachte dann auch Peter in seinem Zimmer unweit des Bahnhofs. Es war kein Tag wie jeder andere, dennoch begann ihn Peter so. Er öffnete das Fenster. Bilderbuchwetter, noch immer. *Dann eben heute*, dachte er und bereitete das Frühstück vor. Doch heute müsste eine andere Strategie her. Er müsste früher ins Wasser, viel früher. Am besten schon gegen halb fünf oder fünf. Dann wäre der Strand noch voller Menschen und er würde in der Menge unsichtbar werden, könnte etwas hinausschwimmen. Und wenn gegen sieben die letzten Urlauber ihre Sachen packten, Nachhause gingen und mit Abendbrotplänen beschäftigt waren, würde keiner seine Nicht-Rückkehr vermissen. Er musste später noch einmal über seinen neuen Plan nachdenken, aber fürs Erste klang er plausibel. Nach Frühstück und Krafttraining schweißte er das Päckchen mit seinem Ausweis neu ein, griff sich seinen Seesack und verließ die Wohnung. Die ungarischen Tänzer mussten ohne ihn auskommen.

In Kühlungsborn angelangt, waren die Bedingungen wie am Vortag. Eine leichte Brise, etwa Windstärke zwei, wehte aus Südost und damit genau Richtung Fehmarn. Alles schien perfekt zu sein. Zu perfekt? Er schaute sich um. Seit gestern Nacht spürte er dieses undefinierbare Kribbeln im Nacken, das ihn fremde Blicke auf sich ahnen ließ. Doch er hatte in der Bahn niemanden gesehen. Und auch jetzt nicht. Oder doch? War das nicht gerade … War das eben nicht Gerd gewesen? Da hinten neben der Bank? Doch auf den zweiten Blick war da niemand und Peter tat dies als das Zwiegespräch zwischen Engel und Teufel ab, das wohl jeder durchlebte, wenn er etwas Verbotenes im Sinne hatte. Und was er im Sinne hatte, war ziemlich verboten im sozialistischen Vaterland. Und während der Teufel auf seiner linken Schulter ihn zur Flucht verführte, indem es in blühenden Farben die grenzenlose Freiheit im Westen ausmalte, wies ihn der Engel auf der rechten Schulter auf die Gefahr in Form von Grenzsoldaten, Patrouillenbooten und Schießbefehl hin und mahnte ihn, das Gesetz zu wahren.

Angst durchströmte seinen Körper. Gerd hatte ihm in den vergangenen Wochen und Monaten ohnehin schon Kopfzerbrechen bereitet. Sein letzter Auftritt bei ihm, seine Andeutungen, auch dass er nun mit Ingrid zusammen war. Das alles war nicht gut. Und es lenkte ihn ab. Peter blieb erneut stehen, drehte sich um, ging einige Meter zurück. Doch er sah niemanden. Dann setzte er seinen Weg fort, atmete tief ein und ließ die kühle Ostseeluft in seine Lungen gleiten. Er versuchte gelassen zu bleiben und ging zur selben Eisdiele wie am Vortag.

»Schoko-Vanille, bitte, groß.«

Ohne Gerd, dafür mit leckerem Eis ging er zum Strand hinunter und war nun ein Stück weiter als gestern. Nach 400 Metern erreichte er ein kleines Stück Steilküste. Der Platz schien gut gewählt, die nächsten Urlauber weiter entfernt. Hier konnte er beginnen.

Peter zog sich bis auf die Badehose aus, cremte sich mit einer dicken Schicht Vaseline zum Schutz gegen Unterkühlung ein und klemmte sich den Bleigürtel, die Flossen, Schnorchel, Haube und Brille unter den Arm. So bewegte er sich langsam und um Normalität bemüht zum Wasser. Die Wassertemperatur lag bei angenehmen 18 Grad Celsius. Viel wärmer würde es in der Ostsee ohnehin nicht werden. Es war magisch, denn in der Sekunde, in der Peter mit dem Fuß das Wasser berührte, wich seine Angst und eine Gänsehaut überzog seine Haut, gefolgt von purem Adrenalin. Er watete langsam weiter und schwamm dann ein paar Meter, bis er die erste Sandbank erreichte. Etwa 60 Zentimeter tief. Ideal! Dort versenkte er Flossen, Schnorchel, Haube, Brille und beschwerte alles mit den drei Bleigürteln. Dann schwamm er ein paar Runden, bis er schließlich, ohne die Stelle an der Sandbank zu vergessen, zurück an den Strand kam.

Das Nackenkribbeln war geblieben, doch es schien niemand Notiz von ihm genommen zu haben. Weder die bewaffneten Streifen der Volksarmee noch die anderen Urlauber. Vielmehr hatten die ersten Strandurlauber anscheinend bereits genug, packten ihre Sachen zusammen, liefen braungebrannt zu ihren Autos am nahegelegen Parkplatz und freuten sich auf einen entspannten Abend auf der Couch.

Peter hingegen sollte noch etwas auf seinen nächsten entspannten Couch-Abend warten müssen. Er hatte davor eine Herkules-Aufgabe zu lösen. Er leerte den Seesack und verstaute seine alten Klamotten darin, bevor er ihn in einem nahegelegen Hagebuttenstrauch versteckte. Dann zog er sich einen schwarzen Rollkragenpullover über und stieg in den Neopren-Nassanzug. In diesem verstaute er das neu eingeschweißte Päckchen wichtiger Papiere, die vier Tafeln Bitterschokolade, die Obesin-Dragees, den Kinderschwimmring, eine Rolle kräftiges Klebeband für mögliche Reparaturen und einen Bindfaden. Zum Schluss befestigte er den Unterwasserkompass an seinem rechten und eine Uhr mit Leuchtziffern an seinem linken Handgelenk.

So stieg er unbeobachtet erneut ins Wasser. An der Sandbank setzte er sich, stieg in seine Flossen, schnallte sich die beiden kleinen Bleigürtel um seine Unterschenkel, den großen um den Bauch und klemmte den Schwimmring dahinter. Fehlten nur noch Haube und Schnorchel, dann war der ersehnte Augenblick gekommen. Peter schaute zum Strand bis hin zur Promenade. Dort ging alles seinen gewohnten Gang. Niemand schien Notiz von ihm genommen zu haben. Er konnte es kaum glauben. Es ging los!

Adieu, Deutsche Diktatorische Republik, jubelte er in Gedanken und begann von der Sandbank aus loszuschwimmen. Die Gewichte, in Summe sieben Kilo, hielten ihn dabei so tief unter Wasser, dass nur die Spitze seines Schnorchels und ein kleines Stück Rücken aus dem Wasser herausschauten. Um so unauffällig wie möglich zu sein, entschied sich Peter, im Bruststil zu beginnen. Das war zwar weitaus langsamer als Kraulen, aber es spritzte auch weniger. Außer Reichweite wollte er zum schnelleren Kraulen übergehen. Er wollte nur schnell weg von der Küste, auch wenn das einen Umweg von etwa acht bis zehn Kilometer bedeutete. Hätte er Fehmarn direkt angesteuert, wäre er zu lange in unmittelbarer Küstennähe geblieben. Und Küstennähe bedeutete Gefahr.

Dank seines harten Trainings hatte Peter eine Durchschnittsgeschwindigkeit von zwei Kilometern pro Stunde als realistische Größe angepeilt. Das hieße er würde die nächsten fünf Stunden nach Norden schwimmen, um dann nach Nordwest abzudrehen. So hatte er es anhand der Seekarte berechnet, die ihm Werner über Umwege hatte zukommen lassen. Seekarten waren aus nachvollziehbaren Gründen DDR-Mangelware, denn sämtliche Tonnen, ob grün oder rot, Bojen und Fährlinien waren dort detailliert eingetragen. Peter hatte sich die Seekarte bestmöglich eingeprägt, nun würde sie ihm bei der Orientierung helfen.

Werner hatte er viel zu verdanken. Ohne ihn wäre er wohl jetzt nicht hier – 400 Meter vor der Kühlungsborner Küste. Wenn alles gut ginge und er morgen wirklich unbeschadet den Westen erreichte, dann würde er ihn besuchen, ganz entspannt in seiner Firma in Schleswig-Holstein. Einfach so. Er würde sich einen Termin geben lassen und eine blaue Pumpe mit Fisch-Motiven bestellen. Werner war eindeutig ein Engel. Jürgen auch. Mutti, Großmutter und Dirk sowieso. Gerd hingegen übernahm ganz klar die Rolle des Teufels, bei Ingrid war er sich unschlüssig. Sie war wohl eine Mischung aus teuflischem Engel und engelhaftem Teufel.

Meter für Meter schwamm Peter mit behutsamen Flossenschlägen weiter von der Küste weg und genoss den vertrauten Duft des Salzwassers. Fühlte sich Ingrid durch ein gutes, seltenes Parfüm belebt und glücklich, geschah das bei ihm durch das Schwimmen im Meer. Und als nach weiteren Minuten die Wellen höher wurden, die ihm in dieser Entfernung bereits als Tarnung dienten, entspannte er sich zunehmend. Ohne festen Anhaltspunkt musste er für die bewaffneten Grenzsoldaten an der Küste nun selbst mit einem Fernglas kaum noch zu erkennen sein. Peter war euphorisch und fühlte sich in seinem Element wohl.

Er erinnerte sich an ein Arbeiterlied, das er seit frühester Jugend kannte und seitdem bei jeder Blauhemdveranstaltung hatte singen müssen. Erst als Erwachsener hatte er erkannt, dass das Singen traditioneller oder neuer Arbeiterlieder nicht nur bei öffentlichen Veranstaltungen der DDR eine tragende Rolle spielte, sondern vor allem der kollektiven Identifizierung mit dem Arbeiter-und-Bauern-Staat diente. Seine Identität war jedoch verschont geblieben. Stattdessen nutzte er nun, voller Ironie, dieses Liedgut dafür, genau diesen Arbeiter-und-Bauern-Staat zu verlassen. Er sang in Gedanken:

Du hast ja ein Ziel vor den Augen,
damit du in der Welt dich nicht irrst,
damit du weißt, was du machen sollst,
damit du einmal besser leben wirst.
Denn die Welt braucht dich genau wie du sie,
die Welt kann ohne dich nicht sein,
das Leben ist eine schöne Melodie,
Kamerad, Kamerad, stimm' ein.

Allem die Welt und jedem die Sonne,
fröhliche Herzen, strahlender Blick.
Fassen die Hände Hammer und Spaten,
wir sind Kameraden, schmieden das Glück.

Und hast du dich einmal entschlossen,
dann darfst du nicht mehr rückwärts geh'n,
dann musst du deinen Genossen
als Fahne vor dem Herzen steh'n.
Denn sie brauchen dich genau wie du sie,
du bist Quelle und sie schöpfen aus dir Kraft.
Drum geh voran und erquicke sie,
Kamerad, dann wird's geschafft.

Er dachte ans Krankenhaus, seine letzten Operationen, seine geschätzten Kollegen und daran, was sie sagen würden, wenn die Botschaft von seiner Flucht langsam durchsickerte. Erst wären es nur Gerüchte, Flurfunk eben, die umgehend von der Klinikleitung dementiert würden, sich aber hielten und sich irgendwann bewahrheiteten. Wie Professor Martin mit hochrotem Kopf aufgescheucht durch die langen Krankenhaus-Gänge huschte, sich die Finger mit den Partei-Oberen wund telefonierte, erst mit Rostock, später mit Ostberlin. Wie dann eine plausible Lüge über Peters Abwesenheit die Runde machen würde, die ihn brandmarken und dazu führen würde, dass sie ihn verurteilten.

Mittlerweile war er eine dreiviertel Stunde unterwegs und begann mit dem Kraulen, als er plötzlich eine Unmenge großen Ohrenquallen um sich herum bemerkte, die er teilweise mit jedem Zug wegschieben musste. Sie waren zwar völlig harmlos mit ihren durchsichtigen Körpern, die ihren Namen dem meist rosa- oder lilafarbenen Muster auf der Oberseite verdankten und sich in den Sommermonaten stark vermehrten. Bereits als Kinder hatten sich Christian und Peter im Sommer am Strand, zum Unverständnis von Mutti, oft mit Quallen beworfen. Das war immer ein Spaß. Ungemütlich wurde es erst, wenn man einer roten Feuerqualle in die Quere kam. Das fühlte sich an, als wäre man in einen Brenneselhaufen gefallen, der sich in einem Ameisenberg befand. Doch das war lange her. Nun war Peter erwachsen und hatte einen Plan. Er wollte in den Westen und brauchte dafür die Ostsee.

Die Ostsee war für Peter so viel mehr als nur ein Meer. Er liebte ihre Weite, ihre Schönheit, ihre Güte und ihre Vollkommenheit als Heimat unzähliger Lebewesen. Sie war damit so ganz anders als seine Heimat gewesen. Die DDR boten ihren Bürgern keine Weite, keine Freiheit und war nicht gütig gegenüber der Vielfalt des Lebens. Es gab nicht einmal die realistische Aussicht darauf. Dabei hatte Peter lange an sie geglaubt, an den Sozialismus, an die Fähigkeit der Partei, sich zu einem freiheitlichen sozialistischen und dennoch demokratischen System zu wandeln. Selbst die friedliche Ostsee sah das Regime als etwas Bedrohliches, Gefährliches, als natürlichen Feind an, den man mit Kalaschnikows, Grenzbooten und Suchscheinwerfern bewachen musste.

Peter wechselte in Rückenlage, bewegte nun hauptsächlich die Beine, während die Arme dicht am Körper anlagen und sich erholen konnten. Nach einer weiteren halben Stunde wechselte er zurück zum Kraulen. Er hatte sich inzwischen gut auf die Wellen eingestellt. Seine Arme kraulten in den Wellenberg, durchzogen ihn kräftig, durchglitten das Wellental, um wieder auf den Kamm hinaufzukommen. Dabei achtete Peter darauf, nur so schnell zu schwimmen, dass er nicht in Atemnot kam. Das Kraulen mit den selbstgenähten kellenartigen Handflossen war durch die größere Wasserverdrängung anstrengend, doch er kam gut voran, während die Steilküste hinter ihm kleiner und kleiner wurde.

* * *

Acht Kilometer weiter südlich wurden indes zwei Uniformierten auf ihrer täglichen Nachtstreife durch lautes Hundegebell aus ihren leeren Gedanken gerissen.

»Was ist denn los, Bello?«, fragte einer der beiden und begann mit der Taschenlampe den Strand abzusuchen. »Was hast du denn?«

Doch Bello zog unbeirrt an der Leine und ließ den Grenzern keine andere Wahl, als ihm nachzugeben. Sie folgten ihm zum Gebüsch und sahen, wie Bello plötzlich stehenblieb, schnüffelte, jaulte, bellte und schließlich in einem Hagebuttenstrauch verschwand.

Der Grenzer zerrte an der Leine, bis der Hund wieder hervorkam. Dann leuchtete er in den zwei Meter hohen Busch und konnte Umrisse eines Gepäckstücks erkennen, aus dem zwei Angelruten herausragten.

»Platz, Bello«, befahl er in energischem Ton. »Platz! Sofort!«

Bello wich zur Seite, legte sich hin und wedelte stolz mit dem Schwanz, während die Uniformierten in das dornige Gestrüpp griffen und einen alten Seesack herauszogen. Sofort begriff er, dass das weit mehr war als nur Angelgepäck. *Das ist eine Chance!*, dachte der Grenzer mit dem Hund an der Leine. Seine Chance, auf die er seit seinem Eintritt in die Nationale Volksarmee im Herbst 1957 gewartet hatte – ein Angriff auf die Staatsgrenze. Er war plötzlich hellwach und bereit, die Herausforderung anzunehmen und einen Grenzdurchbruch auf frischer Tat zu verhindern. Das entsprach einem Sechser im Lotto. Endlich würde er die Anerkennung erhalten, die er seit Langem für seinen unermüdlichen Dienst am System verdiente. Er merkte, wie sein Puls anstieg, und malte sich aus, was diese Lorbeeren für ihn und sein Umfeld bedeuten würden: Zunächst die lang ersehnte Wertschätzung seines Vaters, der als Abteilungsleiter in der Warnow-Werft aktiv *zum Wohle des Volkes* beitrug und ihm ständig das Gefühl gab, dass er nicht alles aus seinen Fähigkeiten herausgeholt habe. Wie stolz würde seine Mutter sein, langjährige Sekretärin in der SED-Kreisleitung und treu ergeben ihrem Chef, der bekannt und berüchtigt für seine Trinkfestigkeit und seine nicht immer feinen Umgangsformen war. Und ob er eine Auszeichnung samt Sonderurlaub bekommen würde? Ein Gefühl der Genugtuung ergriff von ihm Besitz. Jetzt müssten sie den Flüchtling nur noch finden.

»Der Seesack war gestern Abend aber noch nicht hier!«, sagte der andere Grenzer, holte sein Funkgerät hervor und drückte die große Sprechtaste, um Meldung zu machen. »Hallo?«

»Leitstelle Roststock hier. Was gibt es?«, rauschte es als Antwort aus dem Gerät.

»Haben soeben Tarnungsutensilien gefunden. Einen etwa anderthalb Meter großen Seesack aus Kunstleder, in einem etwa zwei Meter hohen Gebüsch versteckt …«

»Wo ist der Fundort genau?«, wurde er unwirsch von der anderen Seite unterbrochen. »Ihren Standort bitte.«

»An der Steilküste bei Kühlungsborn-Ost.«

»Und weiter?«

»Verdacht auf Grenzdurchbruch.«

»Sehen Sie verdächtige Personen? Ein Boot? Irgendwas?«

»Nein. Leider nicht. Ist aber auch stockdunkel hier.«

»Geben Sie uns den Inhalt des Seesacks wieder?«

»Einen Moment bitte.« Der Grenzer stieß seinen Kollegen an, der gedanklich schon bei seiner Auszeichnung war. »Schau' mal in den Seesack!«

Jäh aus seinen Zukunftsträumen gerissen, musste sich der andere zunächst dem Hier und Jetzt stellen. Er leerte den Sack und legte den Inhalt Stück für Stück in den Sand.

Sein Kollege rief simultan ins Funkgerät:

»Zwei Angelruten, zwei Angelrollen, ein Behälter für Köder, ein grünes Herrenhemd, eine graue Hose, ein Paar blaue Socken und ein Paar braune Herrenschuhe, Größe 42.« Dann hielt er kurz inne. »Es ist davon auszugehen, dass es sich um eine Person handelt. Ich wiederhole: Eine flüchtige Person mit Verdacht auf Grenzdurchbruch.«

»Danke. Und nun schauen Sie, ob Sie ihn finden können. Verstärkung ist unterwegs.«

* * *

»Dein Essen steht in der Küche!«, war die kurze Begrüßung, als Gerd abends bei Ingrid auftauchte.

Es war mittlerweile 21 Uhr und sie war richtig sauer. Gegen sechs war sie noch traurig gewesen, als er nicht heimkam. Eine Stunde später ungeduldig und um acht enttäuscht. Doch nun war es zu viel! Nicht, weil Gerd ihre mit Liebe gekochte Hühnersuppe gemieden hatte, sondern warum er sie gemieden hatte.

»Warst wohl wieder bei Peter? In Kühlungsborn, richtig?«, fauchte sie ihn an.

»Lass' mich doch erst mal ankommen und umziehen, meine Hübsche.«

»Nenn' mich nicht so!«

»Und dann erzähle ich dir alles.«

»Was gibt es da noch zu erzählen, Gerd? Ich denke, es ist besser, wenn du heute in deiner Wohnung schläfst. Dann kannst du in Ruhe darüber nachdenken, wer oder was dir wichtig ist!«

»Das habe ich«, versuchte Gerd Ingrid zu beruhigen. »Komm' doch mit in die Küche und leiste mir Gesellschaft. Dann kann ich dir in Ruhe alles erzählen.« Er griff nach ihrer Hand. Sie ließ sich mitziehen.

Und während er den großen Topf auf der Kochplatte erhitzte, berichtete er, wie er Peter am Nachmittag erst im Zug, später im Molli nach Kühlungsborn gefolgt war. Und wie er in diesen Stunden, als er vor dem Fenster Felder, Wälder und Dörfer vorbeiziehen sah und kurz vor Kühlungsborn über Zäune und Hecken in kleine Vorgärten schaute, viel über sich, über Familie und über Ingrid nachgedacht habe. Er erzählte, wie er Peter über die Promenade zum Strand gefolgt sei und ihre Blicke sich für den Bruchteil einer Sekunde getroffen hätten.

»Er hat dich gesehen?«, fragte Ingrid, während sie Gerd mit einer deutlichen Armbewegung vom Herd vertrieb. Das Kochen, und wenn es nur das Erhitzen eines Kochtopfes war, entspannte sie. Und sie brauchte Entspannung. Die Ungewissheit in den Stunden des Wartens auf Gerd hatte sie ganz verrückt gemacht.

»Ich denke schon. Er hatte wohl etwas geahnt oder gespürt, denn er drehte sich auf einmal ruckartig um und ich konnte direkt in seine Augen sehen. Ich sah seine Entschlossenheit und wusste, dass er heute tun würde, was er schon lange geplant hatte.«

»Und was ist dann passiert? Ist er jetzt weg?«

»Je länger ich ihm folgte und sah, wie er sich ein ruhiges Plätzchen suchte und mit irgendetwas eincremte, desto mehr fragte ich mich, ob ich gerade richtig handle. Immerhin waren wir mal dicke Freunde. Und an dich, Ingrid, dachte ich. Dass du dir große Sorgen machen würdest. Um ihn, aber möglicherweis auch um mich.«

Ingrid schöpfte mit der Kelle Suppe aus dem Topf in einen tiefen Teller, stellte ihn vor Gerd auf den Küchentisch, setzte sich zu ihm und nahm seine linke Hand.

»Natürlich habe ich mir Sorgen um dich gemacht!«

Gerd lächelte und probierte die Suppe.

»Schmeckt wie bei Mutti.«

»Und dann? Was ist dann passiert? Erzähl' schon weiter.«

»Ich stand nur da wie angewurzelt und sah zu, wie wenig später Peter in den Nassanzug stieg und ins Wasser lief. Nach zwei Runden Schwimmen kam er wieder raus, holte etwas und ging zurück in Wasser. Dann schwamm er los, wurde als Punkt in der Ostsee immer kleiner und irgendwann war er verschwunden.«

Gerd hatte sich entschieden. Er wollte seinen alten Freund seinem Schicksal überlassen und zu seiner neuen Familie nach Hause fahren.

17

»Ach du Scheiße«, fluchte Peter, als er nach einer gefühlten Ewigkeit zum ersten Mal wieder auf seine Uhr schaute. Sie war stehengeblieben, um halb sieben. Ausgerechnet heute. Panik überkam ihn. Punkt zehn musste er nach Nordwesten abwenden, um auf seinem Kurs zu bleiben. Und zwar nicht um dreiviertel zehn oder viertel elf, sondern Punkt zehn. Doch ohne funktionierende Uhr am Handgelenk war das unmöglich – obwohl er in Meteorologie geschult war. Doch Panik würde ihn jetzt nicht weiterbringen. Er erinnerte sich an das Atlantikbuch, in dem Hannes Lindemann von seiner 72-tägigen Überquerung berichtet hatte.

Peter hatte beim Lesen sofort verstanden, dass das Unterbewusstsein in brenzligen Situationen die Führung über den Körper übernimmt und ein Mensch durch psychische Selbstkontrolle größten Strapazen, Entbehrungen und Überraschungen entgegentreten kann. Man müsste sich nur genügend vorbereiten. Das hatte er getan, immer und immer wieder, um in einer Notlage über sich hinauswachsen zu können. Bereits im Oktober 1970 hatte Peter nach der Theorie des autogenen Trainings mit der *systematischen Programmierung* begonnen, vier Vorsätze zu formulieren und sie morgens nach dem Aufwachen und abends vor dem Zubettgehen laut vor sich herzusagen, bis sie tief in seinem Unterbewusstsein verankert waren. *So viel zur Theorie*, dachte er. Nun galt es, die Sätze anzuwenden. Leise sagte er: »Ich schaffe das! Nicht aufgeben! Kurs Nordwest! Es gibt kein Zurück!«

Und es schien zu funktionieren. Was war schon passiert? Seine Uhr war ausgefallen, wohl schon seit Längerem. Na und? Es gab ja noch den Mond und die Sterne, auf sie war Verlass. Und mit jedem weiteren Zug bemerkte er, wie er ruhiger wurde und ihm die Sätze guttaten.

Damals, im Oktober und November letzten Jahres hatten ihn noch große Selbstzweifel geplagt. Immer wieder hatte er sich gefragt: War eine Republikflucht der einzig richtige Weg? War sie es wert, seine Lieben zurückzulassen? Er hatte versucht, seinen Plan moralisch vor sich zu rechtfertigen, denn er wollte sich – wenn er es wagte – erhobenen Hauptes auf den Weg machen. So hatte er sich zusätzlich morgens und abends vier Fragen gestellt:

- Ist meine Flucht aus der DDR moralisch gerechtfertigt?
- Werde ich meine Familie vom Westen aus unterstützen können?
- Werde ich mein Ziel erreichen?
- Werden sich die Strapazen lohnen?

Und mit der Zeit erhielt Peter eine immer stärkere und innere Bestätigung. Denn die Antwort auf seine Fragen lautete stets »Ja!«.

Lindemann sprach von einem »kosmischen Sicherheitsgefühl«. Auch Peter spürte dieses Gefühl in jeder Faser seines Körpers. Es gab ihm die Gewissheit, dass seine Ostsee-Überquerung »ein gutes Ende« nehmen würde. Er würde sich nicht durch eine defekte Uhr entmutigen lassen. Genauso wenig, wie er sich auch in den vergangenen Monaten oder erst gestern Abend nicht hatte ablenken lassen, als er von den beiden Polizisten auf der Promenade kontrolliert und nach seinem Ausweis gefragt worden war. Doch jetzt war er in der Ostsee. Er brauchte eine Pause und gönnte sie sich, als er nochmals seine vier Vorsätze durchging: »Ich schaffe das! Nicht aufgeben! Kurs Nordwest! Es gibt kein Zurück!«

Peter zog vorsichtig den Kinderschwimmring unter dem Bauch-Blei-Gürtel hervor, blies ihn auf und lehnte sich wie an Fietes Billig-Bier-Theke zu fortgeschrittener Stunde mit den Oberarmen dagegen. Auf diese Weise hatte er die Hände frei, konnte seinen Nassanzug öffnen und Schokolade sowie eine Obesin-Tablette zu sich nehmen. Er wollte kein Risiko eingehen und bloß nicht die gute Laune riskieren. Denn bis jetzt lief es besser als gedacht. Nach der etwa zehnminütigen Pause, in der sich seine Arme und Beine erholten, ließ er die Luft wieder aus dem Schwimmring und verstaute ihn sicher unter dem Gürtel. Er wollte diese Pausen, solange es der Wind zuließ, in regelmäßigen Abständen wiederholen.

Inzwischen war die Sonne vollständig untergegangen und es war dunkel. Es musste jetzt etwa zehn Uhr sein. Der Punkt wäre damit erreicht, an dem Peter Richtung Nordwest abdrehen wollte. Er schaute auf seinen Kompass, um den genauen Winkel zu bestimmen, und bog auf 45 Grad nach links ab. Von nun an wollte er seinen Kurs vor allem nach dem Stand des Mondes und dem Polarstern ausrichten. Die ständige Orientierung darüber erschien ihm weitaus effektiver als der ständige Blick auf den Kompass am rechten Handgelenk, da ihn dies jedes Mal aus dem Schwimmrhythmus brachte. Nun musste er nur den Kurs halten und würde in 20 Stunden die Küste von Fehmarn erreichen. *Hoffentlich*! Sein nächster Orientierungspunkt laut eingeprägter Seekarte wäre Tonne Nummer 1 des Schifffahrtsweges 6 zwischen dem dänischen Gedser und Lübeck.

Die Ostsee war ruhig und trügerisch still. Für einige Minuten empfand Peter diese Stille als ohrenbetäubende Bedrohung. Geradezu erdrückend wirkte sie auf ihn. Ihm wurde bewusst, dass er zurzeit der einsamste Mensch auf der Welt war. Doch die Welt drehte sich für ihn und endlich setzte die Wirkung des Amphetamins ein, die Bedrohung löste sich in Wohlgefallen auf und er schwamm wie ein Schweizer Uhrwerk Zug und Zug, Meter um Meter in Richtung Freiheit.

* * *

»Halt! Stopp! Warten Sie! Wir müssen mit!«, riefen Heike im geblümten Sommerkleid und ihr Verlobter Henry im hellen Anzug, als sie mit ihrem Gepäck und ihren Fahrkarten wedelnd nachts am Hafengebäude ankamen.

In letzter Sekunde hatten sie das Terminal der großen Fährschiffe in Lübeck-Travemünde erreicht und wurden nach Vorzeigen ihrer Papiere umgehend an Bord der »Nils Holgersson« gebracht. Das Schiff war bereits startklar.

»Lass' mich aber beim nächsten Mal fahren, Henry. Hörst du?«, bat Heike schweißgebadet und lächelte gewinnbringend, während ihre Oberlippe das rosige Zahnfleisch entblößte. »Eine entspannte Urlaubswoche sollte auch mit einer entspannten Anfahrt beginnen.«

Henry war stolz, nach dem Stau an der Baustelle auf der A1 das Schiff überhaupt erreicht zu haben, nahm Heike in den Arm und drücke sie fest an sich. Dann folgten sie dem Schiffssteward zu ihrer Kabine. Wie er versicherte, war das die schönste Zwei-Bett-Kabine auf dem gesamten Schiff. In der Tat war sie geräumig und schick eingerichtet, für eine Nacht fast zu viel des Guten. Morgen früh um halb acht würden sie bereits im schwedischen Trelleborg anlegen. Kaum hatten sich Heike und Henry auf das Bett gesetzt, lief der große Kahn aus. Der Weg führte an der Altstadt von Travemünde mit dem Wasserturm, der Flaniermeile und der Promenade mit den zahlreichen kulturellen Angeboten, an Restaurants, Hotels und Bowlingbahn vorbei. Doch sehen konnte man davon jetzt am späten Abend nur noch die Lichter. Heike schaute dennoch durch das kleine Kabinenfenster. Sie war müde, erschöpft und doch viel zu aufgeregt, um schon schlafen gehen zu können.

»Lass' uns an Deck gehen und winken. Das machen alle so.«

Winken? Wem zum Henker sollte er nachts um halb elf noch winken?, dachte der Bald-Ehemann und stimmte Heike dennoch zu, da er ihr nichts abschlagen konnte. Auch der Trelleborg-Kurzurlaub war ihre spontane Idee gewesen – er liebte ja mehr so die Alpen. Und so fanden sie sich Momente später in einem riesigen Auflauf von Menschen wieder, die an der Reling standen und in die Dunkelheit winkten. Ein deprimierender Anblick.

***

Einen ähnlich deprimierenden Anblick ereilte auch Andreas Mankwitz, Oberstleutnant der Volksarmee und Leiter des Suchtrupps der 6. Grenzbrigade Küste, als er gegen halb elf am Strand von Kühlungsborn-Ost eintraf. Eigentlich hätte Mankwitz dieses Wochenende frei gehabt. Er hatte bereits im Schlafanzug auf der Couch mit einem kühlen Bier vor dem Fernseher gelegen. Es lief die neueste Folge von »Blaulicht«. Doch die Bezirksverwaltung für Staatsicherheit Rostock, Abteilung XX, hatte andere Pläne gehabt.

»Angriff auf die Grenze in Kühlungsborn. Versuchter Grenzdurchbruch, männlich, allein unterwegs«, waren die unmissverständlichen Stichworte, die ihn über das Telefon trafen und hierher gebracht hatten.

»Das ist alles?«, fragte Mankwitz die beiden Grenzer und zeigte auf den leeren Seesack neben dem Hagebuttengebüsch. »Ein paar Angelruten und Klamotten? Mehr haben Sie nicht?«

»Jawohl, beziehungsweise nein, Herr Oberstleutnant!«

»Bootsspuren im Sand? Ein herrenloses Auto an der Straße?«

»Beides nicht, Herr Oberstleutnant!«

»Personen, die etwas gesehen haben?

»Auch nicht.«

»Also nichts?«

»Korrekt!«

Mankwitz ließ seinen Blick langsam über das Wasser wandern.

»Wie viele Patrouillenboote sind heute Nacht im Einsatz?«

»Zwischen Polen und Lübeck-Travemünde sind es 25 auf der Drei-Meilen-Zone, Herr Oberstleutnant.«

»Sind die Genossen über die Grenzprovokation informiert?«

»Jawohl, Sie wurden bereits in erhöhte Alarmbereitschaft versetzt.«

Mankwitz schaute in den Himmel und stellte trocken fest:

»Günstige Wetterlage heute!«

»Jawohl, Herr Oberstleutnant.«

»Wo könnte er hin sein?«

»Es gab noch keinen Grenzdurchbruch von dieser Stelle aus.«

»Dänemark?«

»Gedser wäre vom Darß weitaus kürzer zu erreichen, Herr Oberstleutnant.«

»Bliebe noch Fehmarn.«

»Wie gesagt, es gab noch keinen Grenzdurchbruch von dieser Stelle. Ist *eigentlich* alles zu weit weg, Genosse Oberstleutnant.«

Aber ganz offensichtlich nur eigentlich, dachte Mankwitz. Er hatte genug gehört und ging über den hell erleuchteten Strand in Richtung Wasser, einen der Grenzer im Schlepptau, während die Suchscheinwerfer weiter im Halbkreis die Ostsee beleuchteten. Der Lichtkegel schwenkte von links nach rechts, von rechts nach links und wieder zurück. Noch ging die 6. GBK davon aus, dass eine Flucht von diesem Punkt aus nur mit einem Boot möglich war. Dementsprechend schnell könnte der Flüchtling bei dieser Wetterlage das DDR-Gebiet verlassen. Alle standen unter erheblichem Zeitdruck. Sie schätzten, dass der versuchte Grenzdurchbruch mindestens vier Stunden her war. Fehmarn lag 45 Kilometer, Gedser 55 Kilometer Luftlinie entfernt. Keiner wollte eine erfolgreiche Grenzverletzung melden, denn das konnte einen erheblichen Karriereknick nach sich ziehen. Dem Oberstleutnant rannte die Zeit davon, dem Grenzer sowieso.

»Wie ist ihr Name?«

»Schilling. Gefreiter Schilling, Herr Oberstleutnant!

»Ich will aufs Wasser, Schilling. Wo bleibt das Schnellboot?

»Es wartet bereits in Wismar auf Ihr Kommando, Herr Oberstleutnant.«

* * *

Zwölf Kilometer nordwestlich zog Peter unverändert gleichmäßig Zug um Zug seine Bahn und entdeckte Dinge voller Schönheit. Mikroorganismen, die durch seine Schwimmbewegungen zum Leuchten angeregt wurden, ließen das Wasser zeitweilig in einem Umkreis von drei bis vier Metern so hell fluoreszieren, dass man Zeitung hätte lesen können. Peter entdeckte in jedem Glitzern der Wellen ein Juwel und erfreute sich am Reichtum des Meeres. Auch schien er, dank Südostwind, das Tempo von zwei Kilometern pro Stunde konstant zu halten, wie er sich vorgenommen hatte. Deshalb sollte es nicht mehr lange dauern, bis er die erste Tonne erreichte. So sein Plan. Doch plötzlich entdeckte er unter sich ein Blubbern.

Nacheinander stiegen kleine Luftblasen empor und zerplatzen an der Wasseroberfläche. Plupp! Plopp! Plupp! *Was war das?* Peter stockte für einen Moment und verlor seinen Rhythmus. Ein Schatten schien ihn zu verfolgen und wirbelte um ihn herum. Peter dachte kurz an ein ferngesteuertes U-Boot der Volksarmee, das nach ihm suchte, gleich auftauchen und ihn per Megafon zur Rückkehr auffordern würde: »Stopp, sonst müssten wir schießen.«

Ein U-Boot? Mit Luftblasen? Echt jetzt? Waren das noch Peters Gedanken oder bereits die Nebenwirkungen des eingeworfenen Amphetamins? Was, wenn er zu halluzinieren begann? Er wusste es nicht, fühlte sich aber gut und stark. Er musste nachdenken, die Lage analysieren. Was könnte ein kleines U-Boot hier draußen überhaupt ausrichten, ohne begleitendes Patrouillenboot? Gab es überhaupt ferngesteuerte U-Boote mit einer solchen Reichweite? Auf der Leipziger Messe hatte er nie welche gesehen. Auch Werner hatte nie darüber berichtet, und Werner liebte Boote. Er hätte das sicherlich gewusst. Fragen über Fragen, die Peter nicht beantworten konnte. Und die verdammten Luftblasen hörten einfach nicht auf. Stand nun die Durchsage unmittelbar bevor?

Peter brauchte Gewissheit. Er wollte sich gerade in die Tiefe sinken lassen, als er einen gedrungenen Körper mit rundem Kopf und stumpfer Schnauze sowie einer dreieckigen Rückenflosse auftauchen sah. Es schien sich um einen 1,20 oder 1,30 Meter langen, ziemlich neugierigen Schweinswal zu handeln, der ihn mit seiner Anwesenheit überraschte.

Diese kleinen Verwandten der großen Wale galten normalerweise als sehr scheu, doch Peter konnte es nur recht sein. Hauptsache kein U-Boot. Und dieses verspielte und prachtvolle Exemplar hatte wohl Mitleid mit ihm und sollte sich für eine gewisse Zeit zu seinem Wegbegleiter entpuppen. Doch Peter hatte keine Zeit zum Spielen, er musste zurück in seinen Schwimmrhythmus finden und setzte sich mit einer langgezogen Arm- und Körperdrehung in Richtung Nordwest in Bewegung.

Die Wellen leuchteten im Mondlicht, während der Schweinswal neugierig blieb. Als er nach zwanzig Minuten immer noch elegant neben Peter durchs Wasser glitt, als wolle er ihm zeigen, wie man richtig schwimmt, wollte Peter ihre Beziehung auf die nächste Stufe heben. Er taufte seinen Begleiter auf den Namen Finn. Er liebte die Abenteuer von Tom Sawyer und Huckleberry Finn und hatte sie früher mit seinem Bruder häufig nachgespielt. Auch wenn sie nie einen Zaun hatten anmalen müssen oder einen echten Goldschatz gefunden hatten. Natürlich hätten sie das schon gern und sich dann ganz viele Bonbons davon gekauft. Und war die Unterwarnow für andere Rostocker lediglich ein heimatliches Gewässer, war sie für die beiden Brüder der Mississippi gewesen. Peter, der Ältere, war Tom Sawyer, Christian dessen treuer Freund Huckleberry Finn und Großmutter Laura die strenge Tante Polly.

Großmutter? Ob er sie, nun schon 95 Jahre alt, jemals wiedersehen würde? Und wie er seinen Gedanken nachhing, fragte er sich, ob er das nicht alles nur träume, während er fest eingemummelt unter seiner viel zu schweren Bettdecke in der Georg-Büchner-Straße schliefe. Konnte das alles wahr sein? Die Thorax-Prellung, die Krankmeldung, das Schwimmen über die Ostsee, die Wassertaufe, Finn? Dieses verdammte Obesin machte was mit ihm. Oder das monotone Schwimmen gegen die Wellen versetzte ihn in Trance.

Er schüttelte den Kopf, musste auflachen und vergaß dabei kurzzeitig, dass er einen Schnorchel trug. Ein großer Schluck Salzwasser gelangte direkt in seinen Magen. Seine Mundhöhle und Speiseröhre brannten und er hatte die schmerzliche Klarheit, dass er nicht träumte. Stattdessen kämpfte er den Kampf seines Lebens. Und es blieben ihm nur wenige Stunden Zeit, bis sein Körper wegen Flüssigkeitsmangel zusammenbrach.

Seitdem er gegen 17 Uhr losgeschwommen war, gelangten immer wieder einzelne Tropfen Meerwasser über seinen Schnorchel in seinen Mund. Diese kleinen Tropfen jedes Mal auszuspucken, wäre auf 25 Stunden hochgerechnet zu kräfteraubend gewesen. Also hatte sich Peter entschieden, sie herunterzuschlucken. Auf 45 Kilometern würden so mehrere Liter Salzwasser zusammenkommen, was Peter mehr und mehr von innen austrocknete. Die Nieren würden das überschüssige Salz ausscheiden wollen, brauchten aber zum Ausgleich frisches Wasser. Doch das konnte Peter seinem Körper nicht zuführen. Somit würde sich der Körper die benötigte Flüssigkeit aus den Körperzellen ziehen, was langfristig die Austrocknung der inneren Organe und somit ein komplettes Organversagen nach sich ziehen würde. Während seines Trainings auf der Ostsee hatte er nie Probleme damit gehabt, doch das waren auch nur 20 bis 25 Kilometer gewesen. Er musste sich konzentrieren und besser aufpassen, dass sich größere Schlucke, wie eben, nicht zu oft wiederholten. Nun machte sich sein Harndrang bemerkbar und er ließ ihm freien Lauf.

Und wie so der warme Urin langsam Peters Körper bis zur Brust hinaufkroch, war er glücklich darüber, dass er in den vergangenen Tagen bewusst nur leichte Kost zu sich genommen hatte. Die Ausscheidung von Stuhlgang wäre deutlich unangenehmer gewesen.

Doch trotz aller Ablenkung waren ihm die Scheinwerfer der Grenzschützer in Stoltera und Rerik nicht verborgen geblieben, die sich seit geraumer Zeit über das Wasser tasteten. Leichte Zweifel kamen in ihm auf. Das ging schneller als gedacht, dabei hatte er den Seesack gut versteckt und war ohne großes Aufsehen ins Wasser gelangt. Er hatte keine verdächtigen

Bewegungen am Strand beobachtet, als er sich davonmachte. Oder war es doch Gerd gewesen, den er auf der Promenade gesehen hatte?

Gerd musste ihn verpfiffen haben. Na klar, so kann es nur gewesen sein. Er hätte es besser wissen müssen. Doch was wäre die Alternative gewesen? Zum zweiten Male in Folge die geplante Flucht am Strand abbrechen, noch bevor sie begonnen hatte? Die Flucht abermals auf den nächsten Tag schieben? Wer konnte wissen, ob sich das Hochdruckgebiet noch einen weiteren Tag halten würde? Dann wäre es vielleicht zu spät gewesen. Und wer weiß, wann sich ihm solch eine Konstellation wieder offenbart hätte? Nein, er hatte genau richtig gehandelt. Dass die Suchscheinwerfer irgendwann ins Spiel kommen würden, wusste er. Und auch, dass sie ihm nichts anhaben konnten. Auf diese Entfernung war er unmöglich zu erkennen. Das hatte er nachts selbst überprüft. Doch das war es nicht, was ihn bewegte. Sondern die Erkenntnis, dass nun die Jagd auf ihn eröffnet war und es hier wohlmöglich bald von Patrouillenbooten mit Kampfschwimmern nur so wimmeln würde. Das war es, wovor Peter höllischen Respekt hatte. Vor ausgeruhten Kampfschwimmern.

Denn Peter, der die Drei-Meilen-Zone längst hinter sich gelassen hatte, ahnte nur zu gut, dass das den Grenzsoldaten auf den Booten egal gewesen wäre. Sie würden ihn überall aufsammeln, tot oder lebendig.

Die Zweifel ließen ihn nicht los und er fragte sich, ob er nicht hätte im Bezirkskrankenhaus bei Martin bleiben sollen. Sein Leben gehörte ihm schließlich nicht allein, so fühlte es sich zumindest für ihn an. Würde er es in den Westen schaffen, könnte das ungeahnte Folgen für seine Mutter und Dirk haben. Er hatte zwar versucht, mit dem Brief vorzusorgen, aber wer wusste schon, ob sein Plan aufging? Er hatte alle Mühe, über diesen Gedanken seinen Schwimmrhythmus beizubehalten. Doch dann, nach einigen Metern, mischte sich in seine Traurigkeit das tröstliche Gefühl, dass er von drüben sicher viel mehr für die beide tun konnte. Und dass es schließlich nur sein Leben sei, das er zu leben hatte. Die Enge des Käfigs DDR war nun einmal unerträglich für ihn geworden. Er war 30 und er wollte Vollgas geben, auf die Überholspur ziehen, statt weiter mit angezogener Handbremse zu fahren. Nein. Die Flucht war das einzig Richtige. Er brauchte die Freiheit wie Finn das Wasser.

Finn?

Peter schaute unter sich, durchsuchte die Wasseroberfläche nach Luftblasen. Nichts. Er schaute nach rechts, nach links. Wieder nichts. Wo war er geblieben? Peter versuchte, einen Schatten zu entdeckten, doch Finn hatte sich verabschiedet, ohne sich zu verabschieden. Und als er nur Sekunden später das erste dumpfe Motorendröhnen der DDR-Küstenschutzboote wahrnahm, wusste er auch, warum. Finn hatte sich in Sicherheit gebracht, in 20 Meter Tiefe. Das war die beste Idee der Nacht, doch für Peter keine Option. Stattdessen betete er in Gedanken seine vier Vorsätze: Ich schaffe das! Nicht aufgeben! Kurs Nordwest! Es gibt kein Zurück!

Peter versuchte locker zu bleiben und sich nur auf den nächsten Zug zu konzentrieren. Rechter Arm, linker Arm, atmen. Rechter Arm, linker Arm, atmen. Die Motorengeräusche wurden lauter, kamen näher. Rechter Arm, linker Arm, atmen. Rechter Arm, linker Arm, atmen. Schaute er dabei über seine linke Schulter zurück, konnte er die Patrouillenboote bereits sehen. Drei Patrouillenboote und ein Schnellboot, in dem wohl der Leiter der Suchtrupps saß. Sie waren vielleicht 600 Meter entfernt, als die Motoren verstummten. Im Schatten der Dunkelheit. Peter stellte seine Schwimmbewegungen ein und verharrte reglos wie eine Tigerpython, die in Lauerstellung auf den Angriff wartete, im Wasser. Er beobachtete, wie sich auf dem Schnellboot vier Kampfschwimmer in Position brachten und sich Sauerstoffflaschen aufschulterten. Peter wartete. Doch sie schienen noch nicht einsatzfertig zu sein, unterhielten sich und bekamen letzte Instruktionen. Hatten sie ihn gesehen? Unmöglich! Doch vielleicht hatten sie berechnet, dass er sich jetzt hier aufhalten könnte? Möglich!

Tatsächlich hatte Oberstleutnant Mankwitz mehrere Fluchtrouten durchgespielt und berechnet, in welchem Radius sich Peter, falls er noch lebte, jetzt aufhalten müsste.

»Also, denkt dran, dass der Flüchtige mit einem Tauchscooter unterwegs und somit auch für zwei Stunden abgetaucht sein könnte. Seid wachsam und schnappt ihn euch!«

»Jawohl, Herr Oberstleutnant«, schrien die Kampfmaschinen zurück.

»Und ab!«, gab der Leiter den Befehl.

Die vier sprangen der Reihe nach mit den Füßen zuerst ins Wasser und schwärmten wie Bienen in alle vier Himmelsrichtungen aus.

Gebannt beobachtete Peter das Schauspiel, wie sie blitzschnell in der Ostsee eintauchten und verschwanden. Sie alle hatten das Zeug dazu, ausgeruht wie sie waren, ihn sich zu krallen. Wenn sie wüssten, wo er war. Doch wie sah ihre Strategie aus? Würden sie die ganze Zeit unsichtbar unter Wasser bleiben? Er traute sich nicht, sich auch nur einen Zentimeter zu bewegen, und bemerkte, wie seine Ruhe, die ihn bis hierher gebracht hatte, den Kampf gegen die Angst verlor. Sie wurde größer und er nervöser. Er verkrampfte sich zunehmend – bis er schließlich einen stechenden Schmerz in der rechten Wade verspürte. Ein Krampf! Der Schmerz wanderte sekundenschnell zur Ferse ab. Die Muskeln machten zu. Nun musste er sich bewegen, ganz gleich, wo sich die Kampfschwimmer gerade aufhielten. Blitzschnell zog Peter die rechte Flosse aus, beugte das Bein, zog den Fuß nach oben und stellte die Fußsohle auf das linke Knie. Das Auftreten half. So hatte er es bei seinen Trainingstouren geübt. Und auch heute Nacht ging der Krampf schnell vorbei. Er zog sich vorsichtig die Flosse wieder über und ließ sich noch ein Stück vom unverändert kräftigen Südostwind treiben, während die Boote ihre Motoren anwarfen und ohne die Schwimmer weiterfuhren. Peter probierte, sein rechtes Bein zu bewegen. Alles schien in Ordnung. Er konnte und musste weiterschwimmen. Rechter Arm, linker Arm, atmen. Rechter Arm, linker Arm, atmen.

***

Spätestens als die »Nils Holgersson« die Travemünder Mole passiert und sich die beiden Hafenschlepper nach getaner Manövrier-Arbeit verabschiedet hatten, lichtete sich die Reling und die Passagiere liefen wie Lemminge in ihre Kabinen zurück. So auch Heike und Henry. Sie wollten noch etwas essen und bald schlafen gehen. Und obwohl das mit 4.400 Bruttoregistertonnen vermessene Schiff ruhig im Wasser lag, machte der Seegang, wahrscheinlich eher die Aufregung, Heike zu schaffen. Sie konnte nach dem Mitternachtssnack nicht schlafen, lag nur wach und dachte an das Wochenende.

»Henry?« rief sie leise zum anderen Bett hinüber. »Schläfst du noch?«

Henrys Schnarchen signalisierte ihr ein eindeutiges Ja, was sie aber in ihrem derzeitigen Gemütszustand nicht akzeptieren wollte.

»Bist du schon wach oder schläfst du noch immer?«

Doch das Schnarchen setzte sich unverändert in gleichmäßigen Lauten fort.

Heike schaute auf die Uhr. Kurz vor fünf. Spontan entschloss sie sich aufzustehen und zog sich an, um einen Spaziergang über Deck zu machen, den Sonnenaufgang zu begrüßen. Bloß nicht mehr wach im Bett liegen.

Auf Deck war es angenehm leer. Die Passagiere schliefen noch. Und der Tag brach an. Die einzige Person, die sie sah, war der Käpt'n mit einem Feldstecher vor den Augen auf der Brücke. Er schaute nach vorn, wollte sein Schiff sicher ans Ziel bringen. Sie ging weiter Richtung Bug und stellte sich an den vordersten Punkt der Reling. Sie genoss die Aussicht, als sie etwas auf der Steuerbordseite im Wasser sah. Was war das? Sie rieb sich die müden Augen und schaute noch einmal. Es bewegte sich. Ein Schlauchboot? Nein, kleiner. Sie winkte, um eine Reaktion zu erzwingen. Doch nichts. Es war neblig. Wahrscheinlich nur eine Sturmmöwe, die sich ihr Frühstück geschnappt hatte.

18

OSTSEE – SONNTAG, 25. JULI 1971

Als der Morgen graute, entdeckte Peter endlich die rote Tonne des internationalen Seeweges zu seiner Linken. Er war also voll auf Kurs geblieben und hatte die Gewissheit, dass es die Sterne gut mit ihm meinten. Die Fahrrinne, die von den großen Container- und Fährschiffen befahren wurde, schätzte er hier auf etwa 200 Meter Breite. Auch zu dieser frühen Uhrzeit musste man höllisch aufpassen, nicht überfahren oder im Sog eines Schiffes in die Tiefe gerissen zu werden. Doch vor den Kampfschwimmern wäre er hier sicher.

Dann erneut Motorengeräusch. Peter drehte sich rasch nach links. Hatte er etwas übersehen? Wie aus dem Nichts kam ein Schnellboot auf ihn zu. Es war dasselbe Boot wie in der Nacht, das mit dem Leiter. Wollte der jetzt seine Bienen zurück in den Staat holen? Und wo waren die drei Patrouillenboote? Sie hatten sich offensichtlich aufgeteilt, um jedes für sich ein Stück Ostsee nach ihm zu durchkämmen. Das sprach für die Nervosität der Grenzer. Je näher Peter der Bundesrepublik Deutschland kam, desto geschäftiger wurden sie. Sie hatten ihre Jagd nach ihm nicht aufgegeben. Noch war Zeit für sie, hier in den internationalen Hoheitsgewässern und ohne Zeugen.

Doch nervös wurde auch Peter, als das Boot immer näher kam und auf ihn zusteuerte. Es war jetzt weitaus näher als vorhin. Erst 60, vielleicht 65 Meter vor ihm bremste es ab, der Motor wurde ausgeschaltet. Auch Peter ließ sich treiben. Er erstarrte regelrecht zur schwimmenden Salzsäule. Nichts mehr mit *Tigerpython in Lauerstellung*. Jetzt durfte er nicht einmal mehr ans Atmen denken und vertraute auf den Morgennebel als Deckung. Und während Peter die Kontur des Mannes, der ihn suchte, grob erahnen konnte, blieb er für ihn scheinbar verborgen – ebenso wie die Kampfschwimmer.

»Wir wissen, dass Sie hier sind«, rief der Einsatzleiter. »Ergeben Sie sich und kommen Sie an Bord, damit wir in Ruhe über alles reden können. Der Westen ist zu weit weg, das werden Sie nicht schaffen.«

Peter, bereits seit zwölf Stunden in der Ostsee, wusste nicht, wie ihm geschah. Was sollte das? War das ein Bluff? Fehlte nur noch, dass er seinen Namen nennen würde. Aber warum hielt er dann 60 Meter vor ihm? Es ratterte unaufhaltsam in Peters Kopf. Natürlich, das war es. Die hatten nicht den Hauch einer Ahnung, wo oder wer er war. Sie bluffften nur und tappten blind im Dunkeln.

Als der Konturenmann keine Antwort erhielt, rief er, gefolgt von seiner Taschenlampe, in die andere Richtung:

»Wir wissen, dass Sie hier sind. Ergeben Sie sich und kommen Sie an Bord, wir können in Ruhe über alles reden. Der Westen ist zu weit weg, das werden Sie nicht schaffen.«

Peter fühlte sich getäuscht und erleichtert gleichermaßen. Er begann wieder zu atmen und wusste jetzt, dass er nur noch etwas ausharren musste. Als auch die dritte und die vierte Aufforderung unbeantwortet blieben, heulte der Motor wieder auf und das Schnellboot entfernte sich nach Osten.

Puhh! Das war knapp, schoss es Peter durch den Kopf und stimmte zur Beruhigung seiner Nerven in Gedanken das nächste Lied aus seiner Jugend an.

Brüder, zur Sonne, zur Freiheit,
Brüder zum Licht empor!
Hell aus dem dunklen Vergang'nen
leuchtet die Zukunft hervor.

Seht, wie der Zug von Millionen
endlos aus Nächtigem quillt,
bis eurer Sehnsucht Verlangen
Himmel und Nacht überschwillt!

Brüder, in eins nun die Hände,
Brüder, das Sterben verlacht!
Ewig, der Sklav'rei ein Ende,
heilig die letzte Schlacht!

Um sich zusätzlich zu entspannen, änderte Peter seinen Schwimmstil und drehte sich auf den Rücken. Plötzlich – das nächste Motorengeräusch. Doch dieses Mal klang es anders, viel dumpfer als das der DDR-Grenzpatrouillen. Er schaute sich um und sah sich einem großen schwimmenden Betonklotz gegenüber, deren dunkle Silhouette einem riesigen Marlin glich. Das musste die Fähre aus Travemünde Richtung Schweden sein, etwa 800 Meter entfernt. Und sie kam schnell näher.

750 Meter.

Peter begriff sofort die Chance, die sich ihm nun bot, und versuchte den richtigen Abstand zum Schiff auszutarieren, um einerseits auf sich aufmerksam machen zu können, egal wie kräfteaufreibend das auch sein würde. Denn hier und jetzt könnte seine Flucht zu Ende sein. Andererseits musste er weit genug entfernt sein, um nicht überfahren zu werden.

700 Meter.

Peter schwamm, was Brust, Arme und Lunge hergaben.

600 Meter.

550 Meter.

500 Meter.

Er begann wie wild zu winken und mit den Armen ins Wasser zu schlagen.

450 Meter.

Peter konnte nun den Schiffsnamen lesen. »Nils Holgersson«, benannt nach der Romanfigur von Selma Lagerlöf. Er schaute an dem mehrere Stockwerke hohen Schiff hoch, entdeckte an der Decke der Kommandobrücke flackernde Lichter. Grün. Rot. Grün. Rot. Und den Kapitän, der gedankenverloren an etwas zu nippen schien, wahrscheinlich Kaffee, und mit einem Feldstecher Ausschau hielt.

»Haallooo. Hiiiieeeer biiiiin iiiiich!«, rief Peter und verstärkte sein Winken.

Doch der Kapitän hatte weder Auge noch Ohr für ihn, sondern schaute konsequent in Fahrtrichtung.

400 Meter.

Peter war kurz vorm Verzweifeln, als er oben an Deck eine Frau sah, die ihm augenscheinlich zuwinkte.

300 Meter.

»Haaalloooo!!!« schrie Peter nochmals. »Hiiiieeeer! Haaaalloooo! Seht ihr mich denn nicht? Hier bin ich!!!« Doch das große Fährschiff fuhr weiter. An ihm vorbei. Mit der Frau an Deck, die nun auch nicht mehr winkte.

Peter sah in den Himmel hinauf und wollte gerade tausend Flüche loswerden, als ihn die erste Bugwelle und seitlicher Wellengang erreichten. Warum nur hatte er sich nicht über Werner eine Leuchtpistole organisiert? Hätte er eine gehabt, wäre er jetzt im Trockenen auf der Brücke mit einem Kaffee und Aussicht auf Schlaf. Mittlerweile türmten sich die Bugwellen zu meterhohen Wellen auf, die zusätzlich Treibgut hochwirbelten. Es war das reinste Inferno. Und mittendrin wurde Peter zum tanzenden Spielball der Ostsee. Wie sehr wünschte er sich jetzt Finn zurück, auf dessen Rücken er, ähnlich wie es Nils Holgersson mit dem Gänserich Martin gemacht hatte, gefahrenlos übers Meer gelangen könnte. Dann zog ihn der Sog nach unten. Peter drehte sich mehrfach um seine Achse, schluckte Salzwasser, seine Lippen brannten, sein Kopf dröhnte, seine Arme und Beine schmerzten.

Vielleicht sollte ich doch aufgeben? Wenn der liebe Gott gewollt hätte, dass ich fliehen soll, dann hätte das Schiff mich doch rausgefischt, dachte er, wurde wieder emporgehoben und kassierte prompt die nächste Runde Salzwasser.

Quatsch. Mach' weiter. Du hast gar keine andere Möglichkeit als weiter zu schwimmen. Denk' an deine Vorsätze. Außerdem ist hier ohnehin keiner, weder Freund, noch Feind, der dich retten kann. Schwimm' weiter, du schaffst das, nicht aufgeben, Kurs Nordwest, in die Freiheit, es gibt kein Zurück, dachte er, holte den Kinderschwimmring hervor, machte eine Pause, aß von der Schokolade und nahm zwei Obesin. Und während die Sonne langsam aufstieg, beruhigte sich auch das Meer.

* * *

Inzwischen war es auch an der Küste hell geworden an diesem Sonntag, als sich einer der Grenzer per Funk beim Suchtruppleiter Andreas Mankwitz meldete:

»Herr Oberstleutnant, wir haben nun das gesamte Vorland und den Strand vollständig durchkämmt. Keine weiteren Spuren oder Hinweise konnten sichergestellt werden. In spätestens vier Stunden kommen die Badeurlauber. Was sollen wir tun?«

Mankwitz, überrascht, dass Schilling nach all den Stunden immer noch am Strand seinen Dienst verrichtete, antworte:

»Sie sind noch da!? Verlässliche Soldaten wie Sie brauchen wir. Genau diese Solidarität macht unser geliebtes Vaterland so einzigartig. Leider haben wir auf See auch nichts finden können. Ich gehe davon aus, dass der Grenzdurchbruch zum Nachteil des Flüchtigen gescheitert ist.«

Doch die gutgemeinten Worte verfehlten ihre Wirkung. Und das Lob seiner Verlässlichkeit verflüchtigte sich so schnell wie die Hoffnung des Grenzers auf Anerkennung durch seine Eltern und die Auszeichnung durch die Partei. Sein großer Traum, der letzte Nacht am Hagebuttenstrauch so plötzlich begonnen hatte, war ins weite Meer hinausgetragen worden und hatte dort sein jähes Ende gefunden. Resigniert antwortete er:

»Verstehe, Herr Oberstleutnant.«

»Wir werden noch zwei Stunden suchen, um uns letzte Gewissheit zu verschaffen«, sagte Mankwitz, »Sie möchte ich bitten den Strand und das Vorland unverzüglich freizugeben, einen Bericht zu schreiben, und dann ab nach Hause.«

* * *

Peter konzentrierte sich nun wieder auf das Schlagtempo. Rechts, links, atmen, rechts, links, atmen, rechts, links, atmen. Von Zeit zu Zeit legte er sich zum Ausruhen auf den Rücken, aß Bitterschokolade aus seinem Vorrat und nahm eine weitere Obesin-Tablette ein, die er mit Salzwasser herunterspülte. Die Abstände zwischen den Pausen wurden kürzer. Der lange Weg über die Ostsee forderte seinen Tribut. Und während es über Wasser ruhig blieb, nahm er unter der Oberfläche weiter dumpfes Dröhnen wahr.

Mehrere Stunden vergingen. Nach der Sonne musste es etwa elf Uhr sein, als Peter die Umrisse einer Küste erkannte. Fehmarn! Konnte er wirklich schon am Ziel sein? Er rechnete in Gedanken die Stunden nach, die seit 17 Uhr vergangen waren. *16 Stunden. Oder?* Peter zählte noch einmal. Seine Aufregung darüber, die Küste erspäht zu haben, erschwerte das Zählen. Achtzehn + neunzehn + zwanzig + einundzwanzig + zweiundzwanzig + dreiundzwanzig + vierundzwanzig + eins + zwei + drei + vier + fünf + sechs + sieben + acht + neun + zehn + elf = 18! Nun kam er auf 18 Stunden! Gut möglich, dass das schon Fehmarn war.

Eine halbe Stunde später hatte er Gewissheit. Peter sah einen Sendemast und wusste, das konnte nur Fehmarn sein. Wäre er nach Süden abgedriftet, würde er schon lange an der DDR-Küste gelandet sein. Wäre er nach Norden abgetrieben, sozusagen an Fehmarn vorbei, hätte es wohl einen weiteren Kontakt mit den *Paradieswächtern* gegeben. Peter wusste, dass im Norden an der Grenze zur Bundesrepublik eine Fregatte der Volksmarine vor Anker lag, um nicht nur den regulären Schiffsverkehr in der Fahrrinne zu beobachten.

Ein melancholisches Gefühl überkam ihn, so kurz vor dem vermeintlichen Ziel. Er musste an Finn denken, der ihn kurzzeitig begleitet hatte, an den Grenzoffizier auf dem Schnellboot, das 60 Meter vor ihm zum Stehen kam, an die »Nils Holgersson«, die ihn weder überfahren noch gerettet hatte, und an die Frau an Deck. Aber auch an seine Mutti, die mittlerweile seinen Brief mit Gepäckschein und Kofferschlüssel erhalten haben musste und ungeduldig auf sein Telegramm wartete.

Er dachte an seine Kindheit in Rostock, die nun wie ein Film vor seinem inneren Auge ablief. Dass er mit sechs Jahren in die Karl-Liebknecht-Schule am Friedhofsweg eingeschult worden war und schon damals lieber angeln ging als lernte. Wie er wenige Jahre später immer öfter mit seinem Vater zum Aal- und Zanderangeln fuhr, wo sich die Unterwarnow kurz vor ihrer Mündung in die Ostsee zum Breitling erweiterte. Ehemalige Bombentrichter waren damals die besten Angelplätze, an ihren Kanten hielten sich vermehrt Fische auf. Von da aus hatten sie die russischen Frachter gesehen, die bei ihrer Einfahrt nach Rostock hoch aus dem Wasser ragten, weil sie leer von der Ostsee kamen. »Das sind die Schiffe unserer Befreier«, hatte sein Vater dann gesagt. »Sie befreien uns von Hab und Gut.« Ende der 1940er Jahre waren ganze Fabrikanlagen und Bahngleise abgebaut und als Reparationsleistungen in die UdSSR abtransportiert worden. Dennoch hatte Peter als Kind die Idee vom Kommunismus gefallen, in dem alle Menschen gleich seien und keiner reicher als der andere. Erst viel später hatte er bemerkt, dass diese Idee nicht für alle Menschen gemacht war, sondern der SED-Staat versuchte, die Idee mit strenger Erziehung und Verboten durchzusetzen. Ganz nach der Losung: »Wer nicht für uns ist, ist gegen uns!« Doch Peter wollte Freiheit. Den Sendemast vor Augen, schwamm er schneller. Jetzt musste er nicht mehr mit seinen Kräften aushalten. Seine durchtrainierten Arme durchzogen das Wasser im Kraulstil. Er genoss das Gefühl, wie das Adrenalin seinen müden Körper weckte und das Wasser an ihm vorbeizog.

Plötzlich zog eine Gewitterfront auf, die das Wetter kippte und die Schleusen öffnete. Blitze zuckten über ihn hinweg und Donner grollte. Der Wind hatte sich in Sekunden gedreht und blies nun aus Nordwest, Peters Zielrichtung. Er sah sich von meterhohen Wellen umgeben, die ihn erneut zur hilflosen, kleinen Nussschale werden ließ. Die Gischt peitschte ihm ins Gesicht. Immer wieder schluckte er Salzwasser und die Wellen warfen ihn nach Belieben in alle Himmelsrichtungen. Es war ein Kampf, sein Kampf, sein letztes Hindernis. Er gegen das Meer. Er gegen die Elemente. Doch das tsunamigroße Wassermonster schien unzählige Tentakel zu haben. Es hatte Hunger, griff nach ihm. Er durfte auf keinen Fall in Richtung DDR zurückgetrieben werden. Nicht wegen der Boote, ihren Blicke würde er entgehen können, wenn er kurzzeitig abtauchte. Aber er würde mittlerweile wegen Erschöpfung aufgeben und seinem Schweinswal in die Tiefe folgen müssen. Das wäre sein Todesurteil.

Peter schwamm gegen das Gewitter an, doch immer neue Wellenberge türmten sich auf. Mit aller Kraft bohrte er seinen Körper durch die überkippenden Wogen, während seine Muskeln ihm immer mehr den Dienst verweigerten und er an Hemingway denken musste. An Santiagos tagelangen Kampf auf offener See und den Moment, als dem alten Mann klar wird, dass der Fisch nicht müde wird.

Peter durfte auch nicht müde werden, kam jedoch an der Wasseroberfläche keinen Meter mehr voran. Doch in seiner Verzweiflung fasste er neuen Mut und versuchte, im Bruststil unter Wasser und somit unter dem Sturm hindurch zu tauchen. Im Training, ohne dunkle Gewitterfront, hatte er diese Technik ausreichend geübt, wenn er mit seiner Harpune Aale und Schollen gestochen hatte. Das würde er jetzt auch versuchen.

Er tauchte unter die Wasseroberfläche, hielt für 15 Sekunden den Atem an und schwamm seine Züge, holte kurz Luft und verschwand wieder für 15 Sekunden unter der Gewitterfront. Eine gute Stunde lang musste er sich so vorankämpfen, dann war es vorbei. Der Himmel riss auf und das Wasser beruhigte sich genauso schnell, wie es in Unruhe gekommen war. Peter hob den Kopf, schaute nach vorne, wollte sich orientieren. Er war vom Kurs abgekommen, um etwa 300 Meter. Es hätte schlimmer kommen können. Er korrigierte den Kurs, und die Konturen der Insel wurden schärfer. Jetzt konnte er sogar den aus Backsteinen erbauten Leuchtturm sehen, den er aus Erzählungen kannte.

Hatte er es wirklich geschafft? Vorfreude ergriff Peter. Jetzt, da die Angst von ihm abfiel, wollte er die letzten Stunden nur noch genießen. Wie eine Art Ehrenrunde, die der Sieger nach einem 100-Meter-Lauf drehte. Er hatte es geschafft. Er hatte gegen das DDR-Regime gewonnen. Und er wusste, dass er bald, und zwar sobald er festen Boden betrat, ein neues Leben beginnen würde. Seine Flucht war kein Weglaufen gewesen. Sie war ein Ankommen.

* * *

Auch in Kühlungsborn hatte sich eine Stunde zuvor der Himmel verdunkelt. Nicht nur am Horizont, sondern auch beim Suchtruppleiter der 6. Grenzbrigade Küste, Oberstleutnant Mankwitz. Die vergangenen Stunden hatten sich wie die Suche nach Gold in einer Silbermine angefühlt. Von Anfang an war es eine deprimierende Suche gewesen und Mankwitz wusste, dass der Kampf für ihn verloren war. Er wusste nur nicht, ob es einen weiteren Verlierer gab. Er musste an das Gespräch mit seinem Schulfreund Wolfgang zwei Wochen zuvor denken, als sie sich über ihre Träume aus ihrer Schulzeit unterhielten. Sein Traum war es gewesen, zur See zu fahren. Mit einer großen Segeljacht hatte er sämtliche Inselgruppen der sieben Weltmeere besuchen wollen, eine nach der anderen, bis er irgendwo heimisch werden würde. Daraus war geworden, dass er die Ostsee nach enttäuschten Republikflüchtigen absuchte. Er fragte sich, was wohl der Traum des Flüchtigen gewesen war, und hoffte insgeheim, dass er sein Ziel erreicht hatte.

* * *

Erreicht hatte Peter seine Insel noch nicht, aber er war nahe dran. Nachdem er sich nochmals zehn Minuten auf dem Rücken ausgeruht hatte, konnte er nun für den Rest der Strecke in den Kraulmodus wechseln. Rechts, links, atmen, rechts, links, atmen, rechts, links, atmen. Dabei drehte er seinen Körper um die Längsachse. Die Bewegungen der Arme und vor allem der Beine waren so weniger beansprucht. Die von ihm produzierten Wellen zappelten an ihm vorbei. Zwei Stunden später, Peter konnte bereits einzelne Urlauber am Strand erkennen, die noch die Nachmittagssonne genossen, kreuzte eine Jacht seinen Weg. War dies das Ende seiner Ehrenrunde?

Jetzt hätte er gefahrenlos Hilfe annehmen können und riss entsprechend die Arme hoch. Doch statt ihn aufzunehmen, winkte das Pärchen nur zurück. Die beiden dachten offensichtlich, Peter wollte auf sich aufmerksam machen, um nicht überfahren zu werden. Doch er hatte genug, er wollte nicht mehr, bevor sein Körper nicht mehr konnte. Er begann zu rufen:

»Hallo! Ich bin aus der DDR geflohen. Bitte helfen Sie mir.«

Doch er war zu leise, die Jacht machte keine Anstalten zu halten, die beiden winkten nur erneut freundlich herüber.

»Hilfe! Ich bin aus der DDR geflohen. Bitte helfen Sie mir«, schrie er wieder.

Die Jacht drehte bei. Noch acht Meter trennten Peter von ihr und somit vom Ende seiner Flucht. Noch sechs, vier, zwei. Er berührte das Boot.

»Wollen Sie an Bord?«

»Ja. Jaaaaaa, das möchte ich unbedingt«, schrie Peter mit Tränen in den Augen.

Der Skipper warf die Jakobsleiter herab.

»Reichen Sie mir Ihre Hand.«

Mit letzter Kraft entledigte sich Peter seiner kellenartigen Handflosse und streckte dem Mann seine bläulich-weiße schrumpelige Hand entgegen. Eine wunschlose Seligkeit durchdrang ihn, als er die Leiter emporkletterte und an Bord ging. Er schloss die Augen, spürte seinen vor Schmerz schreienden Körper und zugleich eine vollkommende Stille, als er nach 25 Stunden wieder Boden unter den Füßen hatte.

»Ich bin Peter Döbler. Ich bin aus der DDR geflohen und habe entsetzlichen Durst. Haben Sie vielleicht etwas zu trinken?«

Peter bemerkte, wie eine Gänsehaut seinen völlig ausgelaugten Körper überzog.

Ungläubig schaute ihn das Paar an.

»Sagen Sie das bitte nochmal.«

»Haben Sie etwas zu trinken für mich? Ich könnte die Ostsee leer trinken, wenn sie nicht so verdammt salzig wäre.«

»Nein, das andere. Das davor. Das, woher Sie kommen?«

Reflexartig schaute Peter sich um. Er wollte sichergehen, dass er nicht doch auf einem DDR-Boot gelandet war, doch der hochwertige Holzinnenausbau aus Mahagoni sprach dagegen. So etwas hatte er noch nie gesehen. Er war auf einem westdeutschen Schiff gelandet. Peter nahm Taucherbrille und Schnorchel ab und lächelte das immer noch ungläubig dastehende Pärchen, die sich nun als Ursula und Jens vorstellten, überglücklich an.

»Ich bin gestern Nachmittag aus der DDR geflohen. In Kühlungsborn bin ich ins Wasser gegangen und habe es seitdem nicht mehr verlassen.«

Dann fiel die restliche Anspannung von ihm ab, seine Stimme versagte und er begann zu weinen. Es waren Freudentränen und er schämte sich nicht dafür. Ehrlicherweise wunderte er sich sogar, dass er überhaupt noch genügend Tränenflüssigkeit in sich hatte. Jens, der sich immer noch nicht sicher war, wen oder was er da aus der Ostsee gefischt hatte, reichte ihm eine Packung Taschentücher.

»Geben Sie mir nur einen Moment«, schluchzte Peter, als er ein Taschentuch herauszog, was mit seinen aufgequollenen Fingern gar nicht so einfach war. »Bin gleich wieder da.« Er wurde von seinen Gefühlen übermannt, stand vorsichtig auf, ging zur Kopfseite der Jacht und schrie, so laut er konnte, aufs offene Meer hinaus: »Kurs Nordwest! Ich habe es geschafft! Ich habe es wirklich geschafft!!!«

Als den beiden allmählich klar wurde, dass stimmen musste, was Peter von seinen salzverkrusteten Lippen entwich, kam die Frage, wie sie ihm, der nun am ganzen Körper fror, neben einer Tasse Tee am besten helfen konnten.

»Ich habe mehr Durst. Viel mehr Durst!«, versuchte Peter deutlich zu machen und setzte sich auf die Bank.

So blieb es nicht bei der einen Tasse Tee. Eine ganze Kanne wurde aufgebrüht, Peter trank gierig weiter. Wie ein Fass ohne Boden führte er seinem Körper unglaubliche Mengen Flüssigkeit zu. Er schaute auf seine aufgeweichten Hände, auf denen sich seine Handwurzelknochen sowie jedes Glied seiner Finger klar abzeichneten. Ursula reichte ihm ein Handtuch, eine große Tube Creme, eine trockene Badehose und einen gelben Trainingsanzug von Jens.

»Tut das gar nicht weh?«, fragte sie besorgt und zeigte auf seine Hände.

Doch Peter verneinte mit einem Dauerlächeln und zog sich um. Dann, bei einer weiteren Tasse Tee, begann er zu erzählen. Von den Vorbereitungen, dem Training, von den Gründen, die ihn zur Flucht getrieben hatten, und schließlich von den vergangenen 25 Stunden. Immer wieder fragten Ursula und Jens dazwischen oder schüttelten wortlos und erschüttert die Köpfe. Sie hatten ja schon einiges von den Gebaren der DDR gehört, aber dass die Partei so tief in das Leben jedes einzelnen Bürgers eingriff, davon hatten sie nichts geahnt. Woher auch, ohne Verwandte im Osten.

»Sollen wir Sie jetzt an Land bringen?«, fragte Ursula, als Peter fertig mit seinen Ausführungen war.

»Das wäre schön, dann könnte ich mich bei der Polizei melden«, antwortete Peter und goss sich Tee nach. »Ich möchte so schnell wie möglich Bürger der Bundesrepublik werden.«

Jens und Ursula guckten sich an und strahlten.

»Das klingt wundervoll, Peter. Genauso sollten wir das jetzt machen!«

Die drei brauchten eine knappe Stunde bis zum Jachthafen von Burg auf Fehmarn. Von dort fuhren sie zur Polizeiwache, Ursula und Jens drückten Peter noch 100 Mark in die Hand und verabschiedeten sich mit einer innigen Umarmung. Kurz vor acht betrat Peter mit seinem blauen DDR-Ausweis im gelben Trainingsanzug die westdeutsche Polizeistation.

* * *

Misstrauische und neugierige Blicke lagen auf ihm, als er schüchtern in Gelb-Blau die Wache betrat.

»Bitteschön, mein Herr. Was kann ich für Sie tun?«, wurde er von einem Beamten gefragt, der ihn von oben bis unten musterte. Peter versuchte sich vorzustellen, was der Polizist sah. Einen ausgelaugten Mann, Anfang dreißig, verpackt in einem gelben Trainingsanzug mit DDR-Ausweis, einem Neopren-Anzug über der Schulter und Waschfrauenhänden.

»Mein Name ist Peter Döbler und ich bin heute aus der DDR geflohen.«

»Sie sind was?«

»Geflohen. Aus der DDR. Heute«, antwortete Peter leicht verunsichert. Doch dann bemerkte er, wie sich das Gesicht seines Gegenübers langsam aufhellte.

»Das ist ja großartig. Kommen Sie bitte mit.«

Peter folgte dem Beamten zu einem Kollegen, knappe zwei Meter lang, kurze graue Haare, der sein Büro im hinteren Teil der Wache hatte. Dort konnte Peter sich setzen und gab 90 Minuten lang alles über seine Flucht und deren Gründe zu Protokoll. Zum Ende hin ergänzte er den Wunsch, dass seine Republikflucht noch eine Woche lang unter Verschluss gehalten werden solle. Er wollte seiner Mutter Gelegenheit geben, ihn anzuzeigen und sich damit aus der Schusslinie zu bringen, damit ihr die zu erwartenden Repressalien erspart blieben.

Die Beamten ergänzten und sicherten ihm die Woche zu.

»So, Herr Döbler. Nun bringen wir Sie ins Krankenhaus. 25 Stunden körperlicher Strapazen sollten untersucht werden.«

»Das brauchen Sie nicht«, versicherte Peter. »Ich fühle mich gut. Besser denn je, das können Sie mir glauben. Es geht mir gut wie noch nie. Wirklich.«

»Aber Herr Döbler, das ist reine Routine. Sie brauchen nichts zu befürchten.«

»Bitte. Ich flehe Sie an. Es geht mir gut. Ich bin nur etwas müde. Das ist alles.«

Die Beamten schauten einander an und waren sich schnell einig.

»Na gut. Sie sind ja schließlich Arzt und sollten am besten wissen, wie es Ihnen geht«, legten sie voller Verständnis fest. »Haben Sie eine Anlaufstelle in der Bundesrepublik? Eine Person, die wir für Sie kontaktieren dürfen?«

Peter nickte und erzählte von Sigrid, seiner drei Jahre älteren Cousine aus Kiel, die ihn zwar schon seit zwölf Jahren nicht mehr gesehen hatte, sich aber bestimmt freuen würde. Und genau so war es. Der hochgewachsene Beamte hatte Sigrid nur wenig später am Telefon und reichte Peter den Hörer.

»Für Sie!«

Peter nahm den Hörer.

»Hallo Sigrid, hier ist Peter, ich bin auf Fehmarn!«

»WAAAAAAAAAAAS? Du bist im Westen?«, schrie sie, für die ganze Wache vom anderen Ende der Leitung hörbar. Und antwortete, als er fragte, ob er fürs Erste bei ihr unterkommen könne: »Natürlich kannst du bei mir übernachten. Platz ist genug, Peter. Natürlich! Weißt du schon, wann du kommen wirst?«

Peter nahm den Hörer vom Ohr und fragte die Beamten, wann er nach Kiel weiterfahren dürfe.

»Herr Döbler«, begann der hochgewachsene Polizist mit ernster Miene. »Sie sind nicht mehr in der DDR. Sie brauchen uns nicht zu fragen, was Sie dürfen. Sie sind jetzt in der Bundesrepublik. Wenn Sie noch heute nach Kiel wollen, bringen wir Sie jetzt zum Bahnhof«, sprach der Beamte, nun über das ganze Gesicht lächelnd. Er schaute auf den Fahrplan, der an der Wand neben ihm am schwarzen Brett hing. »Sie könnten den Zug um 22.03 Uhr noch erreichen. Dann sind Sie morgen früh um eins in Kiel.«

Diese Aussage löste das nächste Glücksgefühl bei Peter aus. Ja, er hatte richtig gehört. Er war verdammt nochmal in der Bundesrepublik Deutschland. Es war dieser magische Moment, der seinen schwarz/weiß-Blick in satte Farben wandelte. Alles strahlte auf einmal, alles hatte sich gelohnt.

Peter nickte und die Beamten brachten ihn zum Bahnhof. Dort spendierten sie ihm eine Fahrkarte und verabschiedeten sich.

»Ihre Cousine wird Sie auf Gleis 3 abholen kommen. Morgen werden sich die Kollegen vom Verfassungsschutz bei Ihnen melden. Ebenfalls reine Routine und kein Grund zur Beunruhigung. Herzlich Willkommen noch mal! Schön, dass Sie da sind! Und alles Gute.«

Peter setzte sich in ein freies Abteil, zeigte dem Schaffner seine Fahrkarte, der sie abknipste, und schaute in die dunkle Nacht. In den Kurven zählte er gedankenverloren die beleuchteten Fenster des langen Zuges, als wären es klitzekleine Schäfchen, und nickte ein. Als der Schaffner später noch einmal in sein Abteil hereinschaute, schreckte Peter auf.

»Wann sind wir da?«

»In zehn Minuten erreichen wir Kiel!«, antwortete der Zugbegleiter und ging weiter.

Peter lächelte. Gleich wäre er da.

Punkt 22.03 Uhr fuhr der Zug auf Gleis 3 im Kieler Hauptbahnhof ein. Punkt 22.07 lag Peter in Sigrids Armen, die ihre Haare nachlässig-kunstvoll hochgesteckt hatte.

»Peter, ich kann es kaum glauben, dass du jetzt leibhaftig hier bist. Hier neben mir in Kiel! Es ist unglaublich.«

Peter schwieg und genoss die Umarmung. Er war wirklich im Westen. Sein Dauergrinsen hatte sich mittlerweile in sein Gesicht eingebrannt.

»Ist das alles?«, fragte Sigrid und zeigte auf seinen Nassanzug über seiner Schulter. »Wo ist dein Gepäck?«

Peter stockte und schaute sie erstaunt an.

»Gepäck? Was meinst du?«

»Na ja. Koffer und so?«

»Du, ich bin geschwommen, da war leider kein Platz für einen Koffer!«, antwortete er und zeigte seine Unterlagen. »Diese Papiere und der Anzug sind alles, was von meinem alten Leben noch übrig ist.«

»Weiß ich doch!«, witzelte Sigrid überdreht und hakte sich bei ihm ein. »Und nun geht's nach Hause.«

Zwei Stunden später, es war schon fast wieder Tag, wankte Peter erschöpft in Sigrids Gästezimmer und fiel wie ein Stein ins Bett. Er musste an Dirk denken und wann er ihn wohl wiedersehen würde. Sekunden später schlief er über diesen Gedanken ein. Er träumte davon, wie er zusammen mit ihm die Strecke schwamm. Dirk saß auf seinem Rücken und schlang die Arme um seinen Hals, während Peter als Boot fungierte.

»Hast du Lust auf ein großes Ostseeabenteuer mit Vati?«, hatte Peter seinen Jungen gefragt. »Das wird richtig spaßig!«

Und das wurde es. Dirks Lachen und Peters Freude überstrahlten Kilometer um Kilometer das Wellenspiel der See. Sie spielten und schwammen mit den Fischen um die Wette. Und hatten sie Hunger, brach Peter ein Stück von seiner Schokolade ab. Alles ging gut, bis das Gewitter vor Fehmarn aufzog und Dirk von seinem Rücken in die Tiefe stürzte. Er schrie nach seinem Vater, so herzzerreißend, dass Peters Blut in den Adern gefror. Er öffnete seine Arme und stürzte seinem Sohn nach in die Tiefe. Doch er konnte Dirk nicht sehen. Nirgends war er zu finden. Stattdessen entdeckte er in der Ferne einen Bienenschwarm, der ihn drohend durch die Untiefen des Wassers zu verfolgen schien. Er rief nach Finn. Jetzt brauchte er seinen Freund. Er würde ihm helfen können. Doch auch Finn hörte ihn nicht. In Panik schrie Peter nach ihm. Laut und lauter. Bis Sigrid ins Gästezimmer eilte, Peter weckte und ihm sanft über den Rücken strich.

»Peter, wach auf. Du hast nur geträumt.«

Peter öffnete die Augen und drehte sich schweißgebadet zu Sigrid, die ihm ein Glas Wasser reichte. Dann schlummerte Peter wieder ein und schlief bis in den nächsten Nachmittag hinein.

19

DIE NÄCHSTEN NEUN TAGE IN OST UND WEST

KIEL, BRD – MONTAG, 26. JULI 1971

Gerade noch rechtzeitig, kurz vor fünf, hatten Peter und Sigrid am folgenden Tag bei der großen Postfiliale um die Ecke das Telegramm an Peters Mutter aufgegeben. Nun hätte Marias Angst bald ein Ende und sie würde wissen, dass er es in den Westen geschafft hätte. Wie angekündigt lautete der kurze Text:

Liebe Kati,
herzlichen Glückwunsch zu deinem Geburtstag.
Peter

Zusätzlich gab Peter am Schalter einen handgeschriebenen Brief ab. Dieser würde seine Mutter in zwei, spätestens drei Tagen erreichen. Das Telegramm an das Bezirkskrankenhaus Rostock-Südstadt, mit dem er offiziell kündigen würde, sollte Donnerstagnachmittag folgen. So war sein Plan und er freute sich diebisch. Was hätte er nur darum gegeben, Professor Martins Gesichtsausdruck zu sehen, während er das Telegramm las. Wie sich alles bei ihm zusammenziehen würde, erst seine buschigen Brauen, dann das ganze Gesicht. Wie es erst rot, später blau anliefe und wie sich sein Ärger in einen lauten Schrei verwandeln würde. Peter grinste über das ganze Gesicht, als sie die Post verließen. Er wusste nicht, wohin mit seiner Freude, und schlang einen Arm um Sigrid.

»Ach ja, der Verfassungsschutz hat sich heute bei mir gemeldet«, informierte ihn Sigrid. »Du sollst morgen um halb elf bei denen vorbeikommen. Adresse habe ich dir zu Hause aufgeschrieben.«

Peter nickte zufrieden.

»Wenn du willst, kann ich dich auch begleiten. Ich habe Urlaub eingereicht.«

»Meinetwegen?«

»Natürlich deinetwegen, eine Woche. Ich bin doch neugierig, Peter, und kann es immer noch nicht glauben, dass du hier bist. Ich muss alles ganz genau wissen.«

»Dann lass' uns doch jetzt etwas trinken gehen.«

Sigrid schaute nach oben. Es war ein lauer Sommerabend, vielleicht 20 Grad. Wolkenlos, wunderschön, windstill.

»Wir können uns auch zwei Bier holen und uns ans Wasser setzen. Was meinst du, Peter?«

»Ehrlicherweise würde ich lieber in die Altstadt. Vom Wasser habe ich gerade genug.«

Sigrid lachte und bog mit ihm an der nächsten Ecke stadteinwärts ab.

***

KIEL, BRD – DIENSTAG, 27. JULI 1971

Auch die Verfassungsschutzbehörde des Landes Schleswig-Holstein beglückwünschte Peter am nächsten Tag in Superlativen zu seiner mutigen Flucht und wollte alles protokollieren. Während die beiden Verfassungsschützer, Blaschka und Münsterkötter, sich die Antworten auf das Wieso, Weshalb, Warum schon denken konnten, waren sie vor allem an dem Wie interessiert. Dennoch galt es, die Formalitäten abzufragen.

Blaschka holte das Aufnahmegerät aus der Schublade, schob es in die Mitte des Tisches und fragte Peter, ob er damit einverstanden sei, dass sie dieses Gespräch aufzeichneten. Peter nickte.

»Wenn Sie sich bitte einmal vorstellen wollen? Name, Vorname, Beruf«, startete Blaschka, während er die Starttaste des Aufnahmegerätes drückte.

»Mein Name ist Peter Döbler und ich habe bisher als Arzt im Bezirkskrankenhaus Rostock-Südstadt gearbeitet«, antwortete Peter zaghaft, während er ununterbrochen auf das braune Aufnahmegerät starrte.

»Schildern Sie uns bitte, wie es Ihnen gelungen ist zu fliehen? Wie sahen ihre Vorbereitungen aus? Wer alles war involviert? Wer hat Ihnen geholfen? Und zu guter Letzt, woher nahmen Sie den Mut, sich 25 Stunden auf die Ostsee zu trauen? Nachts, allein, fast 50 Kilometer durch die wohl am besten geschützte Wassergrenze Europas?«

»Wohlgemerkt ohne einen einzigen Schluck Wasser«, ergänzte Münsterkötter ehrfurchtsvoll. »Wahrlich ein Husarenritt, den Sie da abgeliefert haben.«

Peter lächelte verlegen, versuchte das Aufnahmegerät zu ignorieren und wollte gerade fortsetzen, als die Besprechungstür aufging und Kaffee mit drei Stück Kuchen serviert wurde. Apfel-, Pflaumen- und Butterkuchen. Peter, immer noch hungrig, begann mit dem Pflaumenkuchen und erzählte fast beiläufig, dass er die von der SED erzwungene Gleichheit der Meinungen immer weniger ertragen habe, obwohl er ursprünglich fest an den Sozialismus geglaubt hatte.

»Sie haben an den Sozialismus geglaubt?«, hinterfragte Blaschka verwundert.

»Aber sicher. Und nicht nur das. Ich war wie nahezu alle meiner Altersgenossen in der DDR bei den Jungpionieren, den Thälmannpionieren und ab der achten Klasse bei der FDJ. Ich war bei der Jugendweihe, war Gruppenleiter der Jugendfestspiele 1956 und habe bei jeder Demonstration, ob zur Kundgebung am 1. Mai oder beim feierlichen Geburtstag der DDR am 7. Oktober, mein Blauhemd getragen. Ja, ich kann mit Fug und Recht behaupten, dass ich in das ideologische und gesellschaftliche DDR-Gebilde eingebunden war.«

»Aber?«, fragte Blaschka, der sich nicht so recht vorstellen konnte, wie aus einem überzeugten FDJler ein Republikflüchtiger werden konnte. »Wieso sind Sie dann rüber?«

»Wissen Sie, was die DDR zusammenhält?«

»Die Mauer«, schoss es aus Münsterkötter raus. Blaschka nickte zustimmend.

»Das auch«, antwortete Peter und nippte vorsichtig an dem heißen Westkaffee. »Doch im Grunde ist es die Angst der Menschen, die sie zusammenhält.«

»Angst als Bindemittel der DDR?«

»Exakt. Nie kann man dort Kritisches aussprechen, ohne Sanktionen befürchten zu müssen. Selbst ein Witz über die Partei kann in den falschen Ohren als DDR-Staatshetze gewertet und mit zwei Jahren Haft bestraft werden.« Peter wischte sich eine Haarsträhne aus dem Gesicht und wechselte seinen Gesichtsausdruck. »Es ist diese nebulöse, diffuse Angstkultur, befördert durch meist falsche Verdächtigungen und gestreute Gerüchte. Man weiß nie, wer Freund oder Feind ist.«

Peter atmete tief. Er bemerke, wie ihn schon das Erzählen über diese erdrückende Atmosphäre belastete und bat um eine Pause.

Blaschka drückte auf die Stopptaste und öffnete zum Durchlüften alle Fenster bis zum Anschlag.

Dann ging es weiter. Blaschka drückte auf Start und Peter erzählte von dem fünf Jahre älteren Jürgen, den er anfangs als Spitzel verdächtigt hatte, von seiner letzten Freundin Monika, einer Stationsschwester aus dem Bezirkskrankenhaus, die als SED-Mitglied eine willige Helferin des Systems war, und von Gerd, seinem frühen Freund und späteren Feind, der ihm in den letzten Wochen auf die Schliche gekommen sei und ihn verraten habe. Doch trotz dieser Gefahr habe er den Sprung ins Wasser gewagt.

»Denn alles ist besser, als in dem DDR-Mief ohne Meinungs-, Gedanken- und Bewegungsfreiheit zu ersticken«, erklärte Peter, während sein Blick immer wieder an den restlichen beiden Kuchen hängenblieb.

Blaschka und Münsterkötter hörten gebannt zu und überließen ihm ihre zwei Stücke. Sie wollten ohnehin eine Diät machen. Peter dankte ihnen und erwähnte zum Ende hin noch seine körperlichen und mentalen

Trainingsmethoden und Trainingsrouten über die Unterwarnow und die Ostsee zu jeder Jahreszeit.

Anschließend, es war bereits kurz vor vier und der Kuchen längst verdaut, fuhren sie zu dritt in die Kieler Innenstadt. Dort, bei Karstadt, wurde Peter auf Kosten des Verfassungsschutzes komplett neu eingekleidet und Jens' gelber Trainingsanzug entsorgt.

»Können wir noch etwas für Sie tun, Herr Döbler? Sollen wir Sie nach Hause bringen?«, fragte Münsterkötter. »Ansonsten würden wir uns jetzt verabschieden.«

Peter, dessen neue Kleider ihn nun auch äußerlich im Westen ankommen ließen, verneinte. Er wollte sich noch von dem schier unendlichen Angebot der Innenstadt berauschen lassen und vor allem eine Ananas kaufen. Blaschka und Münsterkötter hatten größtes Verständnis, lächelten gewinnend und wünschten ihm alles Gute.

* * *

ROSTOCK, DDR – DIENSTAG, 27. JULI 1971

Während Peter sich im Schlaraffenland durch allerlei Köstlichkeiten probierte, war Ingrid im 200 Kilometer entfernten und verregneten Rostock kurz vorm Durchdrehen. Die Ungewissheit, ob Peter es in den Westen geschafft hatte, ließ ihr keine Ruhe. Vom Krankenhaus konnte es noch keine Information geben, da man dort wegen Peters Krankmeldung noch nichts von seiner Flucht wusste. Auch wollte sie nicht unnötig Aufmerksamkeit auf sich ziehen.

Doch warum hatte er sich nicht von ihr verabschiedet, sondern war einfach abgehauen? Immerhin war sie seine Frau gewesen, Mutter seines einzigen Kindes. Sie wollte böse auf ihn sein, ihn dafür hassen, doch es reichte nur für einen Seufzer. Sie schüttelte den Kopf. Nein, sie konnte ihm nicht böse sein. Nur enttäuscht. Bestimmt hatte er sie nur schützen wollen.

Doch sie wusste immer noch nicht, ob er es überhaupt geschafft hatte. Sie ging weiter über den Flur der Kinderchirurgie in Richtung Stationszimmer, als ihr die rettende Lösung in den Kopf schoss. Maria! Warum hatte sie nicht schon früher an Peters Mutter gedacht? Sie kannte Peter. Die beiden hatten mit Sicherheit einen Code der Verständigung ausgemacht. Ja, Maria würde wissen, ob ihr geliebter Peter es in den Westen geschafft hatte.

Nach Dienstende, es war dreiviertel vier, fuhr Ingrid angespannt in die Doberaner Straße. Trotz des schlechten Wetters waren nach ihrem Geschmack viel zu viele Leute unterwegs, unter ihren Schirmen stets darauf konzentriert, nicht in irgendwelche Pfützen zu treten und stattdessen ihr im Wege zu stehen. Ingrid wich ihnen aus und konzentrierte sich auf Maria. Ihr war klar, dass sie sich nicht ohne Umschweife nach Peters Flucht erkundigen konnte. Dafür war ihr Verhältnis nicht gut genug. Sie musste zwischen den Zeilen fragen und lesen.

Mit nassen Füßen betrat sie das HO-Geschäft und ging durch die Gänge an halbleeren Regalen vorbei. Sie griff sich eine Packung Nudeln, einen Brühwürfel sowie eine Flasche Milch, ging zu Maria an die Frischetheke und bat um ein Stück Käse. Ingrid lächelte sie an und fragte:

»Geht es euch gut? Ich meine, geht es euch *allen* gut?«

Maria hob verwundert den Kopf und erkannte ihre Ex-Schwiegertochter, die in einem völlig durchnässten Mantel mit erwartungsvollem Blick vor ihr stand. Sie strahlte sie für einen kurzen Moment voller Liebe an und nickte sanft. Dann packte sie das Stück Käse ein, das Ingrid verlangt hatte, und kümmerte sich um den nächsten Kunden.

* * *

ROSTOCK, DDR – DONNERSTAG, 29. JULI 1971

Der Regen der letzten 48 Stunden war längst in Richtung Osten weitergezogen und die Sonne brannte bereits den ganzen Tag, als Maria kurz nach drei im Briefkasten Post von Peter entdeckte. Sie setzte sich auf die Stufen des Treppenhauses, riss mit zittrigen Händen den Brief auf und las.

Liebe Mutti,

ich bin letzten Samstag, den 24. Juli, von Kühlungsborn nach Fehmarn über die Ostsee allein in den Westen geschwommen.

Warum?

Weil ich einfach keine weiteren fachlichen Entwicklungsmöglichkeiten, kein Fortkommen im Krankenhaus gesehen habe und immer wieder nur Nackenschläge erhalten habe.

Du weißt, dass ich ein Mensch der Freiheit bin und diese habe ich in der DDR nicht mehr gehabt. Für meine Flucht habe ich fast ein Jahr eisern trainiert. Körperlich und mental.

Mir geht es gut und es tut mir unendlich leid, dass Du erst jetzt, durch diesen Brief, davon erfährst.

Viele Grüße an Großmutter.

In Liebe Peter

Es schlugen zwei Herzen in ihrer Brust. Einerseits war sie überglücklich und fast ein wenig stolz, dass ihr Peter der DDR entkommen war. Sie konnte ihn gut verstehen. Wer weiß, was sie getan hätte, wenn sie 30 Jahre jünger und noch nicht mit Georg verheiratet gewesen wäre.

Andererseits war sie auch wütend auf ihren Sohn, dass er von ihr verlangte, ihn anzuzeigen – selbst wenn er damit Recht hatte. Doch den eigenen Sohn anzuzeigen kostete sie viel mehr Überwindung als gedacht. Sie faltete das Papier zusammen und verstaute es in ihrer Tasche, erhob sich und ging die kurze Strecke zum Krankenhaus.

Zwei Stunden später verfasste die Genossin Sinnflut im Auftrag der Kaderleiterin des Bezirkskrankenhauses Rostock-Südstadt die dazugehörige Meldung an den Genossen Chefarzt:

> Am 29. 7. 1971 gegen 16.00 Uhr erschien die Mutter des Arztes Peter Döbler
>
> D ö b l e r, Maria
> Rostock, Lomonossowstr. 22
>
> in der Kaderabteilung des BKH Rostock und teilte der Kaderleiterin mit, dass ihr Sohn die DDR verlassen hat. Sie ließ der Kaderleiterin Einsicht nehmen in den Brief, den sie heute erhalten hatte.
> Darin teilte D. mit, dass er im Bezirkskrankenhaus keine weiteren fachlichen Entwicklungsmöglichkeiten habe und er nur Nackenschläge erhalten habe. Er sei ein Mensch der Freiheit und diese habe er in der DDR nicht gehabt.
> Er teilte seiner Mutter weiter mit, dass er diese Sache fast ein Jahr vorbereitet habe und eisern trainiert hätte.

Sie war sehr aufgelöst und es machte ihr sehr zu schaffen, dass ihr Sohn illegal die DDR verlassen hat. Die Mutter des D. wollte ihr das Schreiben aber nicht überlassen.

Die Ehe des D. wurde vor ca. 1 1/2 Jahren geschieden, und aus dem Verhalten beider Ehepartner war festzustellen, dass keinerlei Beziehungen mehr bestanden.

D. setzte am Montag, den 19.7.1971, seine Arbeitsstelle telefonisch davon in Kenntnis, dass er einen Verkehrsunfall gehabt hatte und sich in ärztlicher Behandlung begeben muss. Seit diesem Zeitpunkt besteht vom BKH Rostock kein Kontakt mehr zu D.

Darüber hinaus wurde das VPKA Rostock, Abteilung K. über die R-Flucht des D. informiert.

Weitere operative Maßnahmen zur Ermittlung des Fluchtweges des D. werden durch die Abteilung XX eingeleitet.

* * *

KIEL, BRD – DONNERSTAG, 29. JULI 1971

Das Beste zum Schluss, dachte Peter, als er die Kieler Postfiliale betrat, um die dritte und letzte Nachricht zu versenden. Es kam ihm wie ein Häutungsprozess vor, bei dem er sich mit jedem Schreiben seiner DDR-

Vergangenheit entledigte. Den ganzen Tag schon hatte er an den richtigen Worten gefeilt. Doch als er am Schalter an der Reihe war, fokussierte er sich auf das Wesentliche und diktierte dem Postmitarbeiter:

Sehr geehrter Professor Martin,

leider kann ich Ihnen hiermit nur telegraphisch meine lange angedrohte Kündigung des Arbeitsvertrages zusenden.

Ich kündige per sofort!

Sollten Sie meine Kündigungsgründe vergessen haben, dann hören Sie bitte das Tonband ab, das seit nunmehr zwei Wochen in meiner Schublade im Dienstzimmer liegt.

Ich wünsche Ihnen alles Gute.
Über meine Zukunft müssen Sie sich keine Sorgen machen.

Peter Döbler

***

ROSTOCK, DDR – FREITAG, 30. JULI 1971

Es lag etwas in der Luft, das den Professor unruhig werden ließ und diesen Freitagmorgen anders machte als die vorangegangenen. Und dieses Mal lag es nicht daran, dass er mit seiner Familie in den Urlaub fahren wollte und an seinem letzten Arbeitstag das Gefühl hatte, nicht alles erledigt zu haben. Dieses Mal war es anders, bedrohlicher, schmerzlicher. Mit diesem unguten Gefühl brach er gegen halb neun in Richtung Krankenhaus auf. Kaum hatte er sein Arbeitszimmer betreten, wurde seine Ahnung bestätigt.

Auf seinem Schreibtisch lagen ordentlich aufgereiht ein Bericht der Genossin Sinnflut sowie ein Telegramm.

Gleichzeitig hatten im Krankenhaus seit Beginn der Frühschicht um dreiviertel sechs, die ersten Gerüchte die Runde gemacht, der »Jordanier«, wie der gutaussehende Dr. Saleh aus Amman nur genannt wurde, habe Peter Döbler in Kiel gesehen. Auch Martin wurde mit diesem Gerücht, kaum hatte er sich hinter seinen Schreibtisch gesetzt, von seiner immer bestens informierten Ruth Peperkorn bei einer frisch gebrühten Tasse Kaffee konfrontiert. Er ließ Saleh rufen, während er Frau Sinnfluts Bericht überflog. Noch bevor er das Telegramm las, ahnte er bereits, was dort geschrieben stand. Doch der Inhalt ging über seine Vorstellungkraft hinaus. Ihm wurde heiß und kalt beim Lesen der Zeilen, als der stets gut gelaunte Dr. Saleh mit schwarzer Brille sein Zimmer betrat.

»Sie haben mich rufen lassen, Professor?«

Martin hob seinen gestressten Kopf, fixierte den Jordanier, nahm nervös seine Brille ab, um die beschlagenen Gläser zu reinigen, und kam ohne Umschweife zur Sache.

»Es heißt, Sie haben die Tage Peter Döbler in Kiel gesehen?«, fragte er, während er das Telegramm wie eine ansteckende Krankheit zur Seite schob. »Ist das richtig?«

Dr. Saleh, der als jordanischer Staatsbürger jederzeit in die DDR ein- und ausreisen konnte, antwortete:

»Das stimmt, Professor. Ich habe ihn in der Kieler Innenstadt mit zwei großen Tüten von Karstadt gesehen. Bestens gelaunt und sehr gut gekleidet. Er trug einen blauen Anzug mit glänzenden Knöpfen. Ich selbst war sehr überrascht, ich hätte ihn nicht dort erwartet.«

Martin, dem es völlig egal war, was Döbler trug, war kurz davor Dr. Saleh sein Frühstück vor die Füße zu kotzen, konnte diesen Drang aber noch unterdrücken, auch weil der Anästhesist nicht der Grund für seine Wut war.

»Was haben Sie überhaupt in Kiel gemacht?«

»Ich war zum Geburtstag eines Cousins eingeladen, der dort seit Jahren lebt.«

»Und Döbler? Hat er Sie gesehen?«

»Ja, wir haben uns auch unterhalten.«

»Unterhalten haben Sie sich auch«, murmelte Martin fassungslos.

»Aber sicher.« Dr. Saleh strahlte ihn unschuldig an. »Er hat mich noch auf einen Kaffee eingeladen und wir unterhielten uns darüber, wie lustig dieser Zufall sei, sich in Kiel zu treffen. Zwölf Tage zuvor waren wir noch zusammen hier im Operationssaal IV, ich als Narkosearzt, er als Operateur, und dann ist er einfach so über die Ostsee geschwommen.« Saleh riss seine Augen auf und schüttelte immer noch sichtlich bewegt den Kopf. »Einfach so. Ging einfach ins Wasser und schwamm rüber. Kaum zu glauben.«

»Er hat sie sogar eingeladen!«, wiederholte Martin.

»Ja. Ich war völlig perplex. Verrückte Sache, oder?«

Perplex war auch Martin und hatte genug gehört. Er ging zu Peters Schreibtisch im Arztzimmer, um sich das Band zu schnappen, legte es in das Tonbandgerät, das da stand, drückte auf die Starttaste und hörte … und hörte … und hörte. Nach endlosen Minuten verstummte Peters Stimme. *Endlich!*, dachte Martin, drückte auf die Stopptaste und holte Luft. Dann die Explosion:

»WAS FÜR EIN VERFLUCHTER SCHEISSKERL«, schrie sich der Chefarzt den angestauten Frust von der Seele, während er das Tonbandgerät in der zusammengekrampften Hand hielt. Seit zwei Wochen lag dieses Band unberührt in Peters Schublade und offenbarte bis ins Kleinste seinen Plan, seine Vorbereitungen, seine Gründe, seine unverschämten Vorwürfe. »Das ist an Dreistigkeit nicht zu überbieten«, schäumte Martin. Wie hatte das nur passieren können? In einem Land wie der DDR? In einem Krankenhaus wie dem seinigen? Wie konnte sich ein junger Arzt nur so lustig machen und im Vorfeld alles auf einem Tonträger verewigen?

Hatte Döbler überhaupt keine Angst gehabt, dass jemand das Tonband entdeckte?

Er war außer sich, lief zurück in sein Büro und informierte die Rostocker Bezirksverwaltung, die wiederum die Staatssicherheit informierte. Es galt das weitere Vorgehen zu besprechen. Nach Peters dreister Flucht, die einem Gesichtsverlust der DDR gleichkam, stellten sich folgende Fragen: Könnte man Peter Döbler im Westen schaden, ihn in seiner Reputation und Wirksamkeit als Arzt einschränkten? War es möglich, den dann sicher frustrierten Peter Döbler durch Amnestie und die Aussicht auf einen guten Posten wieder *zurückzuführen?* Oder aber sollte der Angriff auf die Grenze deutlich verurteilt und ein Mantel des Schweigens darüber ausgebreitet werden? Von der Impertinenz des Tonträgers wusste ja niemand.

Die Partei entschied für den zweiten Weg und ließ Krankenhausdirektor Martin für 14 Uhr eine Versammlung des Parteikollektivs einberufen, die im Krankenhaus arbeiteten. Ziel dieses *Tribunalen Auftritts* war es, die Reihen zu schließen und Peter Döbler sozial zu desavouieren, ihn als Vaterlandsverräter und schlechten Arzt, der deshalb auch in seiner Facharztausbildung nicht vorangekommen war, zu brandmarken und seine Tat aufs Schärfste zu verurteilen.

»Kurzum«, fasste Martin zum Abschluss der Kollektiv-Versammlung zusammen, »ist Döblers Republikflucht weder in menschlicher noch in fachlicher Hinsicht ein Verlust für unser Krankenhaus. An seinen fachlichen Leistungen gab es häufig Kritik. Und als Mensch trat er arrogant und überheblich auf.«

* * *

ROSTOCK, DDR – MONTAG, 2. AUGUST 1971

»Maria!«, rief Laura aufgeregt durch die Wohnung nach ihrer Tochter. »Peter ist in den Westnachrichten.«

Wie mit dem Verfassungsschutz vereinbart, hatten die bundesdeutschen Behörden Peter acht Tage Zeit gegeben, um seine Familie zu informieren und vor Repressalien durch das Regime zu bewahren. Erst dann sollten die Medien informiert werden.

Maria kam mit Schürze und Teig an den Händen aus der Küche geeilt und konnte gerade noch den Bruchteil einer Sekunde das Foto ihres Jungen in der Tagesschau erspähen. Doch das reichte ihr, um zu erkennen, dass es ihm gut ging. Seine Augen sahen glücklich aus. Ihre Gefühle spielten verrückt. Maria setzte sich zu ihrer Mutter, nahm sie in den Arm und flüsterte ihr, dass sich Peter bereits letzte Woche zweimal bei ihr gemeldet hatte. Sie brauche sich keine Sorgen zu machen, es gehe ihm gut.

»Aber warum hast du mir nichts erzählt?«, fragte Laura enttäuscht.

»Ich wollte dich nicht unnötig aufregen, Mutti, und abwarten, ob die Stasi hier aufkreuzen würde.«

»Das hast du gut gemacht«, erwiderte Laura und nahm ihre verklebte Hand. »Wo ist er jetzt?«

»Peter ist bei Sigrid untergekommen.«

»In Kiel?«

»Ja, Mutti.«

»Aber dann sehe ich ja meinen Peter wohl niemals wieder!«, sagte Laura mit tränenerstickter Stimme.

***

DDR, BRD – DIENSTAG, 3. AUGUST 1971

Krasser hätte der Kontrast nicht sein können. Während in der DDR Peters *Grenzdurchbruch* totgeschwiegen und umgehend der Bau eines Wachturms in Kühlungsborn, der später hinter vorgehaltener Hand auch »Döbler-Turm« genannt wurde, beschlossen wurde, war seine waghalsige Flucht über die Ostsee im Westen Deutschlands das große Thema.

Als an diesem Morgen die BILD-Zeitung in großen Lettern damit aufmachte, gab es kein Halten mehr. Innerhalb weniger Stunden sammelte sich ein Pulk von Journalisten und Fotografen vor Sigrids Haus und im Vorgarten an, die jeden, der greifbar war, nach Peter befragten. Irgendwann wurde der mediale Druck zu groß und er kam persönlich vor die Tür. Sofort blitzen die Fotoapparate auf und Fragen trommelten nur so auf ihn ein: Warum haben Sie das gemacht? Wie haben Sie sich darauf vorbereitet? Wie haben Sie das schaffen können? Was haben Sie jetzt vor? Was haben Sie als Erstes hier im Westen gegessen? Wie ist es, allein auf der Ostsee zu sein? Woher nahmen Sie den Mut? Hatten Sie Angst? Würden Sie es nochmal tun?

Was folgte, waren Berichte auf der ganzen Welt, die eine Fülle von Glückwünschen, Urlaubsangeboten und nicht zuletzt Heiratsanträgen nach sich zogen. Doch von Monika, Peters erstem Schwarm aus Kiel, war keiner dabei. Sie war vor vielen Jahren mit ihrem Mann nach Kanada ausgewandert und mittlerweile Mutter von vier Jungen. Peter sah sie nie wieder. Von der Partei wurde Peter zur *Persona non grata* gestempelt und für die nächsten Jahre im Westen von der Staatssicherheit per OPK überwacht. Deckname »Dohle« – wie der Singvogel. Die SED-Oberen hatten Befürchtungen, er würde sein Wissen dafür missbrauchen, Personen aus der DDR in die BRD zu schleusen oder sie zur Flucht anzuleiten. Trotz zahlloser Gesuche bis hin zum Ministerium des Innern der DDR durfte Peter in den folgenden Jahren nicht in die DDR einreisen. Seine Großmutter verstarb schließlich 1974 mit 99 Jahren.

ABKÜRZUNGEN

AStA	Allgemeiner Studentenausschuss
BRD	Bundesrepublik Deutschland
BKH	Bezirkskrankenhaus
DDR	Deutsche Demokratische Republik
DM	Deutsche Mark
FDJ	Freie Deutsche Jugend
GBK	Grenzbrigade Küste
GI	Geheimer Informator
HO	Handelsorganisation
KaDeWe	Kaufhaus des Westens
MfS	Ministerium für Staatssicherheit
MdI	Ministerium des Innern
OPK	Operative Personenkontrolle
PM 18	Genehmigung zum Befahren der DDR-Hoheitsgewässer
R-Flucht	Republikflucht
SED	Sozialistische Einheitspartei Deutschlands
Stasi	Staatssicherheit
VEB	Volkseigener Betrieb
VP	Volkspolizei
VPKA	Volkspolizeikreisamt
ZK	Zentralkomitee

DANKSAGUNG DES AUTORS

Ich bedanke mich bei allen, die durch ihre Gespräche und Geduld zum Gelingen dieses Romans beigetragen haben. Danke für diese spannende Reise zurück in die DDR der Jahre 1959 bis 1971.

Ganz besonders herausheben möchte ich:

- Dr. Volker Höffer, Leiter der Außenstelle Rostock des Stasi-Unterlagen-Archivs (BStU)
- Knut Wiek, erster frei gewählter Bürgermeister von Kühlungsborn
- Dr. Erik Lindner, Historiker
- Antje Reineward, Internationales Maritimes Museum, Hamburg

Und natürlich Dr. Peter Döbler und seiner Familie, die unzählige Tage und auch Nächte Rede und Antwort gestanden haben.

PERSONENVERZEICHNIS

In alphabetischer Ordnung

Hauptfiguren

Ingrid Döbler
Maria Döbler
Peter Döbler
Jürgen Niemann
Gerd Schmidt

Nebenfiguren

Heinz Adler, Kapitän der Bertolt Brecht
Andi, Koch der Bertolt Brecht
Angelika Brandt, Stationsschwester im Bezirkskrankenhaus Rostock-Südstadt
Dr. Biege, alter Freund von Georg Döbler
Blaschka, Verfassungsschutz, Außenstelle Kiel
Victor Bruch, Führungsoffizier der Staatssicherheit
Christian Döbler, Bruder
Georg Döbler, Vater
Dr. Fiege, Psychiater im Bezirkskrankenhaus Rostock-Südstadt
Fiete, Wirt des Alten Krugs
Frau Fink, Nachbarin von Gerd
Achim Frommhold, Ingrids Bruder
Gabi, Gabis Imbiss-Stube

Carola Gummer, Sachbearbeiterin an der Uni Rostock
Heike und Henry, Passagiere auf der Nils Holgersson
Heinz, Erster Offizier der Bertolt Brecht
Hilde, Imbiss auf der Leipziger Messe
Walther Hildebrandt, Patient der Uni-Klinik
Kleinschmidt, Nachbar von Gerd
Professor Kling, Universität zu Rostock
Dr. Koppel, Arzt der medizinischen Klinik am Schröderplatz
Peggy Kremer, Richterin am Amtsgericht Rostock
Kai, Matrose der Bertolt Brecht
Lieselotte, Hebamme in Bergen auf Rügen
Andreas Mankwitz, Oberstleutnant, Leiter der Suchtrupps
Prof. Mannstein, Direktor der Betriebspoliklinik (Neptun-Werft)
Marianne Mannstein, Ehefrau des Professors und Freundin von Maria Döbler
Professor Martin, Direktor des Bezirkskrankenhauses Rostock-Südstadt und Chefarzt Chirurgie
Monika, Sigrids Freundin aus Kiel
Münsterkötter, Verfassungsschutz, Außenstelle Kiel
Pastor Niemann, Pfarrer der Heiligen-Geist-Kirche
Dr. Nölke, Oberarzt im Bezirkskrankenhaus Rostock-Südstadt
Ruth Peperkorn, Professor Martins Sekretärin
Philipp, Matrose auf der Bertolt Brecht
Laura Rackow, Großmutter
Sabine, Friseurin und Freundin von Maria Döbler
Dr. Bernd Sacher, Gynäkologe aus Hamburg-Altona
Dr. Saleh, Anästhesist im Bezirkskrankenhaus Rostock-Südstadt
Schilling, Grenzsoldat
Frau Schubert, geb. Kalb, Sachbearbeiterin im Wohnungsamt
Ursula und Jens Schulz, Segelurlauber auf Fehmarn
Sigrid, Cousine aus Kiel

Greta Sinnflut, Sachbearbeiterin in der Verwaltung im Bezirkskrankenhaus Rostock-Südstadt

Alfred »Adi« Timm, Verehrer und Nachbar Maria Döblers

Thomas, Elektrooffizier der Bertolt Brecht

Martha Wentzel, Patientin aus Lütten Klein

Werner, Freund, Werbeleiter einer westdeutschen Pumpenfabrik

&

Finn

MEHR LITERATUR VON ROB LAMPE

unschuldig SCHULDIG
ISBN 978-3-947145-02-7
10,00 €

Hamburger Blut
ISBN 978-3-947145-06-5
12,90 €

Die Senatorin
ISBN 978-3-947145-22-5
12,90 €

Elbmörder
ISBN 978-3-947145-44-7
12,90 €

www.hansanord-verlag.de